야만의 시대 지식인의 길

중국사 지성의 상징 죽림칠현(竹林七賢),

절대 난세에 답하다

류창 지음 · 이영구 외 옮김

유유

차례

머리말

죽림칠현, 그들의 백 년

이 책의 주인공은 위진魏晉 시대에 가장 유명했던 문인 그룹 '죽림칠현'竹林七賢이다.

'위진'이란 두 글자는 역사 개념일 뿐만 아니라 문화 개념이기도 하다.

역사적으로 위진 시대는 난세였다. 왕권이 실추되고, 윤리와 제도가 붕괴되고, 군웅이 분분히 일어나면서 정국이 요동치고 백성이 도탄에 빠졌다. 천하가 더 어지러울 수 없을 만큼 어지러웠다.

문화적으로 위진 시대는 꽃이 만발한 정원이었다. 사상이 자유롭고, 가치가 다원적이고, 개성이 발양되고, 문예가 대단히 발전했다. 위로는 진秦 이전 시대와 아름다움을 겨룰 만했고, 아래로는 성당盛唐(대체로 당나라 현종부터 대종 때까지)의 원류가 되었다. 자연히 뛰어난 인재들이 출현하여 뭇별처럼 찬란히 빛났고, 말로는 형용할 수 없을 만큼 아름답고 훌륭한 문화가 피어났다.

위진 시대는 중국사의 기나긴 물결 속의 '삼협'三峽으로 비유될 만하다. 지세가 험하고 산과 물이 첩첩이 이어져 빠져나갈 길이 없는 듯하며, 길을 돌 때마다 경치가 바뀌고 탁 트인 곳에서는 험준한 봉우리가 무한한 풍경을 자랑한다.

위진 시대에는 아무리 이야기해도 끝이 없는 영웅들의 무용담과 명사들의 풍류도 있다.

서기 220년, 조비曹丕가 한 왕조를 대신해 황제로 칭하고 위魏 왕조를 세웠다. 사십오 년간 다섯 명의 황제가 있었다.

265년, 사마염司馬炎이 위 왕조를 멸하고 서진西晉 왕조를 세웠다. 그 오십이 년간 모두 네 명의 황제가 천하를 다스렸다.

316년, 팔왕八王의 난과 오호五胡의 침략을 거친 서진 왕조가 흉노에게 멸망했다. 이듬해, 사마예司馬睿가 건강建康(지금의 남경南京)에서 황제를 칭했고, 이것이 동진東晉이다. 장강 남쪽에 자리한 동진은 백사 년간 무려 열한 번이나 황제가 바뀌었으며 그들의 재위 기간은 갈수록 줄어들었다.

420년, 유유劉裕가 동진의 마지막 황제 사마덕문司馬德文에게 퇴위를 강요하고 스스로 황위에 올라 송宋을 세웠다. 백칠십여 년에 걸친 남조南朝의 역사는 이때부터 시작되었다.

공교롭게도 조비가 위나라를 세우고 유유가 동진의 황위를 찬탈할 때까지의 위진의 역사는 정확히 이백 년이다.

이 이백 년간 '합쳐진 지 오래되면 반드시 나뉘는' 역사의 거대한 드라마가 두 번 연출되었다. 한 번은 한漢나라가 삼국으로 분열된 것이고, 또 한 번은 삼국을 통일한 진晉나라가 다시 북방의 소수민족 정권에 무너진 것이다. 그 뒤 무려 이백칠십여 년에 걸친 남북조南北朝의 대분열기가 도래했고, 수隋 문제文帝 양견楊堅에 이르러 비로소 이 난국이 수습되어 천하가 통일됐다. 이런 통일과 분열의 와중에서 영웅, 효웅梟雄, 간웅奸雄이 끝없이 출현하여 용쟁호투를 벌였으니 "난세가 영웅을 낳는다"는 말이 딱 어울린다고 하겠다.

불행 중 다행으로, 이 이백 년은 사상, 문화, 예술의 황금시대였다. 유가儒家의 경학經學이 쇠퇴하고 도가道家 사상이 힘을 얻어 민간의 도교道敎가 발전했으며, 동쪽에서 불교가 넘어와 뿌리를 내렸다. 또한 현학玄學(위진 시대에 노장老莊 사상을 바탕으로 전개된, 문인들의 형이상학적 담론)이 세상을 풍미해 '인간의 각성'을 이끌어냄으로써 '문文의 자각'도 뒤따랐다. 문학, 음악, 서예, 회화, 조각, 건축 등 각종 예술 양식이 전례 없는 번영과 성숙을 이루면서 대가와 명작이 연이어 탄생했다. 이런 상황에는 '나라의 불행은 시인에게는 행운이다'라는 말이 딱 어울린다.

미학자 종백화宗白華가 「『세설신어』世說新語와 진晉나라 사람의 아름다움」이라는 글에서 "한 왕조 말과 위진, 육조六朝 시대는 정치적으로 가장 혼란하고 사회적으로 가장 고통스러웠던 시대였지만, 정신사精神史에서는 대단히 자유롭고 개방적이면서도 지혜와 열정이 가장 풍부했던 시대였다. 따라서 예술 정신이 가장 넘쳐났던 시대이기도 했다"라고 한 말은 결코 과언이 아니다.

요컨대 이 시대는 화려함과 역설과 충돌과 서스펜스가 가득했다.

이 시대에는 혁혁한 무공을 세운 영웅들, 그리고 아름다운 글을 남긴 명사들이 숱하게 배출되었다.

이 책의 주인공인 죽림칠현은 이 파란만장한 시기에 탄생했다.

그들은 이 시대에 태어나 활동하면서, 이 시대에 영향을 주고 심지어 이 시대를 바꿔놓았다. 그래서 후대에 '위진 풍도'魏晉風度(정치적으로 혼란했던 위진 시대에 신흥 사대부 계층이 구가했던 자유롭고 도교적인 학술과 문화의 분위기), '명사의 풍류'가 거론될 때면 죽림칠현은 항상 어떤 기치나 정신, 혹은 신화로 떠받들어졌다.

이 일곱 인물은 중국 고대의 사상, 문화, 문학, 예술, 나아가 중국인의 정신에 깊고 큰 영향을 끼쳤다. 옛날부터 지금까지, 신분이 높은 사람부터 낮은 사람까지, 문인의 글부터 서민의 설화까지 이 영향은 어디서든 발견된다.

그들의 삶에는 중국 고대 지식인의 입신과 처세의 모든 선택이 집중되어 있다. 그들은 관직에 있기도 하고, 은거를 하기도 하고, 관직 생활과 은거 생활을 다 하기도 했다. 또한 지혜롭기도 하고, 어리석기도 하고, 지혜와 어리석음을 조화롭게 갖추기도 했다. 말하기도 하고, 침묵하기도 하고, 말과 침묵을 함께하기도 했다. 그리고 비판하기도 하고, 분노하기도 하고, 비판도 분노도 하지 않기도 했다. 그들은 반목하고, 고통스러워하고, 결탁하고, 몸부림치고, 반항하면서 어쩔 수 없이 인생의 갖가지 시험을 치러냈고 그 난세에 한 인간으로서의 존엄을 지켜내길 바랐다.

그들의 삶에는 옛날 중국인의 유유자적한 정신, 낭만적인 이상, 그리고 목가적인 체험과 형이상학적인 초월의 기질이 응집되어 있다. 그들은 자연을 벗하고, 예술을 사랑하고, 아름다움을 숭상하고, 부귀와 권세를 멸시하고, 자유를 동경했다. 또한 애주가였고, 청담清談의 달변가였고, 뛰어난 문학가였고, 거문고의 명수였다. 그들의 만남은 삶의 향연이자 아름다운 문장으로서 독립적인 정신과 자유로운 사상을 한껏 드러낸다. 그들의 헤어짐은 난세의 비극이자 속세의 애처로운 노래로서 권력의 추악함, 삶의 처량함, 자유의 소중함, 진실한 감정의 영원함 같은 삶의 거대한 주제와 존재의 극심한 고통을 펼쳐낸다.

죽림칠현은 중국 고대 문인의 거울이다.

어떤 의미에서 그들에게 다가가는 것은 곧 중국 고대 문인의 영혼에 다가가는 것이다.

그들을 이해하는 것은 곧 봉건제도 아래의 고대 중국인을 이해하는 것이다.

그들은 진실한 성정을 가졌기에 아름다운 이야기를 남겼다.

그들의 다채로운 성정은 사람들을 매료시키고, 그들의 구구절절한 이야기는 사람들의 마음에 깊이 파고든다.

대부분 주목하지 못한 놀라운 우연이 또 한 가지 있다.

205년, 죽림칠현의 맏형 산도山濤가 태어났다.

305년, 죽림칠현의 막내 왕융王戎이 세상을 떠났다.

이 일곱 인물의 등장과 퇴장까지의 세월은 더 뺄 것도, 더 보탤 것도 없이 정확히 백 년이다.

그 백 년간 얼마나 많은 사람이 오고, 또 얼마나 많은 사람이 갔을까? 번영과 쇠퇴, 기쁨과 슬픔이 끝없이 반복되고 순환되었으리라.

백 년은 어쩌면 눈 깜짝할 사이에 지나가는 시간일 뿐이지만, 진정한 풍류는 비가 오고 바람이 불어도 끝내 사라지지 않는다.

과연 누가 어둠 속에서 그 백 년을 계획하고 그 백 년을 조종했을까?

하늘이었을까, 역사였을까, 아니면 시간이었을까, 운명이었을까?

이 일곱 인물의 백 년 사이, 역사와 문화는 새로운 방향으로 발전했고 문인과 예술의 기풍도 크게 변했다. 그 안에는 어떠한 비밀이 숨어 있을까? 또 그 비밀의 해답은 대체 어디에 숨어 있을까?

1
죽림칠현의 미스터리

미스터리 게임

『진서』晉書 「유의전」劉毅傳에 "여섯 나라에 뛰어난 선비가 많았고 정시正始 연간에 풍류가 나왔다"라는 구절이 있다.

'정시'는 삼국 시대 위魏나라의 연호로 240년부터 249년 사이다.

정시 십 년은 중국 고대 정치사에서 주목할 만한 시기일뿐더러 중국 문화사에서도 중요한 위치를 차지한다. 이 시기에 중국 문화의 '특산품' 중 하나인 '명사名士 문화'가 성숙했다. 한나라의 기록에서는 별로 보이지 않던 '명사'라는 단어는 이때부터 도도한 물결처럼 '문인사'文人史를 형성하고, 지나칠 정도로 왕성한 기세를 이룩했다.

이와 함께 명사들의 집단도 화려하게 등장해 정식으로 역사와 문화의 무대에 올랐다.

그리하여 돌연 후대의 기록에 '정시 명사'正始名士라는 말이 나타나기 시작한다. 정시 명사의 핵심 인물은 하안何晏, 왕필王弼, 하후현夏侯玄이다. 그들은 모두 명문가와 귀족의 자손으로 조정의 고관대작이었다.

그러나 '죽림의 명사'로 불린 이 책의 주인공들은 역시 정시 연간

1960년대 남경 서선교에서 출토된, 남조 고분의 벽돌그림 〈죽림칠현과 영계기榮啓期〉. 인물들의 배경을 보면 은행나무, 홰나무, 소나무, 버드나무 등이 있는데 유독 대나무는 없다. 아마도 죽림칠현의 '죽림'은 상징적 의미를 지닌 문화적 개념일 것이다.

에 만나 상대적으로 느슨한 그룹을 이루었지만, 출신도 그리 귀하지 않고 대부분 현실 정치와 거리를 둔 채 은거를 낙으로 삼았다. 그들은 재야의 명사였다.

하지만 후자의 명성은 금세 전자를 추월했다. 후대 사람들의 이야기와 상상 속에서 그들의 이미지는 나날이 위대해졌고 그들의 이야기는 사람들을 매료시켰으며 그들의 정신은 동경의 대상이 되었다. 그들은 차츰 대단히 시적인 명칭, 즉 '죽림칠현'으로 불렸다.

죽림칠현을 말하면 사람들은 한 폭의 그림을 떠올린다. 푸른 산과 시내 사이에 수풀이 우거져 있는 가운데, 빼어난 풍채의 일곱 은사가 통쾌하게 술을 마시기도 하고, 거문고를 연주하기도 하고, 현묘한 이야기를 논하기도 한다. 아무런 구속도 없이 자유를 만끽하는 광경이다. 그들의 표정과 목소리, 일거수일투족은 어느 하나 명사의 초연하고 대범한 풍류가 아닌 것이 없다.

이런 한 폭의 그림이 우리의 터무니없는 상상일까? 물론 그렇지는 않다. 이 그림의 스타일은 오랜 역사적 연원이 있다. 당나라 화가 손위孫位가 그린 명화 〈죽림칠현도〉(일명 〈고일도〉高逸圖)가 그 예이다. 이 그림은 비록 훼손되어 칠현 중 사현밖에 볼 수 없지만 묘사된 인물의 풍모와 기질은 초연하고 고답적이다. 또 다른 예도 있다. 1960년대 남경南京 강녕江寧의 서선교西善橋에서 출토된 남조 시기의 벽돌그림(塼畵, 벽돌로 만든 벽에 그려진 그림) 〈죽림칠현과 영계기榮啓期〉는 죽림칠현에 관해 현존하는 가장 오래된 예술품으로, 인물의 분위기가 〈죽림칠현도〉와 흡사하다. 최근 화가들의 작품에 나타난 죽림칠현의 이미지는 더욱 우아하고 신성하다. 따라서 이처럼 우리의 머릿속에 떠오르는 그 그림은 전혀 이상할 것이 없다.

그럼 그 그림은 실제로 얼마나 진실하고 믿을 만한 것일까?

사실 이 점은 뭐라고 말하기 어렵다. 지나치게 이상적인 그림은 종종 진실을 은폐하곤 한다. 만약 이 그림을 사진에 비유한다면 틀림없이 그것은 일상적인 사진이 아니라 예술사진일 것이다. 아무리 속세를 초월했더라도 어쨌든 죽림칠현은 신선이 아니라 인간이기 때문이다. 그들은 모두 진공 속이 아니라 사회, 역사, 심지어 잔혹한 정치투쟁 속에서 살았다. 모두가 알다시피 인류 사회에서 절대적인 자유는 존재하지 않는다. 더구나 죽림칠현이 살았던 시대는 정치 환경이 지극히 험악했던 난세였다.

따라서 실재했던 죽림칠현에 접근하는 것은 결코 쉽지 않다.

진실에 접근하는 과정은 힘들여 미스터리를 푸는 과정이나 다름없다.

죽림칠현의 이야기는 역사와 문화, 그리고 인생의 거대한 미스터리를 제시한다.

그래서 이야기를 풀어나가기 전에 우리는 먼저 이야기에서 벗어나 잠깐 추리 게임을 할 필요가 있다. 그래야만 구름이 걷히고 태양이 드러나, 사태의 진상을 볼 수 있을 것이다.

나는 이 '죽림칠현'이라는 명칭을 둘러싸고 적어도 세 가지 미스터리가 존재한다고 생각한다.

첫 번째, 죽림칠현은 일곱 명뿐이었을까? 이것은 인원수의 미스터리다.

두 번째, 죽림칠현은 '죽림칠현'이라는 것을 알았을까? 이것은 전파의 미스터리다.

세 번째, 죽림칠현은 정말 '죽림'에서 활동했을까? 이것은 활동 지역의 미스터리다.

인원수의 미스터리

먼저 '죽림칠현이 일곱 명뿐이었을까?'라는 첫 번째 미스터리를 해결해보자.

비교적 안전한 대답은 당연히 '그렇다'이다. 이 문제는 그 자체에 모순이 있다. 일곱 명이 아니었으면 왜 굳이 '칠현'이라고 불렀겠는가?

그러나 안전한 대답이 반드시 진실한 대답은 아니다. 안전한 대답은 종종 이해득실을 따져 도출한 해답이거나 여론을 추종하는 대답이기 쉽다. 이런 대답은 영리한 계산의 산물이어서 보통 사람들의 반감을 피해간다.

진실한 대답은 무엇일까? 나는 마땅히 '그렇기도 하고 그렇지 않기도 하다'라고 본다.

'그렇다'라는 것은 죽림칠현이 이미 사회적 약속을 통해 굳어진 개념이며 칠현이 모두 의심할 여지없이 근거가 확실한 인물들이기 때문이다. 그렇다면 먼저 죽림칠현이 어떤 이들이었는지 알아보도록 하자. 그룹 내에서의 중요도에 따라 다음과 같이 나열할 수 있다.

1. 혜강嵇康(223~262): 자는 숙야叔夜. 초국譙國 질銍(지금의 안휘성安徽省 수계濉溪. 숙현宿縣이라는 설도 있음) 태생.
2. 완적阮籍(210~263): 자는 사종嗣宗. 진류陳留 울씨尉氏(지금의 하남성河南省 개봉開封에 속함) 태생.
3. 산도山濤(205~283): 자는 거원巨源. 하내河內 회현懷縣(지금의 하남성 무척武陟) 태생.
4. 유영劉伶: 자는 백륜伯倫. 패국沛國(지금의 안휘성 회북淮北) 태생. 생졸년 미상. 나이는 완적과 혜강 사이.
5. 상수向秀(227?~272): 자는 자기子期. 하내 회현 태생. 산도와 동향.
6. 완함阮咸: 자는 중용仲容. 진류 울씨 태생. 완적의 조카이며 생졸년 미상. 나이는 상수보다 약간 어렸음.
7. 왕융王戎(234~305): 자는 준충濬冲. 낭야琅琊 임기臨沂(지금의 산동성山東省에 속함) 태생. 왕융은 칠현 중에서 가장 어려서 산도보다 29세, 완적보다 24세, 혜강보다 10세 가까이 연하였음.

이상이 죽림칠현의 명단이다. 혜강, 완적, 산도가 핵심 인물이고 나머지 네 명은 보조 인물이다. 고향을 살펴보면 완적, 산도, 상수, 완함 네 명이 하남 사람이고 혜강과 유영 두 명이 안휘 사람이며 왕융 혼자 산동 사람이다. 이런 지역 분포는 대체로 위진 풍도의 발원

지와 본거지를 드러낸다.

이 일곱 사람의 신원이 이렇듯 확실한데 왜 또 '그렇지 않다'고 하는 것일까?

이 점에 대해서는 '죽림지유'竹林之遊라는 개념을 살펴봐야 한다. 사료에 따르면 칠현의 명칭이 확정되기 전에 그들의 교류는 보통 '죽림지유'라고 불렸다. 이 말은 이미 서진西晉 시대에 출현했으므로 '죽림칠현'이라는 명칭보다 발생 시기가 훨씬 일렀다. 다시 말해, 처음 죽림지유에 참여했던 이들은 결코 일곱 명에 그치지 않았다.

그렇다면 죽림지유에 참여했으면서도 칠현에 끼지 못한 이들은 누구일까?

첫 번째 인물은 혜강의 가장 절친했던 친구 여안呂安(?~262)이다. 여안은 자가 중제仲悌이며 동평東平(지금의 산동성에 속함) 사람이다. 여안은 죽림칠현 중의 산도, 상수와도 사이가 좋았고 왕융 등보다 더 혜강과 친해서, 일부 학자들은 여안도 이 명사 그룹에 넣어 죽림칠현을 '죽림팔현'으로 고쳐 불러야 한다고 주장한다. 이 주장은 더 자세한 논의가 필요하긴 하지만 죽림지유에서의 여안의 위치와 명망을 확인하기에 부족함이 없다.

또 다른 인물은 원준袁準이다. 그는 자가 효니孝尼이고 진군陳郡 부락扶樂(지금의 하남성에 속함) 사람으로, 위나라 낭중령郎中令 원환袁渙의 아들이다. 진나라 때에 급사중給事中을 지냈다. 이 사람은 혜강, 완적과 교분이 있었다. 혜강은 그에게 〈광릉산〉廣陵散의 연주를 가르쳐주지 못한 것을 사형당하기 직전까지 마음에 걸려 했다. 그리고 완적이 만년에 사마소司馬昭에게 「권진문」勸進文을 지어준 것도 원준의 집에서 취하도록 술을 마신 뒤의 일이었다. 따라서 원준도 죽림지유에 참여했다고 볼 수 있다.

이 밖에도 죽림지유를 소집하고 주재한 혜강과 절친했던 이들이 여러 명 있다. 예를 들어 혜강의 형 혜희嵇喜, 혜강의 친구 완간阮侃, 완종阮種, 그리고 혜강의 제자 조지趙至가 있다. 이들은 모두 혜강과 깊은 교분을 나누었으므로 당연히 죽림지유에서 배제될 수 없다.

문제는 죽림지유가 단지 일곱 명만으로 이뤄진 것이 아닌데도 왜 '칠현'이라는 명칭이 되었느냐는 것이다. '칠'이 상서로운 숫자이기 때문일까? 그런 차원으로 보면 중국에서는 오히려 '팔'이 '칠'보다 더 상서로운 숫자이다. 이 문제에 관해서는 저명한 사학자 진인각陳寅恪이 일찍이 답을 제시한 바 있다. 그는 아마도 공자의 말과 연관이 있지 않을까 추측했다. 『논어』論語 「헌문」憲問을 보면 이런 말이 있다.

> 공자가 말했다. "현자는 혼란한 세상을 피하고, 그다음 사람은 혼란한 곳을 피하고, 그다음 사람은 못 볼 얼굴을 피하고, 그다음 사람은 못 듣을 악담을 피한다." 공자가 말했다. "그렇게 한 사람이 이미 일곱 명 있다."

이 '현자'賢者와 '일곱 명'(七人)을 합쳐 '칠현'七賢이라고 한 것이 아닐까? 그러므로 '칠현'은 후대 사람이 경전과 성인聖人 공자의 견해를 끌어들여 지어낸 듯하며, 여기에 '죽림칠유'의 '죽림'이 더해져 '죽림칠현'이라는 명칭이 탄생한 것으로 보인다.

전파의 미스터리

두 번째 미스터리는 죽림칠현이라는 명칭이 어떤 식으로 형성되었느냐는 것이다. 바꿔 말해 죽림칠현의 일곱 명은 자신들이 '죽림칠현'이라는 것을 알았을까?

내 대답은 '몰랐다'이다. 역사 기록을 보면 죽림칠현이 비교적 느슨한 문인 그룹이었음을 알 수 있다. 그들이 서로 알고 교분을 맺은 시기도 각기 달랐고 대체로 십여 년의 시간이 소요되었다.

우리는 이미 죽림지유에 참여한 인원이 일곱 명 이상이었음을 알고 있다. 그렇다면 대체 언제쯤 '죽림칠현'의 개념이 생겨났을까?

해답은 동진 초기이며 전후로 문인 네 명의 가공을 거쳤다. 첫 번째 문인은 동진의 명사 손성孫盛(302?~374)이다. 그는 『위씨춘추』魏氏春秋에서 맨 처음 '칠현'에 관한 견해를 제시했다.

> 혜강은 하내의 산양山陽에 살며 여러 사람과 노닐면서도 희로애락의 기색을 비치지 않았다. 그와 진류의 완적, 하내의 산도, 하남의 상수, 완적의 형의 아들인 완함, 낭야의 왕융, 패국의 유영은 더불어 친하게 지내며 죽림에서 노닐어 칠현이라 불렸다.
>
> 『삼국지』三國志 「왕찬전」王粲傳의 주

이 자료에는 세 가지 주의할 만한 점이 있다. 첫째, 칠현 중에서 혜강이 중심이었고, 둘째, 그들의 활동 지역이 하내의 산양, 즉 지금의 하남성 수무현修武縣이었으며, 셋째, "죽림에서 노닐어 칠현이라 불렸다"라고는 했지만, '죽림칠현'이라고는 불리지 않았다.

두 번째 문인으로서 정식으로 죽림칠현에게 이름을 부여한 이는 동진의 화가이자 은사隱士인 대규戴逵(326?~396, 자는 안도安道)이다. 그는 『죽림칠현론』竹林七賢論을 써서 최초로 '죽림칠현'을 거론하며 일곱 명을 한데 놓고 논술했다.

세 번째 문인은 동진의 문학가 원굉袁宏(328?~376?)이다. 그는 『명사전』名士傳을 써서 위진 시대의 명사들을 단계별로 세 그룹으로 나눴다. 각기 '정시 명사', '죽림 명사', '중조中朝 명사'(서진의 명사들을 뜻함)인데, 그중 '죽림 명사'는 완적, 혜강을 비롯한 칠현이다. 이 분류는 '죽림'이라는 개념을 한층 강조한 듯하다.

이후 남조 송대에 와서 유의경劉義慶(403~444)이 『세설신어』世說新語를 편찬할 때, 앞의 문헌들에서 칠현에 관한 일화들을 수집해 다시금 죽림칠현을 '추인'했다.

> 진류의 완적, 초국의 혜강, 하내의 산도. 이 세 사람의 나이를 비교하면 혜강이 제일 어렸다. 이 교분에 참여한 이들은 패국의 유영, 진류의 완함, 하내의 상수, 낭야의 왕융이었다. 이 일곱 사람은 늘 죽림 아래 모여 마음껏 술을 마신 까닭에 세상에서 '죽림칠현'이라 불렸다.
>
> 『세설신어』 「임탄」任誕

이 기록은 칠현 중에서 완적, 혜강, 산도를 핵심 인물로 부각시키고 유영, 완함, 상수, 왕융을 보조 인물로서 '그 교분에 참여한 이들'이라고 기술했다. 아울러 "마음껏 술을 마셨다"고 하여 손성보다 한 가지 정보를 더했다. 이 기록은 죽림칠현과 음주를 관련시키는 동시에 일곱 명이 모인 장소를 다시금 '죽림 아래'로 못 박았다. 죽림칠현은 이로부터 사람들의 마음속에 깊이 파고들어 대단히 매력적인 문화 기호이자 인물의 지표가 되었다.

결국 죽림칠현은 죽림지유에서 파생되어 점차 형성된 명칭이며 매우 오랜 전파의 과정을 거쳤다. 칠현이 실제로 활동한 삼국 시대 말기부터 죽림칠현이라는 명칭이 정식으로 성립된 동진 시기까지는 거의 한 세기의 격차가 있다. 다시 말해 이른바 죽림칠현은 사실상 점진적으로 형성되고 전파된 문화 개념이지, 당사자들이 실제로 겪은 역사 과정이 아니다.

따라서 죽림지유에 참여했던 그 명사들은 자신들 중의 일곱 명을 후대 사람들이 '죽림칠현'이라고 부를 줄은 전혀 몰랐다고 할 수 있다.

활동 지역의 미스터리

세 번째 미스터리는 죽림칠현이 항상 모였던 장소가 어디였느냐는 것이다. 그들은 정말 늘 죽림에서 활동했을까?

이 부분은 본래 문젯거리가 아니다. 그들의 대체적인 활동 범위는 이미 손성이 『위씨춘추』에서 '하내의 산양', 즉 지금의 하남성 수무현의 운대산雲臺山 일대라고 분명히 밝혔기 때문이다. 이곳은 2004년에 유네스코에서 '세계지질공원'으로 지정한 후로 수많은 여행객의 발길이 끊이지 않는 명소가 되기도 했다.

그렇다면 논란의 초점은 어디에 있을까? 바로 '죽림'이라는 글자에 있다. '칠현'을 수식하는 중요한 기호로서 '죽림'은 과연 실제의 지리 개념일까, 아니면 풍부한 내적 함의를 지닌 문화 개념일까? 고대에는 전혀 문제되지 않았던 이 문제는 20세기에 와서 갑자기 중대한 학술 문제가 되었다.

1940년대에 사학자 진인각은 「도연명陶淵明의 사상과 청담清談의 관계」라는 글에서 놀랄 만한 주장을 펼쳤다. 그는 죽림칠현의 '죽림'을 굳이 현실의 지리로 볼 필요가 없으며, 어쩌면 불경 번역에서 끌어온 명사일 수도 있다고 생각했다.

불경의 어느 유명한 이야기를 보면, 석가모니가 고대 인도의 불교 성지 왕사성王舍城(라자그리하)에서 불법을 펼 때, 그 지역에 가란타라는 부자가 살았다고 한다. 부처의 설법을 듣고 깨달음을 얻은 그는 자신의 대나무 동산을 기증하고 그 안에 건물을 지어 석가모니와 그의 제자들을 머물게 했다. 이 건물은 불교 사원의 전신前身으로서 역사에서는 '죽림정사'竹林精舍라고 칭한다.

진인각은 서진 말기에 불교 경전이 번역됨에 따라 '죽림정사'의 이야기가 널리 보급되었고, 그래서 사람들이 중국 문화의 '칠현'과 '죽림정사'를 결합해 '죽림칠현'이라는 명칭을 만들어냈다고 보았다. 따라서 ‘칠현’은 반드시 ‘죽림’ 아래에서 활동한 것이 아니며 당시의 산양도 대나무가 무성한 곳이었을 필요는 없다는 것이다. 그 뒤의 문헌에 산양에 죽림이 있다는 기록이 나오는 것도 후대 사람이 억지로 갖다 붙였을 가능성이 있다고 했다. 진인각의 이런 견해는 대단히 혁신적이고 대담한 가설이다. 비록 진인각이 자세한 실증 작업을 하지는 않았지만, 나는 이 가설의 학술적 가치가 매우 높다고 생각한다.

‘칠현’은 왜 불교의 ‘죽림’과 결합되었을까? 진인각은 설명하지 않았으나, 나는 개인적으로 양자의 세계관에 유사성이 있기 때문이라고 본다. 공자가 말한 ‘일곱 명의 현명한 사람’은 “혼란한 세상과 혼란한 곳과 못 볼 얼굴과 못 들을 악담을 피했고”, 불교의 ‘죽림정사’는 속세를 초월한 곳이었다. 양자가 추구한 것은 모두 ‘속세에 들어가는 것’이 아니라 ‘속세를 벗어나는 것’이었다. 그러므로 ‘칠현’을 수식하는 ‘죽림’은 상징적 의미를 지닌 단어로서 자연계의 죽림이라기보다는 탈속의 이상을 뜻한다고 봐야 한다. 혜강 등은 모두 속세를 피해 은거할 뜻을 지닌 당대의 현자였다. 그래서 후대 사람들은 자연스레 ‘죽림’의 개념과 그들을 연결시킨 것이다.

솔직히 나도 다른 학자들처럼 감정적으로는 이 추론을 받아들이기 힘들다. 우리는 차라리 죽림칠현이 정말 죽림 아래를 거닐고 거문고를 뜯고 시를 짓고 즐거움을 만끽한 은사들이었기를 바란다. 21세기에 들어와 몇몇 학자들이 실증적 고찰을 통해 진인각의 관점을 반박한 적도 있다. 그중에서 가장 강력한 두 가지 반박 중 하나는 당시의 불경에서 대나무 동산을 ‘죽원’竹園이라고 번역한 예가 ‘죽림’이라고 번역한 예보다 훨씬 많다는 것이며, 또 하나는 고대 문헌을 보면 산양 일대에 확실히 대나무가 풍부했다는 기록이 있다는 것이다.

나는 이 학자들을 존경한다. 하지만 논리적으로 그들의 반박은 진인각의 관점이 틀렸다는 것을 증명할 수 없다. 심지어 나는 진인각의 관점이 옳을 것이라는 직감이 든다. 이런 직감을 뒷받침하는 근거로는 세 가지가 있다.

첫째, 죽림칠현 그리고 동시대 문인들의 시와 산문에서는 '죽림'의 자취를 거의 찾아볼 수 없다. 심지어 '대나무'의 이미지조차 극히 보기 드물다. 예를 들어 산양에 집이 있던 혜강의 시에도 대나무에 관한 언급이 전혀 없다. 그가 죽은 뒤 친한 친구 상수가 「사구부」思舊賦를 지어 산양에 있던 그의 옛집을 묘사했지만 역시 대나무는 거론하지 않았다. 이것은 칠현의 대표 인물이 우리가 상상하는 것처럼 대나무를 각별히 여기지는 않았음을 설명한다.

둘째, 앞에서 나는 1960년대 남경 서선교에서 발견된 남조의 묘에서 〈죽림칠현과 영계기〉라는 일련의 벽돌그림이 출토되었음을 언급한 바 있다. 그 그림에서 칠현의 배경을 이루는 식물은 은행나무, 소나무, 홰나무, 버드나무로 유독 대나무만 없다. 이 역시 적어도 남조시대까지는 사람들 마음속의 칠현이 자연계의 대나무와 필연적인 관계가 없었음을 설명한다.

셋째, 동진의 명사 손작孫綽은 불교를 믿었고 유명한 승려들과 교류가 많았다. 일찍이 그는 「도현론」道賢論을 지어 서진西晉과 동진東晉 양진兩晉 시대의 명승 일곱 명과 죽림칠현을 비교하고 그들이 모두 사물에 통달한 빼어난 인물이었다고 말했다. 이는 동진 시대에 확실히 죽림칠현과 불교계 인물을 접목시키는 사례가 있었음을 설명한다.

그러므로 감정적으로 받아들일 수 있든 없든, 나는 죽림칠현이 상징적 의미를 지닌 문화 개념으로서 자연물인 죽림과는 직접적이거나 필연적인 관계가 없다는 쪽으로 마음이 기운다.

결성과 해산의 미스터리

세 가지 미스터리를 풀어보았지만 풀수록 김이 빠지는 감이 없지 않다. '죽림칠현'이라는 명칭이 거의 해체될 지경에 이르렀기 때문이다. 그렇다면 명칭에 이렇게 많은 미스터리와 의혹이 존재하는데도 이 개념을 계속 사용할 수 있을까?

내 대답은 '당연히 사용할 수 있다'이다.

우선 칠현은 실제로 존재했던 역사적 인물이며 그들은 서로 친밀한 교분을 나눈 적이 있다. 그리고 한때 삶에 대한 신념을 공유하고 동일한 가치를 추구했다. 비록 죽림에서 모임을 갖지 않았을 수도 있지만, 그들이 자연을 동경하고 산림에서 모여 은거의 뜻을 추구한 점에는 의심의 여지가 없다.

그다음으로 '죽림칠현'의 명칭은 동진 시대에 출현하기는 했지만, 하나의 문화 개념으로서 실제적인 개념이다. 이는 칠현이 구가했던 자유로운 삶에 대해 당시 사람들이 품었던 숭배와 존경을 반영하므로 결코 허위 개념이 아니다.

셋째, 문화 현상에서의 사회적 약속의 문제는 굳이 학술적 논쟁과 연결시킬 필요가 없다. 학계에서 미심쩍어하는 일을 일반인은 완전히 사실로 여길 수 있다. 왜냐하면 어쨌든 우리는 역사를 복원시키는 사람이 아니라 감상자이자 소비자이기 때문이다.

그러므로 인원수의 미스터리든, 전파의 미스터리든, 활동 지역의 미스터리든 모두 가장 중요한 것은 아니다. 죽림칠현과 관련된, 우리가 탐색하고 해답을 얻어야 할 더 큰 미스터리가 또 있기 때문이다. 그것은 칠현의 결성과 해산의 미스터리다.

험악한 정치 환경에서 언제 목숨을 잃어도 이상하지 않았던 그 혼란한 시대에, 출신도 나이도 고향도 성격도 다 달랐던 문인들이 어떻게 한자리에 모이게 된 걸까? 그리고 무엇 때문에 갈라져 각자의 길을 가게 된 걸까?

이것이야말로 가장 중요한 문제다.

그러나 이 문제의 답을 구하려면 반드시 그들을 구체적인 역사적 환경 속에 놓고 고찰과 분석을 해야 한다. 당시의 정치 배경과 역사의 추세도 분명하게 이해해야 한다. 그래야만 역사적 진상에 접근하여 실재했던 죽림칠현을 상대적으로나마 재현해낼 수 있다.

그렇다면 도대체 어떻게 해야 실재했던 죽림칠현에 접근할 수 있을까? 나는 우선 어떤 열쇠를 손에 넣어야만 죽림칠현의 결성과 해산 미스터리의 해답이 수면 위로 떠오를 것이라고 생각한다.

그 열쇠는 조씨曹氏와 사마씨司馬氏의 권력투쟁이다. 위나라와 진나라의 왕조 교체기에 조씨와 사마씨라는 양대 정치 세력 사이에서 최고 통치권을 둘러싸고 일련의 놀랍고 복잡한 투쟁이 오랫동안 전개된 것을 우리는 알고 있다.

당시에 그 권력투쟁이 없었다면 정국은 상대적으로 안정되었을 것이며 죽림칠현이라는 이 문인 그룹도 생겨나지 않았을 것이다. 어쨌든 죽림칠현의 형성과 발전, 그리고 운명과 결말은 모두 조씨와 사마씨의 권력투쟁과 끊으려야 끊을 수 없는 관계가 있다.

그러면 그 권력투쟁은 과연 어떻게 전개되었을까? 이것을 알려면 조예曹叡가 신하들에게 어린 아들을 맡기고 사망한 사건에서부터 이야기를 시작해야 한다.

2
조씨와 사마씨의 권력투쟁

조예가 어린 아들을 맡기다

위魏 경초景初 3년(239) 정월 22일. 엄동설한이라 수도 낙양洛陽의 날씨는 유난히 추웠다. 그러나 바깥 날씨보다 더 추운 곳은 가복전嘉福殿에 있는 황제의 침궁이었다. 황궁에는 추울 뿐 아니라 애절하고 스산한 분위기가 감돌았다. 황제가 붕어를 앞두고 있었기 때문이다. 그는 조조曹操의 손자이자 조비曹丕의 아들로서 역사에서 명제明帝라 불리는 위나라의 두 번째 황제 조예였다.

그때 위 명제 조예는 창백한 얼굴로 침상에 누워 마지막 숨을 몰아쉬고 있었다. 옆에서 시중을 드는 궁녀와 환관 들은 전전긍긍하며 땀조차 감히 흘리지 못했다. 모두들 황제가 저세상으로 떠나는 순간을 기다리고 있었다. 이상하게도 조예는 사흘 전부터 목숨이 경각에 이르렀는데도 이날까지 버티며 떠나려 하지 않았다. 그의 쇠잔한 육체가 지금까지 죽음의 신과 사투를 벌이는 것을 보면서 사람들은 기적이라고 여겼다.

황제 곁의 가까운 신하들 외에 침상 옆에는 두 남자아이가 서 있었다. 한 아이는 겨우 여덟 살인 제왕齊王 조방曹芳, 다른 아이는 아홉 살인 진왕秦王 조순曹詢이었다. 두 아이는 눈앞에서 벌어질 변고를 다 이해하지는 못했지만, 자신들이 부황父皇이라고 부르는 이 남자가 곧 죽으리라는 것은 알고 있었다. 앞으로 자신들을 지켜줄 든든한 후원자가 사라지는 것이다.

조예의 운명도 실로 불운했다. 천하를 다스리는 천자로서 부귀영화를 누리긴 했지만 수명이 너무 짧았다. 서른다섯 살도 되기 전에 죽음의 '카운트다운'에 들어서고 말았다. 더 가련한 것은 황제가 된 십삼 년간 궁중에 수많은 여자를 들이고 씨를 뿌렸음에도 너무 주색을 탐했던 탓인지 자식이 귀했다는 것이다. 더구나 생존율도 형편없었다. 친아들 셋이 예외 없이 두 살을 넘기지 못했다. 전부 포대기에 싸여 젖을 먹을 때 요절하고 말았다.

도리가 없었다. 대통大統을 잇기 위해 조예는 할 수 없이 두 명의 양자를 들였다. 이 시각, 그의 침상 곁에 서 있는 두 남자아이였다. 두 아이의 출신과 혈통에 관한 역사서의 기록은 자세하지 않다. 그저 "궁궐 안 일은 비밀이어서 그 유래를 아는 사람이 없었다"(『삼국지』「삼소제기」三少帝紀)고 애매하게 적혀 있다.

그 두 아이는 아마 조씨 황실의 후손이었을 것이다. 조씨 일족의 대업을 타인의 손에 넘기려고 했을 리는 없기 때문이다. 조예가 아무리 멍청했어도 그 정도 계산을 하지 않았을 리 없다. 그리고 조예가 그 두 아이를 양자로 들인 건 틀림없이 중병에 걸린 뒤였을 것이며, 굳이 둘을 들인 건 그 가운데 더 나은 하나를 골라 황위를 물려주기 위해서였을 것이다. 역사의 기록에 따르면 이날 태자도 이미 정해진

상태였다. 여덟 살의 조방이었다. 아홉 살의 조순은 왜 제외된 걸까? 역사서에는 설명이 없지만 아마도 병약한 탓일 것이다. 실제로 그는 겨우 몇 년 뒤에 사망했다. 이런 사실을 감안하면 조방을 뽑은 것이 옳은 결정이었다고 볼 수 있다.

태자를 선정해 후계자도 생긴 마당에 조예는 왜 그렇게 시간을 끌며 이승을 떠나려 하지 않았을까?

그는 누군가를 기다리고 있었다. 그 사람을 보지 않으면 뒷일을 안심할 수 없었다. 황제 노릇도 참 쉬운 게 아니다. 마음대로 죽을 수도 없다. 보통 사람은 죽으면 모든 것이 끝나고 뒷일은 집안사람들이 알아서 처리하지만 황제는 그런 자유마저 없다. 죽기 전에 스스로 뒷일을 마무리해놓지 않으면 죽어서도 눈을 감지 못한다.

조예는 임종 전의 크나큰 고통을 참으면서 뒷일을 맡길 사람을 기다리고 있었다. 그에게 해야 할 이야기를 들려주고 황실의 명맥을 수호하는 책임을 넘겨줄 셈이었다.

대체 누구이기에 감히 황제가 죽음을 참아가며 사흘을 기다리는데도 아직 나타나지 않은 걸까?

그 사람은 삼국 시대의 유명한 인물 사마의司馬懿였다. 사마의가 늦은 이유는 배짱이 좋아서도, 감히 황제의 명령을 따르지 않아서도 아니었다. 일 년 전, 황제의 명을 받아 요동遼東 원정을 떠난 까닭이었다. 그는 밤낮을 가리지 않고 말을 달려 황궁으로 오고 있었다.

사마의는 누구인가

우리는 삼국 시대의 역사에서 사마의도 효웅이었다는 것을 알고 있다. 사마의는 원정과 전투에 능하고 지략이 뛰어났던, 삼국 시대의 가장 빼어난 전략가였다. 우리는 또 사마의가 음험하고 교활하며 살인을 즐긴, 역사상 보기 드문 야심가이자 음모자였다는 것도 알고 있다. 그를 거론하기만 하면 우리의 머릿속에는 두 손에 피를 가득 묻힌 간악한 도살자의 이미지가 떠오른다. 그의 여러 해에 걸친 노력 덕분에 그의 자손들은 결국 위 왕조의 정권을 찬탈하고 서진 왕조를 세웠다. 그래서 중국 전통극의 분장에서 사마의는 하얀 얼굴의 간신으로 그려진다.

그러면 사마의는 본래부터 간신이었을까? 그렇지 않을 것이다. 사마의가 나중의 간신 사마의가 된 것은 일련의 주관적 요인과 객관적 요인, 거기에 우연적 요인까지 더해져 빚어진 결과였다. 다른 것은 차치하고라도 만약 사마의가 그렇게 오래 살지 않았다면, 조예가 아들을 맡기기 전에 죽었더라면 역사에서 그의 이미지는 훨씬 좋았을 것이다. 이와 관련해, 백거이白居易의 시를 보도록 하자.

주공周公이 자신을 헐뜯는 소문을 두려워하던 나날이 있었고
왕망王莽이 자신을 낮추고 아직 황위를 찬탈하지 않던 때가 있었다.°
만약 그때 두 사람이 세상을 떠났다면
주공이 충신이고 왕망이 간신인지를 누가 알았겠는가?

「방언기삼」放言其三

사마의는 삼국 시대의 왕망이었다.

이렇게 말하는 이유는 사마의와 조씨 일족의 관계가 대단히 복잡했기 때문이다. 조예가 어린 아들을 맡기기 전까지 사마의는 줄곧 조씨의 위나라 정권에서 '자신을 낮추고' 충신 역할을 담당했다. 만약 그가 일흔세 살까지 살지 않고, 조예가 죽은 뒤 어린 아들이 황위에 올라 조씨 집단이 쇠약해지는 국면을 맞지 않았다면 지금 우리가 알고 있는 사마의가 될 가능성은 없었을 것이다.

이 세상에서 가장 유혹적인 것인 돈도 여자도 아니다. 바로 권력이다.

영국의 역사학자 액턴 경은 "권력은 부패하며 절대 권력은 절대적으로 부패한다"라는 명언을 남겼다.

확실히 인간의 마음은 절대 권력을 쟁취하는 과정에서 극도로 부패하고 비뚤어진다. 불가사의하고 비인도주의적인 일도 서슴지 않고 저지르곤 한다.

그러나 역사는 가정을 허용치 않는다. 사마의는 삼십 년간 조조, 조비, 조예 삼대에 충성을 바쳤다. 그 세 사람의 임종을 전부 지켜보기까지 했다. 사마의의 이런 질긴 수명 덕분에 그의 자손들은 최후에 웃을 수 있었다.

° 주周 무왕武王의 동생이었던 주공은 무왕이 죽기 직전, 충성을 맹세하는 글을 지어 금궤에 보관하고, 재상으로서 조카인 어린 성왕成王을 정성껏 보필했다. 그런데 그를 시기한 이복형제 관숙管叔과 채숙蔡叔이 그에게 역모의 마음이 있다고 유언비어를 퍼뜨렸다. 결국 성왕은 주공을 의심하게 되었고 궁지에 몰린 주공은 재상직을 내놓고 동쪽 나라로 피신했다. 하지만 나중에 하늘에서 벼락이 내리쳐서 금궤가 깨졌고 성왕은 그 안의 글을 읽은 후 의심을 풀었다. 그리하여 주공을 불러들이고 관숙과 채숙을 처단했다(제11장 참고). 반면에 서한西漢 평제平帝의 장인이자 재상이었던 왕망은 황위를 찬탈할 마음이 있었지만, 사람들이 자신을 따르지 않을까 두려워 일부러 자신을 낮추고 널리 선비들을 대접하며 공덕을 쌓는 척했다. 그러다가 천하가 자신을 따르게 되자 서한을 무너뜨리고 신新 왕조를 세워 스스로 황제가 되었다.

공자는 "늙어서도 죽지 않으면 남을 해친다"라고 했다. 실로 사마의에게 딱 어울리는 말이다.

사마의는 어떻게 조씨 일족과 관계를 맺게 되었을까? 처음부터 이야기해보자.

한 헌제獻帝 건안建安 6년(201), 조조는 마흔일곱 살의 장년이었고 사마의는 겨우 스물세 살이었다. 당시 '천자를 끼고 제후들에게 명을 내리던' 조조는 막 원소袁紹와의 관도대전官渡大戰에서 승리를 거두고 널리 인재를 모으는 중이었다. 그러다가 사마의가 유능하다는 소문을 듣고서 그를 불러들였다.

사마의는 그 부름을 하찮게 여겼다. 『진서』「선제기」宣帝紀에서는 사마의가 "한나라의 운이 장차 쇠약해지리라는 것을 알았으나 조조에게 절개를 굽히려 하지 않았다"라고 했다. 명문가의 오만과 편견으로 인해 사마의는 조조를 뼛속 깊이 경멸했다. 우리는 조조의 출신이 그리 상류층이 아님을 알고 있다. 그의 아버지 조숭曹嵩은 환관 조등曹騰의 양자였으며 본래 성은 하후씨夏侯氏였는데 나중에 조씨로 바꾸었다고 한다. 조숭에 관해 진수陳壽는 『삼국지』「무제기」武帝紀에서 "출생의 경위를 자세히 알 수 없다"라고 애매하게 말했다. 정말 자세히 알 수 없었던 걸까? 아마도 아닐 것이다. 군왕의 부친의 자랑스러울 것 없는 내력을 굳이 밝히려 하지 않았을 뿐이다.

사마의는 달랐다. 대대손손 고관을 역임한 명문가 출신이었다. 그의 아버지 사마방司馬防은 수도를 다스리는 행정장관까지 지냈다. 사마의는 보통 교활하고 잔인한 간웅이라고 알려져 있지만, 사실 그는 정통 유교 가문에서 태어나 사대부의 이익을 대변했던 인물이었다. 그러니 환관 집안 출신으로 품행도 바르지 않은 군벌 조조에게 경멸의 감정을 품는 것은 당연한 일이었다.

사마의는 중풍으로 인한 반신 마비를 핑계로 조조의 부름을 사양했다. 조조는 믿지 않고 밤에 부하를 보내 탐문하게 했다. 그리고 부하가 돌아와 사마의가 침상에 누워 꼼짝도 못하고 있다는 보고를 한 뒤에야 그것을 믿었다.

두 사람 다 연기의 대가였지만, 이 첫 번째 대결에서는 조조가 사마의에게 속아 넘어갔다.

그러나 사마의는 이 거짓말로 인해 큰 대가를 치렀다. 사마의의 이 '병'은 장장 육칠 년을 끌었다. 스물세 살부터 스물아홉 살까지 사마의는 거의 병상에서 세월을 보내야 했다. 그의 심기心機가 얼마나 깊고 참을성이 대단했는지 이 일을 통해 짐작할 수 있다.

하지만 언제까지나 조조의 눈을 피할 수는 없었다. 조조는 한번 정한 일은 반드시 해야 하고, 한번 점찍은 사람은 반드시 써야 직성이 풀리는 인물이었다. 건안 13년(208), 승상이 된 조조는 인재를 등용하면서 다시 사마의를 불렀다. 이번에는 전과는 다른 방법을 썼다. 사마의를 부르러 가는 사자에게 '또 망설이거든 잡아 오라'라고 했다.

사마의는 어쩔 수 없이 관직을 맡아야 했다. 문학연文學掾이었다. 문학연은 학교를 관리하고 학생을 가르치면서 지역의 교화와 예의도 관장하는 문관이었다. 이때부터 사마의는 조조, 조비 부자를 좇아 원정을 다니며 갖은 계책을 발휘함으로써 깊은 신임을 얻었다.

그러면 조조는 실제로 사마의를 믿고 마음을 놓았을까? 당연히 그렇지 않았다. 역사서의 기록을 보면, 나중에 조조는 사마의에게 영웅이 되고자 하는 뜻이 있음을 간파했고, 또 사마의가 '낭고상'狼顧相이라는 말을 들었다. '낭고상'인 사람은 늑대처럼 몸을 움직이지 않고 머리만 백팔십도 돌려 뒤를 볼 수 있다. 이런 특징을 가진 사람은 예외 없이 잔인하고 피를 좋아하며 언제든 안면을 바꾸고 뒤통수를 칠 수 있는 위험인물이라고 전한다. 그래서 조조는 확인해보기로 마음먹었다. 그를 불러 앞으로 걸어가게 하다가 갑자기 자기를 돌아보라고 명했다. 과연 홱 고개를 돌린 사마의는, 얼굴은 정면으로 조조를 향하고 있는데도 몸은 전혀 움직이지 않았다. 영락없는 '낭고상'이었다. 이때부터 조조는 사마의에게 경계심을 품기 시작했다.

또 언젠가 조조는 꿈속에서 세 마리 말이 같은 통 속의 풀을 먹는 꿈을 꾸었다. 의심 많고 미신에 약한 조조는 그 세 마리 말이 사마의 삼부자이며 통은 조씨 일족이라고 해석했다. 그 꿈은 그에게 불길한 예감을 주었다. 그래서 그는 조비에게 "사마의는 남의 신하로 만족할 자가 아니니 내 사후에 필히 네 일에 관여할 것이다"라고 경고했다.

이후에 조조는 여러 번 구실을 잡아 사마의를 제거하려 했지만 번번이 실패하고 말았다. 조조에게서 이득을 취할 수 없음을 간파한 사마의는 한편으로 약한 척하며 조조의 비위를 맞추면서, 다른 한편으로는 든든한 후원자를 찾았다. 장차 조비가 대업을 이루리라는 것을 예민한 정치적 후각으로 포착한 그는 즉시 조비와 '전략적 파트너십'을 수립했다. 사마의에게 포섭된 조비는 사마의가 조조에게 비난을 받을 때마다 적극적으로 나서서 그를 보호해주었다. 사마의는 충성심을 보이기 위해 더욱 자기 직분에 충실했다. 때로는 밤잠도 잊고 허드렛일까지 마다하지 않으며 조조에게 알랑거렸다. 그 결과, 조조도 더 이상 그의 허물을 들추지 않게 되었다.

조조가 죽자, 사마의는 그제야 한숨을 돌렸다. 얼마 뒤에는 다른 대신들과 함께 조비를 황제로 옹립했다. 실제로 사마의는 위나라의 개국공신이었던 셈이다. 즉위 후 조비는 사마의를 대단히 믿고 중시했다. 사마의도 변함없는 충성으로 보답하며 조비를 위해 전력을 기울였다. 이때 두 가지 주목할 만한 일이 있었다.

한번은 위 문제 조비가 남쪽 동오東吳와의 경계에 가서 군사훈련을 벌였는데, 후방에서 내분이 일어날까 우려해 사마의를 남겨 허창許昌을 지키게 했다. 그러면서 사마의의 관직을 높여 조정의 사무를 총괄하게 했다. 일부러 몸을 낮추는 도리를 알고 있던 사마의는 겸허하게 그것을 사양했다. 이에 조비는 "평소에 나는 밤낮으로 정무에 바빠서 잠시도 편히 쉴 겨를이 없네. 지금 자네에게 조정을 총괄하게 하는 건 무슨 영예로운 일이 아니라 그저 내 걱정을 나눠 갖자고 하는 것일 뿐이네"라고 말했다. 사마의는 그제야 마지못해 응낙하고 후방을 지키는 임무를 훌륭하게 완수했다.

그다음에도 조비는 군사를 일으켜 동오를 정벌하러 가면서 사마의에게 후방을 맡기고 조정의 대사를 책임지게 했다. 사마의는 이번에도 맡은 바 임무를 잘 처리했다. 나중에 낙양으로 돌아온 조비는 흡족해하며 "이후에 내가 동쪽에 있으면 자네는 서쪽의 일을 총괄하고, 내가 서쪽에 있으면 자네는 동쪽의 일을 총괄하면 되겠군"이라고 사마의에게 말했다. 이처럼 허심탄회하게 말한 것을 보면 조비가 얼마나 사마의를 신임했는지 알 수 있다.

그래서 조비는 죽음을 앞두고 특별히 진군陳群, 조진曹眞, 사마의 세 대신을 곁에 불러, 함께 태자를 보필해달라는 유언을 남겼다. 그리고 조예에게도 "이 세 대신은 절대로 의심하지 말라"라고 간곡히 타일렀다. 조비에게 이 세 대신의 신뢰도는 보증수표나 다름없었다.

조조가 사마의를 압박하고 조비가 그를 신임했다고 한다면, 조예는 그에게 의지했다. 조예의 십삼 년 재위 기간에 사마의는 계속 충신으로서 조씨 일족에 입은 은혜에 보답했을뿐더러, 따로 '명장'名將이라는 또 다른 역할을 찾아냈다.

사마의 같은 사람은 계속 후방을 지키는 임무만 수행하게 했다면 큰 탈이 없었을 것이다. 자신의 잠재력이 얼마나 대단한지 자기 자신도 모른 채 주어진 직분에만 만족하며 살았을 수도 있다. 그러나 그에게 병권을 주고 전쟁을 지휘하게 한 탓에 예상치 못한 결과가 일어나고 말았다. 사실 사마의는 전쟁에 매우 능했다. 조예 시대에 사마의는 황제의 신임을 받아 군권을 손에 쥐고 여러 차례의 원정에서 승리를 거둠으로써 탁월한 군사적 재능을 뽐냈다. 우리는 『삼국연의』三國演義를 통해 제갈량諸葛亮이 그야말로 모르는 게 없고 못하는 게 없는 신적인 존재라고 알고 있다. 하지만 역사의 기록을 보면 그가 사마의를 만난 뒤부터 내리막길을 타기 시작했다는 것을 알게 된다. 제갈량의 '공성계'空城計 같은 것은 근거 없는 문학적 과장에 불과하다. 오히려 사마의야말로 적을 알고 나를 알아서 귀신처럼 일을 예측하는 능력을 발휘했다. 전쟁의 발전 추이에 대한 사마의의 판단은 대부분 그의 경험, 인간의 약점과 성격에 대한 연구에서 비롯되었다. 예를 들어 그는 제갈량의 식사 시의 입맛 같은 일상생활, 그리고 모든 일을 몸소 체크하는 너무나 세심한 업무 스타일에 근거해 "제갈공명이 얼마나 오래갈 수 있겠는가?"라고 예상했다. 과연 얼마 안 있어 제갈량은 오장원五丈原에서 숨을 거뒀다.

연이은 전투의 승리로 인해 사마의는 많은 정치적 자본을 축적했다. 조조와 조비 시대에 사마의가 열세에 처해 있었다고 한다면, 조예 시대의 사마의는 점차 우세를 점하고 능동적인 위치를 차지했다.

문제는 여기에 있다. 권력은 무서운 것이고 뼛속 깊이 폭력성이 있는 사람이 잡으면 더욱 무서워진다. 요컨대 폭력과 권력이 결합되면 재난을 불러와, 사람은 사람 같지 않게 되고 나라도 나라 같지 않게 된다.

사마의는 이처럼 권력과 폭력성이 하나로 합쳐진 간웅이었다. 다년간의 정벌을 거치면서 권력에 대한 그의 욕망은 나날이 팽창했고 내면의 잔인한 본성도 전투 속에서 폭발하기 시작했다.

경초 2년(238), 요동태수遼東太守 공손연公孫淵이 반란을 일으켰다. 예순 살의 사마의는 조예의 명을 받들어 친히 군대를 이끌고 요동 정벌에 나섰다. 이 정벌에서 사마의는 능수능란한 속임수로 적군을 크게 무찔렀다. 그런데 승리를 거둔 후, 사마의는 납득하기 어려운 일을 저질렀다. 병사들을 데리고 성에 들어가 무차별 학살을 벌인 것이다. 이미 투항한 반란군 이천여 명을 비롯해 성안의 열다섯 살 이상의 남자 칠천여 명을 전부 죽여버렸다. 만 명에 가까운 생명이 하루 사이에 사라지고 말았다.

이 대학살은 위험의 신호였다. 사람을 죽이고도 눈 하나 깜박 않는 사마의의 본성이 드러난 것이다. 그후로 사마의는 본격적으로 살인을 즐기게 되었다. 잔혹한 권력투쟁은 그를 사기꾼과 연기 전문가로 만든 것도 모자라 '변태 살인광'으로 변모시켰다.

조예의 유언

공손연의 반란을 평정한 후, 사마의는 어느 날 밤 심상치 않은 꿈을 꾸었다. 꿈속에서 위 명제 조예가 그의 무릎을 베고 "내 얼굴을 보시오"라고 말했다. 그가 고개를 숙여 보았더니 평소와 달리 이상한 모습이었다. 잠에서 깬 후, 그의 마음은 매우 불편했다. 과연 얼마 후 대군을 이끌고 돌아가는 길에 수도에서 소식이 전해졌다. 조예의 병세가 위급하니 속히 오라는 전갈이었다. 이제 조예가 어린 아들을 맡기는 맨 처음의 이야기로 돌아가보자.

당시 상황은 대단히 촉박했다. 이쪽에서는 조예가 마지막으로 사마의를 만나 어린 아들을 맡기기 위해 애써 죽음을 미루고 있었고, 저쪽에서는 사마의가 사흘 동안 연이어 다섯 통의 재촉 조서를 받았다. 서둘러 수도에 와서 통보도 필요 없이 곧장 입궁해 황제를 알현하라는 내용이었다. 실로 다급하기 그지없었다. 사마의는 조정에 변고가 생길까 두려워 감히 지체하지 못하고 추봉거追鋒車라는 쾌속 수레를 밤낮으로 갈아타며 길을 재촉했다. 그리하여 겨우 조예의 숨이 끊기기 전에 황궁에 도착했다.

드디어 사마의가 나타났을 때, 겨우 한 가닥 숨에 의지하고 있던 조예는 마치 희망을 만난 듯 두 눈이 반짝였을 것이다. 『삼국지』「명제기」明帝紀를 비롯한 여러 역사서에 이 감동적인 장면이 묘사됐다. 당시 사마의가 눈물을 흘리며 예를 올리자, 조예는 그의 손을 부여잡고 간곡하게 말했다.

"나는 이미 병이 골수에 사무쳤소. 내가 죽음을 견디며 그대를 기다린 것은 그대에게 후사를 맡기기 위해서였소. 결국 그대를 보았으니 이제 죽어도 여한이 없소."

이어 그는 여덟 살의 조방을 가리키며 말했다.

"이 아이가 태자요. 앞으로 그대가 조상曹爽과 함께 보필해주시오. 늘 자세히 살펴 잘못되는 일이 없기를 바라오."

조예는 또 조방을 불러 친근하게 사마의의 목을 끌어안게 했다. 백발의 노인과 어린아이의 이 포옹은 이로써 역사의 한 장면으로 남았다. 이때 사마의는 감격해 눈물을 비처럼 쏟았다.

유언을 마친 조예는 얼마 후 세상을 떠났다. 하지만 그는 미처 예상치 못했다, 자기가 죽음을 견디며 기다렸던 사마의가 나중에 두 아들 사마사司馬師와 사마소를 데리고 조씨 정권을 찬탈할 줄은. 때때로 역사는 불가사의할 뿐만 아니라 무정하다. 조씨와 사마씨, 두 가문은 말 그대로 악연이었다. 죽음을 목전에 둔 조예가 그토록 오기를 바랐던 사람은 조씨 일족의 구세주가 아니라 미래의 반역자였다.

한 왕조가 오래 평안을 누리려면 반드시 개국 황제가 영리하고 용맹해야 한다. 또한 후임 황제가 건강해야 하는데, 적어도 보통의 수명은 누려야 한다. 만약 요절이라도 한다면 나라의 오랜 평안은 기대하기 힘들다. 조조는 예순여섯 살까지 살았다. 결코 짧지 않은 생애였다. 하지만 조비는 겨우 마흔까지 살았고, 방탕했던 조예는 더 단명해서 서른다섯도 채우지 못했다. 이 삼대는 정치 수완도 내리막길이었고 수명도 갈수록 짧아졌다. 사마의는 조조의 후사도 처리하고 조비의 임종도 지켰다. 이제는 조예 차례였다.

그러나 조예도 그렇게 어리석지는 않았다. 어쨌든 다른 대비책도 마련해놓았다. 그는 유언 중에 명확히 지적하길, 사마의가 반드시 다른 한 명과 함께 어린 조방을 보필해야 한다고 했다. 그 사람이 위나라 조씨 황실의 종실이자 대사마大司馬였던 조진의 아들 조상이다. 조진은 조조의 양자였으므로 조상은 곧 조조의 종손에 해당했다.

이런 '보필' 체제는 꽤 합리적으로 보인다. 신임 황제를 보필할 두 대신 중 한 명은 조씨 황실의 종친이고 다른 한 명은 삼대를 보좌한 원로였다. 권력의 상호 견제를 통해 상대적인 안정을 꾀할 수 있었을 듯하다. 하지만 아무리 완벽한 체제도 그 안정성은 결국 사람에게 달려 있다. 나중에 조상은 지나친 독재와 전횡으로 사마의에게 반역의 구실과 기회를 제공해 조씨 일족의 파멸을 초래했다.

인척 관계

'성문에 불이 나면 해자의 물고기가 화를 당한다'라는 속담이 있다. 성문에 불이 나 해자의 물을 퍼서 불을 끄면 해자에 살던 물고기가 다 말라 죽는다는 것인데, 어떤 사건에 연루되어 화를 입을 때 쓰는 말이다. 조예가 사마의와 조상에게 어린 아들을 맡긴 사건은 위나라 권력 구조에 큰 변화를 불러왔다. 이로 인해 마치 해자의 물고기처럼 많은 인물의 운명이 바뀌었고 그중에는 죽림칠현도 있었다.

제왕 조방은 즉위 후 연호를 정시正始로 바꾸었다. 정식으로 시작한다는 뜻이다. 이때부터 조씨와 사마씨의 권력투쟁은 조상 집단과 사마씨 집단의 투쟁으로 바뀌었다.

정치 판도가 새롭게 바뀌면 잠재되어 있던 갈등이 드러나 왕조에 위기를 불러오게 마련이다. 우리의 주인공 죽림칠현은 조씨와 사마씨의 권력투쟁이 가장 미묘하면서도 잔혹했던 시기에 살았다. 그들 중 누구는 조상 집단에게 회유를 받고, 또 누구는 사마씨 집단에게 주목을 받아 일생일대의 결단을 요하는 연이은 악순환과 곤경에 직면했다. 일본의 학자 오카무라 시게루岡村繁는 심지어 죽림의 이 문인 그룹이 조씨와 사마씨 양대 파벌이 각자의 진영 밖에 심어놓은 스파이였을 가능성도 있다고 주장했다. 그들이 한데 모여 있었던 것은 서로 상대편의 정보를 빼내기 위한 것으로 어쩌면 이 느슨한 문인 살롱은 일종의 스파이 조직이었을지도 모른다고 했다. 당연히 우리는 이 관점에 동의할 수 없다. 하지만 죽림칠현이 당시 조씨와 사마씨의 정치투쟁과 대단히 긴밀한 관계가 있었다는 것만은 부인할 수 없다.

그러면 죽림칠현에서 제일 먼저 조씨와 사마씨의 권력투쟁에 휘말린 사람은 누구일까? 그 사람은 나이가 가장 많은 산도였다. 산도가 사마씨 일족과 특별한 관계였기 때문이다.

우선은 고향이 같았다. 사마의는 하내 온현溫縣 사람이고 산도는 하내 회현 사람이었다. 두 사람은 같은 고장 출신의 동향 관계였다. 고대에는 지연, 혈연, 학연 관계가 매우 밀접해 정치 동맹을 맺기가 쉬웠다.

그보다 더 중요한 것은 산도가 사마의와 인척이라는 사실이다. 일찍이 산도의 조부의 사촌누이인 산씨가 하내 평고平皐 사람 장왕張汪과 결혼해 딸 장춘화張春華를 낳았다. 장춘화는 열여덟 살 정도에 사마의에게 시집을 가서 정실이 되었고 나중에 선목황후宣穆皇后로 추존되었다. 위진의 역사에서 장춘화의 영향은 상당히 컸다. 그녀가 사마의와 낳은 삼남 일녀 중에 장남 사마사와 차남 사마소는 위진의 왕조를 바꾼 핵심 인물이 되었다.

이제 우리는 산도와 사마씨 일족이 인척 관계임을 알았다. 산도에게 사마의의 장모 산씨는 당고모할머니이고 사마의의 부인 장춘화는 내종고모이니, 산도는 사마의를 내종고모부라고 불러야 마땅했다. 이런 식으로 계속 따라가보면 사마사와 사마소는 산도의 내종형제, 그리고 훗날 진晉 왕조의 개국 황제인 무제武帝 사마염司馬炎은 산도의 내종조카인 셈이다. 이처럼 얽히고설킨 관계망은 실로 무서운 느낌마저 들게 한다.

이런 인척 관계로 인해 훗날 산도는 서커스단원이 아슬아슬 줄타기를 하듯 위험하면서도 드라마틱한 운명을 걷게 된다. 달리 말하면 정치투쟁이 가장 치열한 지점에서 줄곧 모진 풍파를 맞았다고도 할 수 있다.

그러면 그토록 다사다난한 시기에 산도는 사마의와의 관계를 이용해 벼슬길에 오르지는 않았을까?

3
급류에서 탈출하다

야반도주

정시 8년(247) 5월의 어느 날 밤, 낙양 성안에 위치한 하남군河南郡 군부郡府에서 하루 종일 바빴던 관리들 중 대부분은 퇴근하고, 외지에 집이 있는 이들은 관사에 머물렀다. 겉으로 보기에 이날 밤은 다른 날과 별반 차이가 없었다. 그러나 실제로 이날 밤, 어떤 절묘한 계책이 실행되었다. 한 관원이 쥐도 새도 모르게 사라진 것이다. 이튿날 사람들은 그의 방에서 내팽개쳐진 관부官符와 관인官印 등을 찾아냈고, 여타 개인 물품은 그가 깡그리 챙겨 갔다는 사실을 발견했다. 그 관원은 관직을 버리고 집으로 돌아간 것이 틀림없었다.

그렇다면 관직을 버린 그 사람은 누구였을까? 죽림칠현의 맏형 산도였다.

이 일은 역사서에 매우 간략하게 기록되어 있다. 세부 사항에 관해서는 상상을 통해서만 추론할 수 있을 뿐이다. 다행히도 이날 밤에는 다른 목격자가 있었다. 상서랑尙書郞 석감石鑒이었다. 『진서』「산도전」에는 이날 밤 산도와 석감이 한 방에 묵었으며 같은 침대에서 잠을 잤다고 되어 있다. 한밤중에 갑자기 일어난 산도는 깊이 잠들어 있던 석감을 발로 차 깨우고서 몰래 뭔가를 말했다. 석감은 비몽사몽 중이어서 그가 무슨 말을 하는지 도무지 알 수가 없었고, 결국 별다른 반응을 보이지 않은 채 계속 잠을 청했다. 이튿날 석감이 깨어났을 때는 이미 산도가 사라져버린 뒤였다.

산도가 한밤중에 관직을 버리고 도망친 일은 당시에 크게 화제가 된 것이 분명하다. 그렇지 않았다면 사관이 굳이 이 일을 역사서에 기록했을 리가 없다. 아마도 많은 사람들이 산도를 답답해하고 안타까워하면서 그럴 필요까지는 없었다고 생각했을 것이다. 산도는 출신이 미천했고 마흔이 되어서야 겨우 관직 생활을 시작했다. 이때 그의 나이 마흔셋이었다. 더구나 그가 맡고 있던 부하남종사部河南從事는 매우 전도유망한 직위였다. 그는 어째서 이런 자리를 박차고 떠난 것일까? 공든 탑을 무너뜨리고 스스로 앞날을 망치는 행위로 보였다. 그러나 흥미롭게도 그후로 이 년이 채 안 되어, 뭐든 다 아는 체하던 사람들이 태도를 백팔십도 바꾸어 산도의 선견지명을 감탄했다.

도대체 무슨 일이 일어났기에 산도는 그렇게 급히 하던 일을 손에서 놓았을까? 산도의 야반도주는 길한 일이었을까, 흉한 일이었을까? 지혜로운 일이었을까, 어리석은 일이었을까? 이 문제를 명확히 알려면 산도의 출신부터 이야기해야 한다.

서족 출신의 인재

산도는 건안 10년(205)에 태어났다. 죽림칠현 중에서 나이로 치자면 만형이다. 산도의 출신에 관하여 주목해야 할 것은 산씨 가문이 그 지역에서 사족士族이 아닌 서족庶族이었다는 사실이다.

사족과 서족은 큰 차이가 있다. 사족은 세가世家의 대족大族을 가리킨다. 대대로 관리를 지내면서 작위와 봉지封地를 가진 명문가를 말한다. 동한東漢 이래, 사족은 정치, 경제, 문화 방면에서 모두 독점적 지위를 차지했으며 심지어 세습 특권도 갖고 있었다. '직위가 높고 권력이 막강하며 재산이 많고 기세가 대단하다'라는 말로 형용할 수 있다.

서족은 한족寒族, 한문寒門이라고도 하는데, 사족 이외의 보통 중소지주地主를 가리킨다. 서족의 정치적 지위는 비교적 낮았다. 그들은 오직 자신의 노력과 재능을 통해서만 말단 벼슬이라도 얻을 수 있었다. '직위가 보잘것없어 명성도 낮으며 직위가 낮아서 말조차 중시받지 못한다'라는 말로 형용할 수 있다.

사족과 서족은 한나라 이래로 그 경계가 분명해졌다. 사족은 높디높은 곳에 위치했고 서족은 경시되었다. 그야말로 하늘과 땅만큼이나 차이가 있었다. 사족은 서족과의 결혼을 거부했고 서족 출신과는 같은 자리에 앉는 것조차 수치로 여겼다. 그리하여 '사서유별'士庶有別이라는 말까지 생겨났다.

산도가 사족이 아니라 서족 출신이었다고 할 만한 문헌상의 증거는 없지만 미루어 짐작할 만한 방증이 두 가지 있다.

첫째, 산씨 가문의 역사에는 유명인이 거의 없다. 산씨는 소성小姓으로서 수많은 성씨 중 227번째에 해당한다. 산씨 가문은 산도 이전에는 역사적으로 저명한 인물이 아예 없었다. 산씨 성을 가진 자들 중에서 산도가 역사서에 전기傳記를 올린 첫 번째 명인이다. 산도의 부친은 산요山曜이며 작은 고을에서 현령을 지낸 적이 있다고 하는데 관련 기록에는 이름이 보이지 않는다. 산도가 아니었다면 산요는 역사에 이름조차 남기지 못했을 것이다.

둘째, 산도는 가정 형편이 빈한했다. 『진서』 「산도전」에는 산도가 "일찍이 부모를 여의고 궁핍하게 살았다"라고 되어 있다. 이는 서족의 전형적인 특징이다. 만약 그가 사족 출신이어서 조상 대대로 관리였고 가족의 배경이 다 화려해 충분한 재력이 있었다면, 아버지가 일찍 죽었더라도 다른 친척들의 보살핌이 있어 그렇게까지 궁핍하지는 않았을 것이다.

이 두 가지 사항을 근거로 산도가 서족 출신이었다고 판단할 수 있다. 요새 말로 표현하자면 산도는 돈도 권력도 없는 '풀뿌리 계층'이었다. 당시에는 과거 제도도 없고 대학입시도 없어 산도 같은 서족 자제들은 출세하기가 지극히 어려웠다. 따라서 산도가 관직을 버린 것은 당시에 매우 불가사의한 일로 여겨졌다.

산도가 세 살 때, 집안에 일이 생겼다. 그의 내종고모인 장춘화가 같은 하내군에 위치한 온현의 사마의에게 시집을 간 것이다. 이 일은 산도와 무관한 혼사인 것 같았지만 그의 일생에 굉장히 중요한 영향

동자가 산도 앞에서 책을 들고 있다. 산도는 죽림칠현 중에서 최고 연장자였다. 사마씨와 친척이었으며 이십 년 넘게 은거하다가 결국 관운이 형통하였다. 지혜와 재능이 뛰어나고 임기응변에 능했다. 나중에 혜강을 관리로 천거한 일로 인해 혜강에게 절교당했다. 당나라 화가 손위孫位의 〈고일도〉高逸圖 일부을 미치게 된다. 이 혼사로 인해 산도와 사마씨 집안은 동향 관계 외에도 인척 관계가 더해졌다. 이 관계는 산도가 이후 관료 사회에서 부침浮沈하는 원인이 되었다.

비록 서족 출신이긴 했지만 산도는 비범한 재능을 지니고 있었다. 역사서에는 그가 "드물게 도량이 있었고 남과 무리 짓지 않았다"(『진서』「산도전」)라고 되어 있다. 산도는 어릴 때부터 고을에서 이름이 알려져, 명망 있는 선배들도 그를 함부로 얕보지 못했다.

산도의 명성은 매우 빠르게 사마의의 귀에 전해졌다. 산도가 열일곱이 되던 해, 같은 산씨 가문 사람이 사마의의 집에 묵었다는 기록이 있다. 이 사람은 사마의에게 "우리 산씨 가문에 산도라는 인물이 있는데 장차 사마사, 사마소와 함께 천하의 기강을 세우게 될 것입니다"라고 했다. 천하의 기강을 세운다는 것은 천하를 다스린다는 것이다. 사마의는 이 이야기를 듣고 농담조로 그에게 "당신네는 소족小族인데 어떻게 그런 대단한 자가 나올 수 있겠는가"라고 했다.

이 기록은 믿을 만한 것일까? 그다지 신빙성은 없는 듯하다.

우선 산도가 열일곱 살이 되던 해는 위 문제 조비의 황초黃初 2년(221)이었다. 당시 사마의는 조비 수하의 심복 중 하나였고 아직 충분히 세력을 키우지 못했던 까닭에 천하를 차지할 야심을 갖기에는 시기가 너무 일렀다.

그다음, 당시 사마의는 장년이었고 그의 두 아들 사마사와 사마소는 각각 열네 살, 열한 살에 불과했다. 따라서 '천하의 기강을 세우려 한다'는 말은 아무래도 이 두 아들에게 어울리지 않는다.

셋째, 설사 사마의에게 당시 그런 마음이 있었다고 한들 고도의 연기자인 그가 남에게 그런 마음을 내비쳤을까? 혹시 정말로 내비쳤더라도 가난한 친척이 밖에 나가 거리낌 없이 그런 사실을 폭로하게 내버려두었을까? 사람을 죽여 입을 막는 일은 사마의에게 어렵지 않은 일이었다.

그러므로 이 기록은 전혀 이치에 맞지 않는다. 그후의 역사 전개를 근거로 해 보태 쓴 글이 틀림없다. 고대의 사료 중에는 이렇게 얕은꾀로 남을 속이거나 결과를 원인으로 잘못 아는 것들이 허다해서 별로 이상한 일도 아니다.

그렇지만 이 기록에서 두 가지 사실만큼은 믿을 만하다. 첫째, 산도가 열일곱 무렵에 이미 고을에서 이름난 산씨 가문의 신동이었고 사마의도 그를 알고 있었다는 점이다. 둘째, 사마의가 '당신네는 소족인데 어떻게 그런 대단한 자가 나올 수 있겠는가'라고 말한 것도 아마 진실일 것이다. '소족'이라는 말에서도 산도의 가족이 당시 사족이 아닌, 서족이었다는 사실을 추측할 수 있다. 이 역시 우리가 앞서 내린 판단을 인증해준다.

문제는 산도가 열일곱에 내종고모부인 사마의에게 알려졌다면 어째서 마흔이 되어서야 관리 노릇을 하게 되었느냐는 것이다. 그 이십삼사 년 동안 산도는 무엇을 했을까? 이 부분을 역사서에서는 매우 분명하게 밝히고 있다. 산도의 기질이 『노자』老子, 『장자』莊子를 좋아해 "늘 은신하여 스스로를 감췄다." 다시 말해 산도는 노장老莊의 무위자연無爲自然의 도를 좋아해 고향에 은거한 채 재능을 감추고 드러내지 않았다는 것이다. 그러나 나는 산도가 은거한 것이 성격 때문만이 아니라 그의 출신 및 당시의 정세와도 관계가 있다고 생각한다. 객관적으로 말해서, 서족 출신인 그가 정치판에 뛰어들 기회는 그리 많지 않았다. 은거는 피치 못한 선택이었을 수 있다. 게다가 정국이 뒤숭숭했던 그때, 화를 피하기 위해 은거했을 가능성도 있다.

사마의에게 이름이 알려진 열일곱부터 관리가 된 마흔까지의 세월을 계산하면, 산도가 은거한 시간은 적어도 이십사 년은 된다. 이런 사실에 대해 별다른 의문을 품지 않는다면 그걸로 그만이겠지만, 곰곰이 짚어보면 여기에는 깊은 의미가 있음을 알게 된다.

우리는 중국 사회가 인간관계를 중시해 인정人情이 중요하고 인적 네트워크가 큰 생산력이 된다는 것을 알고 있다. 따라서 산도가 사마의처럼 중요한 인척을 이용하지 않았다는 것은 조금 불가사의한 일이다. 사마의가 일부러 그를 외면한 것일까, 아니면 그 스스로 빌붙는 것을 원치 않은 것일까? 나는 개인적으로 후자라고 본다. 이 사실은 산도라는 인물의 인격적인 면모를 엿보게 해준다. 이익과 명예를 좇는 보통의 무리라면 일찌감치 사마의 같은 큰 나무에 의지했을 것이다. 그러나 산도는 그렇게 하지 않았다. 그는 자존심과 줏대가 있는 인물이었다.

삼공을 기약하다

그렇다면 산도는 평생을 은사로서 부귀공명을 도외시할 작정이었을까? 그렇지는 않았다. 반평생을 은둔하며 벼슬길에 나서지 않은 것은 결코 산도가 관직이나 벼슬에 흥미가 없었기 때문이 아니었다. 단지 때가 무르익지 않았다고 생각했던 까닭이다. 산도는 때를 기다리고 있었다.

이 주장을 뒷받침할 만한 증거가 『진서』「산도전」에 있다.

> 원래 산도는 평민 출신으로 집안이 가난했다. 아내 한씨韓氏에게 말하길 "허기와 추위를 견디시오. 내가 이후 삼공三公이 되리다. 그런데 당신이 삼공 부인 노릇을 할 수 있을지 모르겠소"라고 했다.

'삼공'이란 동한 이후 군사와 행정의 대권을 장악했던 세 고위직인 태위太尉, 사도司徒, 사공司空을 가리킨다.

산도의 이런 바람은 꽤나 큰 것이어서 마치 요즘 사람이 자기가 한 나라의 총리가 될 것이라고 떠벌리는 격이었다. 여기에서 두 가지가 드러난다. 첫째, 산도는 처와 사이가 매우 좋아서 자주 상처받지 않을 정도의 농담도 하고 허풍도 쳤다는 점이다. 남자는 사랑하는 여자 앞에서는 표현을 즐기는 법이다. 이렇게 거리낌 없이 이야기하던 그의 모습에서 상당히 귀엽고 유머러스한 일면을 볼 수 있다. 둘째, 산도가 자신의 정치적 능력에 대해 자신했고, 기회가 무르익으면 틀림없이 두각을 나타낼 수 있다고 믿었다는 점이다. 산도의 이런 믿음은 자기가 사마의와 인척 관계였기 때문일까? 역사서에는 언급이 없지만 나는 그랬을 것이라고 짐작한다.

나중에 산도는 과연 삼공의 자리에 올라 아내와의 약속을 지켰다. 산도는 죽림칠현 가운데 가장 높은 자리에 오른 인물이다.

또 한 가지 주목할 점이 있다. 산도는 당시의 황제였던 위 명제 조예와 동갑이었다. 조예가 죽은 그해에 산도도 서른다섯이었다. 드디어 때가 되었다. 산도는 서른다섯에 관직에 오를 기회가 생겼다. 당시 그의 내종고모부 사마의는 황제가 임명한 고명대신顧命大臣(임금의 유언으로 나라의 뒷일을 부탁받은 대신)이 되어 지위와 권력이 대단했다. 산도가 원하기만 하면 사마의와의 관계에 힘입어 관리가 될 수 있었다. 그런데 산도는 어째서 오 년이나 늦은 마흔이 되어서야 벼슬길에 올랐을까? 줏대가 있었다는 이유 말고 그에게 또 다른 남모를 속사정이 있었던 것일까?

아마 있었을 것이다. 중국 고대 정치는 법치法治라고 해도 좋고, 덕치德治라고 해도 무방하지만 결국에는 인치人治였다. 한 사람이 일단 벼슬길에 들어선다는 것은 곧 도처에 깔린 관계망 속에 처하는 것과 같아서 사소한 것에도 결정적인 영향을 받았다. 누구를 위해 일하고, 누구에게 책임을 다하고, 누구의 지시를 받고, 누구를 위해 목숨을 바쳐야 하는지 관계망 속의 이해관계를 반드시 속으로 계산해둬야 했다. 앞에서도 언급했듯 조예는 죽음을 앞두고 나라의 대권을 조상과 사마의에게 넘겨주고 보좌 체제를 만들었다. 당시 황제인 조방은 겨우 여덟 살이어서 정무를 볼 수 없었다. 따라서 권력에 공백이 생겼다. 권력에 공백이 생기면 누가 그 빈자리를 차지하느냐는 문제가 따르게 마련이다.

이 시기, 고명대신인 조상과 사마의는 권력 다툼으로 인해 인재를 불러 모으려고 했다. 이에 따라 당시의 지식인은 매우 심각한 정치적 선택의 문제, 즉 '줄서기'의 문제에 직면했다. 일단 줄을 잘못 서면 그 결과는 매우 심각했다. 가벼우면 벼슬자리를 잃고 심하면 목이 달아났다.

산도가 늦게 벼슬을 한 주된 원인은 아마도 조상과 사마의 사이에 누구를 선택할지 어려웠던 까닭일 것이다. 조상은 경륜이 모자라긴 해도 위나라 조씨 정권의 정통성을 대표했다. 그쪽에 선다는 것은 조씨 정권에 대한 충정을 의미하므로 도덕적으로 끌리는 선택이었다. 사마의는 조정의 공신이자 산도의 내종고모부였다. 저울질해보면 무게는 이쪽으로 훨씬 더 기울었다.

산도는 이 두 가지 어려운 선택 앞에서 다른 죽림칠현과 비슷한 길을 걸었다. 아예 선택을 하지 않고 중립을 지키면서 고향에 은거했다. 다행히 당시에는 은거도 나름의 장점이 있었다. 은거를 오래할수록 명성이 높아졌으며, 명성이 높아질수록 조정의 부름을 받을 기회가 많아졌다. 어떤 학자들은 아예 산도가 은거로 이름을 얻어 벼슬을 구했다고 주장한다. 아주 일리가 없다고는 볼 수 없다.

산 위에 앉아 호랑이의 싸움을 살피다 ↘

아직 때가 오지 않았다면 산도가 할 수 있는 일은 오직 하나, 산 위에 앉아 호랑이의 싸움을 살피는 것이었다.

당시 조씨와 사마씨는 권력투쟁을 벌이면서 각자 자기 논리를 내세우며 팽팽히 맞섰다.

만약 권력을 케이크에 비유한다면 황제 조방은 아직 케이크를 자를 능력이 없었다. 고명대신 조상과 사마의는 이론적으로 각각 절반씩 자를 수 있었다. 그러나 사람의 마음은 탐욕스럽고 권력투쟁은 잔혹한 것이어서 케이크를 자르는 사람은 자기 몫 외에 좀 더 많이 자르고 싶어 한다. 누가 많이 자르느냐는 곧 누가 유리한 지위를 차지하느냐를 뜻한다. 조씨와 사마씨의 권력투쟁은 정시 연간에 절정에 이르렀다. 당시의 정치적 분위기는 그야말로 답답함을 넘어 숨이 막힐 정도였다.

조상과 사마의는 대략 세 차례 대결을 벌였다.

첫 번째는 권력 대결이었다.

정시 초년, 조상과 사마의는 각기 병권과 행정권을 장악해 겉으로는 비등해 보였지만 직위에서 다소 높낮이의 차이가 있었다. 대장군인 조상이 태위인 사마의보다 조금 더 높은 위치였다. 다만 조상은 경험이 사마의만 못했으므로 처음에는 매우 그를 공경했다. 아버지처럼 섬기면서 중대한 정책을 결정할 때마다 의견을 구했다. 그러나 조상은 원래 평범하고 탐욕적인 자였다. 능력도 없으면서 자기 몫으로 케이크를 더 크게 자르고 싶어 했다. 더구나 귀까지 얇아서 수하들이 케이크를 더 많이 확보하는 데 유리하다고만 하면 덥석 그들의 계책을 받아들였다.

조상의 수하에 정밀丁謐이라는 심복이 있었다. 한번은 그가 조상이 보기에도 그럴듯한 의견을 냈다. 조상이 황제에게 “사마의의 공적은 세상을 다 덮을 만큼 큰데도 그 직위가 태위에 불과합니다. 반대로 저는 덕도 능력도 없는데 조정 신하들의 우두머리를 차지하고 있으니 실로 황공하여 몸 둘 바를 모르겠습니다”라고 아뢰기보다는 “사마의를 대사마나 태부太傅로 임명해주시기를 청하는 바입니다”라고 하는 편이 낫다는 것이었다. 어린 황제는 당연히 그의 청을 받아들여 사마의를 대사마에 임명했다. 대사마는 대장군보다 높은 직위였다. 그런데 나중에 모두가 말하기를 전임 대사마들이 모두 임기 중에 세상을 떠서 불길하니 차라리 태부로 임명하는 것이 낫다고 했다. 태부라는 관직은 명목상으로는 천자를 보좌하는 사부師傅로서 대신들 중에서 최고의 관직이긴 했지만 사실은 실질적인 권력이 없어 실속 없는 자리였다. 조상의 이 한 수는 매우 음험하고 악랄했다. 겉으로는 사마의를 존중하는 척하면서 실제로는 그의 실권을 약화시키려는 의도였다.

교활하고 치밀한 사마의가 조상의 꿍꿍이를 눈치 채지 못할 리 없었다. 하지만 상대가 자기를 존중하고 받들어주는 척하는데 받아들이지 않을 도리가 없었다. 어쩔 수 없이 사마의는 못 이기는 체하며 태부가 되었고 태위 자리는 다른 사람에게 넘겨주었다.

이 첫 번째 대결에서 조상은 사마의로부터 실권을 빼앗고 상승세를 탔다.

두 번째는 전공戰功 대결이었다.

사마의는 결코 권력을 내려놓을 뜻이 없었다. 그렇지만 섣불리 조상과 싸움을 벌일 마음도 없었기에 때를 기다리는 전략을 썼다. 다행히 전투 지휘 능력이 있던 사마의는 변경에 위기가 발생하자 즉시 병사들을 데리고 출정했다. 정시 2년에서 정시 5년 사이에 사마의는 동오와 두 차례 전쟁을 치렀다. 조상이 이를 저지하지 않은 것은 아마도 남의 칼을 빌려 그를 죽일 요량이었기 때문일 것이다. 그러나 뜻밖에도 사마의는 백전백승했고 조정은 물론 민간에까지 그의 명성이 자자해졌다. 조상과 그의 무리는 이를 그냥 보아 넘길 수 없었다. 기왕에 사마의가 동오와 전쟁을 벌였으니 자기들은 촉蜀과 전쟁을 벌여야겠다고 판단해서 서쪽의 촉을 정벌하겠다고 황제에게 아뢰었다. 당시 조방은 이미 열서너 살이 되어 어느 정도의 판단력을 갖추었기에 동의하지 않았다. 사마의도 조상에게 경솔하게 행동하지 말 것을 권했다. 그러나 조상은 수하들의 부추김에 들뜬 나머지 자기 고집대로 군대를 끌고 촉 정벌에 나섰다. 그 결과, 물자 낭비로 백성들만 혹사시키며 두 달여를 바삐 보내더니 아무 공도 없이 참패하여 돌아오고 말았다.

조상이 목적도 이루지 못하고 손해만 보았으므로 두 번째 대결은 사마의의 승리였다.

세 번째는 지위 대결이었다.

군사적인 패배를 맛보기는 했지만, 전반적으로 조정에서 조상의 권력은 갈수록 커져갔다. 몇 년에 걸쳐 조상은 조정의 중요 위치에 자기 형제들과 측근들을 앉히면서 더욱 기세등등해졌다. 바둑에 비유하자면 조상은 대국 전부터 선수를 쳐서 한꺼번에 여덟 개의 바둑알을 놓아둔 셈이었다. 그중에 세 개의 바둑알은 그의 형제인 조희曹羲, 조훈曹訓, 조언曹彦으로 각각 황제 신변의 금군통령禁軍統領과 시종대신侍從大臣을 맡았다. 형제 몇 명이 어린 황제를 에워싼 것이다. 명목상으로는 황제를 호위한다고 했지만 사실은 연금이나 다름없었다. 조상은 또 자신과 사이가 좋은 명사들, 예컨대 하안, 등양鄧颺, 정밀 등을 모두 발탁했다. 이 세 사람의 명성은 좋지 않아서 '상서대尚書臺의 세 마리 개'(臺中三拘, '대'臺는 '상서대'를 의미하며 이들은 모두 상서尚書 혹은 상서랑을 역임했음)라고 불렀다. 이 밖에 조상은 필궤畢軌라는 측근을 사례교위司隸校尉에 앉혔다. 사례교위는 상당한 실권을 가진 관직으로, 수도 지역의 행정과 치안을 주관하고 수도 주변 지역의 크고 작은 관리까지 체포할 권한이 있었다. 조상은 또 다른 심복 이승李勝에게는 하남윤河南尹을 맡겼다. 하남윤은 하남군의 태수로서 하남군에 수도 낙양이 있던 까닭에 지위가 다른 지방의 태수보다 높았다.

조상은 이 여덟 개의 바둑알을 깔아두고 사마의를 포위, 압박했다. 조정에 무슨 일이 생기면 측근들이 직접 조상에게 보고해 처리했고, 사마의에게 보고가 올라가는 경우는 극히 드물었다. 이런 식으로 사마의의 케이크 조각은 갈수록 작아졌다. 적어도 표면적인 정세로 봐서는 조상이 사마의와의 대결에서 절대적인 우위를 차지해갔다.

평소에 정치적 포부를 갖고 있던 산도는 이때 자신이 정치에 뛰어들 시기가 무르익었다고 느꼈을 것이다.

처음 벼슬길에 오르다

정시 5년(244), 산도는 마흔의 나이에 드디어 관리가 되었다.

산도의 고향 회현은 때마침 하내군의 군郡 정부 소재지였다. 이런 지역적 이점 덕분에 산도는 잇달아 비교적 중요한 세 직위를 역임했다. 만약 산도가 이력서를 쓴다면 첫 칸에는 군 정부 사무실 주임에 해당하는 주부主簿를 적어야 할 것이다. 둘째 칸에는 군의 인사 및 간부 임면任免을 관리하는 인사국장 격인 공조功曹를 쓰고, 세 번째 칸에는 상계연上計掾을 적어야 할 것이다. 이 직책은 매년 연말이 되면 수도로 들어가 지역의 재정과 간부들의 업적을 보고할 자격이 있었다.

이 세 직위는 그리 높은 편은 아니지만 실권이 있었다. 산도는 이 직책을 잘 수행해 곧 효렴孝廉으로 선발되었다. 효렴은 한나라 때 관원을 임용하기 위해 만든 제도로서 효성스럽고 어른을 잘 모시며 청렴하고 정직한 인물을 선발했다. 효렴은 대체로 이십만 명 가운데 한 명을 뽑았는데 보통 군의 태수가 추천했다. 일단 효렴으로 선발되면 도약의 발판이 마련되어 벼슬길이 훨씬 더 순조로웠다.

아니나 다를까 산도는 효렴으로 선발되어 주목을 끈 후, 곧장 수도 낙양의 관리가 되었다. 이때 그의 이력에는 부하남종사部河南從事라는 경력이 더해졌다. 여기서 '부'部란 사례교위부司隸校尉部를 가리킨다. 부하남종사는 사례교위부에서 하남군에 파견해 사무를 보게 하는 관원이었다. 또한 그의 직속상관인 사례교위와 하남윤은 둘 다 실권을 쥔 조정의 요직이었다.

산도의 관직 생활은 대단히 순조로웠다. 일개 지방 아전에서 수도의 속관屬官으로 도약하는 데까지 걸린 시간은 불과 삼 년이었다. 그러나 바로 여기에서 문제가 발생했다. 산도에게는 이 관직이 너무나 부담스러웠다. 부하남종사라는 직책은 예전의 지방 관직과는 달랐다. 그전까지의 자리가 나라와 조정에 충성을 다하는 것이었다면 이제는 조상 집단에 충성을 다해야 했다. 당시 사례교위와 하남윤이 조상의 두 측근인 필궤와 이승이었기 때문이다.

따라서 산도가 수도의 관리가 된 것은 본의든 아니든 어느 한편에 선 것을 뜻했다. 즉 자신의 내종고모부 사마의의 편에 서지 않고 조상 집단의 편에 서게 된 것이다. 이 선택은 치명적일 수 있었다. 사마의가 어떤 인물이던가? 늙은 호랑이가 잠시 위엄을 잃었다고 고양이가 되지는 않는다. 마라톤 경기처럼 한때 앞서 나간다고 마지막에 우승하리라는 보장은 없는 것이다. 사마의는 수십 년간의 정치투쟁 속에서 일찌감치 남다른 인내력과 저항력을 길렀다. 그토록 난폭하고 제멋대로인 조조조차 그에게 미혹되었는데 하잘것없는 조상 따위는 거론할 가치도 없었다.

이 정도면 산도가 왜 한밤중에 관직을 버리고 도망쳤는지 어느 정도 밝혀진 셈이다. 그는 자신이 위험에 처해 있음을 깨달았다. 특히 그해 5월에 일어난 사건이 더욱 그를 자극했다. 그 사건은 사실 별것 아니었지만 그 사건을 계기로 산도는 시국에 대한 자신의 판단에 커다란 오류가 있음을 금세 알게 되었다. 머지않아 조씨와 사마씨 사이에 생사를 건 결전이 벌어지리라는 것을 그는 예감했다.

화산의 분출구 위에 엉덩이를 대고 앉아 있는 셈인데 그가 어떻게 다급하지 않을 수 있었겠는가?

삼십육계 줄행랑

산도는 무엇 때문에 크게 자극을 받았을까? 산도가 부하남종사에 부임한 지 얼마 안 된 정시 8년(247) 4월, 그의 내종고모이자 사마의의 아내인 장춘화가 세상을 떴다.

장춘화가 위진魏晉의 역사에 얼마나 지대한 영향을 끼쳤는지 잠시 언급할 필요가 있다. 사마의의 정실이었던 그녀는 삼남 일녀를 낳았다. 그 가운데 큰아들 사마사와 둘째 사마소는 위진 왕조를 바꾼 핵심 인물들이다. 장춘화는 언제 사마의와 결혼했을까? 사마사가 건안 13년(208)에 태어났으니 대략 건안 12년(207)에 결혼했다고 짐작할 수 있다. 이해는 사마의가 조조의 부름을 피하기 위해 병을 핑계로 집에 머무른 지 육 년째 되던 해였다. 사마의는 결혼 후에도 계속 아픈 척을 하고 있었다. 이 기간의 일화 하나는 장춘화라는 여인의 됨됨이를 보여주기에 부족함이 없다. 『진서』「선목장황후전」宣穆張皇后傳에는 다음과 같은 기록이 있다.

> 사마의는 처음에 풍에 걸렸다는 핑계로 조조의 명을 사양했다. 어느 날 볕에 책을 말리려다가 폭우를 만나 자기도 모르게 책을 거둬들였다. 집안의 하녀가 그것을 목격하자 장춘화는 소문이 새어나가 화가 미칠 것을 두려워하여 그녀를 죽여 입을 막고 친히 밥을 지었다. 사마의는 이로 말미암아 그녀를 중히 여겼다.

사마의가 아픈 척하고 있던 어느 날, 날씨가 좋아 햇볕이 쨍쨍했다. 사마의는 집안사람들에게 집의 책들을 꺼내 햇볕에 말리도록 했다. 그런데 갑자기 비가 쏟아졌고 때마침 집안에는 아무도 없었다. 사마의는 순간적으로 자신이 병상에 누워 못 일어나는 '병자'라는 사실을 잊고 뛰어나가 책을 거둬들였다. 때마침 집에서 밥을 짓던 하녀가 이 모습을 보았다. 아마도 그녀는 사마의의 멀쩡한 몸놀림에 깜짝 놀랐을 것이다. 이 광경을 지켜본 장춘화는 당장 그 하녀를 죽여 입막음을 했다. 그러고 나서는 직접 부엌에 들어가 하녀 대신 불을 피우고 밥을 지었다. 장춘화가 얼마나 독하고 잔인한 여자였는지, 또 중요한 시점에 얼마나 명쾌하게 일을 처리했는지 엿볼 수 있는 일화다. 이때 장춘화는 열여덟 혹은 열아홉에 불과했다. 겨우 화를 면한 사마의는 그후로 한층 자기 아내를 아끼게 되었다.

비록 말년에는 이 정실부인에게 싫증을 느껴 '꼴 보기 싫은 노물'이라고 욕을 하게 되지만, 어쨌거나 장춘화가 사마씨 가문에 미친 영향은 작지 않았다. 사마의는 나중에 그녀의 죽음까지 이용했다. 정시 8년 5월, 사마의는 장춘화의 장례를 치르자마자 황제에게 상소를 올려 자신이 늙고 아내까지 여의어 슬픈 데다 병도 도져 국정에 참여할 수 없다고 했다. 그러나 아내를 잃어 슬프고 병이 도졌다는 것은 핑계에 불과했다. 그가 조정에 나아가려 하지 않은 것은 조상 패거리의 권력 독점과 끝없는 욕심을 더 이상 참을 수 없었기 때문이다.

실제로 조상의 전횡은 대단했다. 우선 위 명제 조예의 황후였던 곽 태후郭太后를 황제 조방 곁에서 떼어 영녕궁永寧宮에 보내버렸다. 이렇게 해서 어린 황제는 태후의 보살핌과 지지를 잃었고 주변에 다른 사람도 없어 힘이 더 약해졌다. 둘째, 황궁의 금군禁軍의 편제를 바꿔 사마사의 중령군中領軍 직무를 빼앗은 뒤 자신의 동생인 조희와 조훈이 금위군을 맡게 했다. 이 두 사건은 당시 조상이 얼마만큼 제멋대로 날뛰었는지 보여준다. 이것은 사마의에 대한 도발일 뿐만 아니라, 황실에 대한 모욕이었다.

이렇게 위태로운 정국에서 사마의는 스스로 현명한 선택을 한 것이다. 그는 아내를 잃고 병중이라는 이유로 더 이상 국정에 관여하지 않겠노라 선언했다. 이는 전진을 위한 후퇴이자, 공격을 위한 방어로서 더 큰 이득을 위해 한 걸음 물러선 것이었다. 적의 경계를 느슨하게 만든 뒤 자신의 힘을 축적했다가 기회를 봐서 적을 제압할 셈이었다.

더 이상 조회에 나오지 않겠다는 사마의의 선언은 조정 안팎을 뒤흔들었다. 많은 사람이 대세가 기울었다고 여겼고 조상은 승리를 확신했다. 오직 산도만 이 와중에서 불길한 기운을 감지했다.

이제 처음에 말했던, 산도가 관직을 버리고 야반도주한 이야기로 되돌아가보자.

그날 밤, 산도와 동료 석감은 같은 침상에서 잠을 잤다. 산도는 잠을 이루지 못하고 이런저런 고민을 하다가 최근의 정세가 너무 괴이하다는 결론을 내렸다. 조상의 측근들은 시대의 흐름을 역행하고 사마의는 병을 핑계로 조회에 나오지 않으니, 여기에는 필경 속사정이 있을 터였다. 사마의가 젊은 시절에도 아픈 척을 했던 전과가 있었음을 떠올릴 필요가 있었다. 아픈 척하는 것은 그의 주특기였다. 여기까지 생각이 미치자, 산도는 벌떡 일어나 옆에서 잠자던 석감을 발로 걷어차고는 조용히 말을 걸었다.

"석 형. 지금이 어느 때인데 늘어져서 잠만 자고 있소?"

달콤한 잠에서 깬 석감이 몹시 못마땅해했지만 산도는 또 낮은 소리로 물었다.

"석 형, 태부가 요즘 병을 핑계로 집에만 있는데 무슨 뜻으로 그러는 줄 아시오?"

석감이 언짢은 목소리로 말했다.

"재상도 사흘간 입궐하지 않으면 황제가 보따리를 싸서 집에 가라고 할 수 있소. 형씨가 걱정할 게 뭐가 있소."

이 말만 하고 석감은 다시 잠들어버렸다.

산도는 본래 좀 생각이 있는 사람과 얘기하며 형세를 분석하고 만반의 대책을 강구하려 했다. 그런데 이 석감이라는 자는 생각도 없을뿐더러 신경질까지 냈다. 더 망설일 필요가 없었다. 산도는 곧바로 삼십육계 줄행랑을 쳤다.

이후에 벌어진 일들은 산도의 결단이 옳았음을 증명한다. 그가 관직을 버리고 은거에 들어간 후 이 년도 채 되지 않아 조상과 사마의의 대결 양상은 크게 바뀌었다. 사마의는 단칼에 정적 수천 명의 목을 베어버렸다. 이것은 훗날의 일이므로 나중에 이야기하도록 하자.

이제 우리는 산도라는 인물을 정리해볼 수 있다. 산도는 재능, 배짱, 포부, 식견 네 가지를 갖춘 인재였다.

재능이 없었다면 어려서부터 고을에서 이름이 알려지지 않았을 것이다.

배짱이 없었다면 사마의와의 관계를 이용하지 않고 이십여 년이나 은거하지 않았을 것이다.

포부가 없었다면 벼슬길에 올랐을 리 없었고 노력 끝에 지방 아전에서 중앙 관리가 됐을 리도 없다.

식견이 없었다면 제때 결단을 내려 조씨와 사마씨의 권력투쟁을 피해 도망쳤을 리가 없다.

인치人治의 사회에서 정치투쟁의 결과는 종종 너 죽고 나 살기 식의 유혈 사태를 부른다. 언제 피바람이 불지 모르는 상황에서 뜻과 식견이 있는 사람은 몸을 피해 생명을 보전하고 자신만의 선택을 한다.

『진서』「산도전」에는 산도가 도망간 후 "몸을 숨기고 세상일에 관여하지 않았다"라고 되어 있다. 세상일과 관계를 끊고 그는 무엇을 한 것일까? 그는 친구를 사귀었다.

이런 폭풍 전야 같은 정치 분위기 속에서 죽림칠현은 서로 만나게 된다.

4
절대쌍고

금란지교를 맺다 ↘

247년 5월, 죽림칠현의 맏형인 산도는 고향에 돌아와 은거 생활을 시작했다. 이때 매우 재미있는 일이 일어났다. 이 일은 죽림지유의 첫 번째 볼거리라고 할 수 있다. 『세설신어』 「현원」賢媛에는 산도가 은거할 때 두 명의 친구를 사귀었다고 기록되어 있다. 그들은 첫 만남에서 금란지교金蘭之交를 맺었다.

'금란'이라는 말은 『역전』易傳 「계사」繫辭에서 나오는데 "두 사람이 서로 마음이 통하면 예리한 칼처럼 쇠도 자를 수 있으며, 같은 마음에서 나오는 말은 난처럼 향기롭다"라고 되어 있다. 따라서 금란지교는 친구 간의 의기투합과 두터운 우정을 뜻한다.

산도와 그 두 친구는 첫 만남에서 바로 의기투합했다. 그들의 우정은 범상치 않을 정도로 좋았다. 산도의 아내 한씨는 산도와 그들의 관계가 일상적인 친구 사이와는 너무나 다르다고 느꼈다. 그 친구들을 만나고 올 때마다 산도는 묘하게 생기가 넘쳤고 정신을 차리지 못했다. 또 며칠이 지나서는 다시 그들을 만나러 가고 싶어 안달이었다. 별로 하는 일도 없이 숨어 사는 남편의 그런 행태가 한씨로서는 이상하기 그지없었다.

결국 한씨는 직접 산도에게 따져 물었다.

"요즘 당신은 마치 귀신에 홀린 것 같아요. 대체 왜 그런 거죠?"

"새로 사귄 두 친구 때문이지. 그 사람들은 재능과 풍채가 실로 뛰어나다오. 세상을 다 둘러봐도 지금 내가 친구로 사귈 수 있는 사람은 이 둘뿐이라오."

한씨는 반신반의하면서도 그 사람들이 궁금해졌다. 자기도 그들을 보고 싶었지만 민망해서 직접 이야기는 못하고, 대신 어떤 이야기를 인용해 자신의 바람을 에둘러 전했다.

춘추전국 시대 진晉나라의 공자公子 중이重耳가 조曹나라로 망명했을 때의 이야기였다.

기원전 636년, 중이는 망명 기간에 충성스럽고 재기 넘치는 대신 두 사람의 보좌를 받았다. 한 사람은 호언狐偃이고 또 한 사람은 조쇠趙衰였다. 그들이 조나라에 이르렀을 때, 조나라 임금 공공共公은 중이에게 무례하게 굴었을 뿐만 아니라, 중이가 목욕하는 장면을 몰래 보는 등 저질스런 짓까지 저질렀다. 당시 조나라에는 희부기僖負羈라는 대신이 있었다. 그는 공공에게 중이를 잘 대접하라고 권했지만 그의 권유는 받아들여지지 않았다. 한편 재덕을 겸비한 희부기의 아내가 우연히 중이를 쫓아온 그 두 대신을 보았는데, 일거수일투족이 다 범상치 않았다. 둘 다 명군名君을 보좌할 빼어난 인물로 보였다. 그녀는 남편 희부기에게 말했다.

"중이가 진나라로 돌아가면 틀림없이 저 두 대신의 보좌를 받아 정권을 얻을 것입니다. 지금 공공이 그 사람에게 잘못하면 장차 조나라를 토벌하여 복수할 것이니, 당신은 개인적으로나마 그 사람을 잘 대접하여 불의의 화를 면하도록 하십시오."

그리하여 희부기는 암암리에 그들 일행을 환대하고 중이에게 벽옥璧玉을 선물했다. 중이는 벽옥을 받지는 않았지만 그 마음만은 받아들였다. 나중에 중이는 진나라로 돌아가 과연 왕이 되었다. 그가 '춘추오패'春秋五霸의 하나인 진 문공文公이다. 그는 조나라에서 당한 무례한 대우를 잊지 못해 곧바로 토벌에 나서서 공공을 포로로 잡았다. 그렇지만 희부기에게만큼은 우호적이었고 보호도 해주었다. 지난날의 성의에 대한 보답인 셈이었다.

이 이야기는 『좌전』左傳과 『국어』國語에 기록되어 있다. 산도도 물론 알고 있는 이야기였다. 한씨는 하필 왜 이 이야기를 말했을까? 이 이야기의 한 부분이 산도의 두 친구를 몰래 보고픈 그녀의 제안을 뒷받침해주었기 때문이다. 희부기의 아내가 부녀자인데도 중이의 두 대신인 호언과 조쇠를 보고 관찰한 부분이다.

고대에는 남녀 사이의 구분이 엄격했다. 『예기』禮記를 보면 "남자는 안에 들어가지 않고 여자는 밖에 나가지 않는다"라는 구절이 있다. 말하자면 남자는 밖을 주관하고 여자는 안을 주관하니, 남녀 간에 명확한 구분이 있다는 것이다. 당시에는 남녀가 같이 있기만 해도 문제가 일어난다고 보아서 여성이 일반적인 장소에서 낯선 남성을 만나기는 무척 어려웠다. 그 남성이 집에 온 손님이어도 마찬가지였다. 따라서 한씨가 산도의 두 친구를 보는 방법은 몰래 훔쳐보는 수

밖에 없었다.

한씨는 곧장 산도에게 "희부기의 아내도 중이의 신하들을 보았으니, 저도 당신의 두 친구 분을 봐도 되겠죠?"라고 말했다.

아내가 남편의 친구를 보겠다고 요구한 것은 오늘날에는 대수롭지 않은 일이지만 당시로서는 무례하고 본분에 맞지 않는 행위였다.

하지만 산도는 승낙했다. 아내가 남편을 따르며 가난으로 고생하는데 그깟 요구쯤이야 왜 못 들어주겠는가. 산도는 어떻게 아내의 요구를 들어주었을까? 집으로 친구들을 초대했다. 아내를 데리고 친구들을 만나러 갈 수는 없는 노릇이니 집으로 그들을 불러야 했다.

산도는 두 친구에게 초대장을 보냈고 한씨는 그들을 훔쳐보기 위한 준비를 했다. 거실 벽에 작은 구멍을 뚫었다. 그 구멍으로 거실에 있는 손님들의 이야기도 듣고 행동거지도 낱낱이 관찰할 수 있었다. 보통 벽에도 귀가 있다는 말을 자주 하는데, 산도의 집 벽에는 귀뿐만 아니라 눈까지 있게 되었다.

침묵은 금이다

그렇다면 산도의 두 친구는 누구였을까?

그들은 위진 시대의 절대쌍교絶代雙驕(타의 추종을 불허하는 두 인재가 쌍벽을 이루는 것을 형용하는 말)라 할 만한 이들이었다.

둘 중에 나이가 좀 많은 사람이 완적이었다. 완적은 산도보다 다섯 살 아래인데도 이미 서른여덟이나 서른아홉은 돼 보였는데 이미 이름난 가문의 후손으로서 명성이 자자했다.

먼저 그의 가문의 내력에 관해 이야기해보자.

진류 지역의 완씨 일족은 아주 지체 높은 가문은 아니었다. 그러나 완적의 출신은 남달랐다. 그의 부친 완우阮瑀는 동한 말의 저명한 문학가로서 '건안 칠자'建安七子(중국 후한 말기, 헌제의 건안 연간에 조조 부자를 중심으로 모인 문학 동호인)의 한 명이었다. 뿐만 아니라 완우는 조조와 비교적 가까운 사이였다.

우선 두 사람은 동문 관계였다. 완우는 어릴 때 같은 고향의 대학자 채옹蔡邕을 스승으로 모셨다. 채옹은 동한 말의 유학자이자 서예가, 음악가로서 명망이 아주 높았다. 완우는 채옹의 총애를 듬뿍 받았고 나중에 기재奇才로 불렸다. 일설에는 조조도 채옹의 제자였고 그와 친분이 두터웠다고 한다. 채옹의 딸 채염蔡琰이 멀리 흉노로 시집을 가서 온갖 고초를 겪자, 조조는 북방을 통일한 후에 갖은 방법을 동원해 채염을 구해 와서 혼사까지 주선해주었다. 조조는 완우보다 열 살이나 나이가 많았으니 제대로 항렬을 따지면 조조가 완우의 선배임이 틀림없다.

그리고 그들은 같은 관청의 상하 관계였다. 건안 칠자 가운데 공융孔融을 제외하고 나머지 여섯 명(왕찬王粲, 유정劉楨, 진림陳琳, 응양應瑒, 서간徐幹, 완우)은 전부 조조의 부하였다. 일설에는 조조가 완우를 불러내기까지 여러 가지 일이 있었다고 한다. 도가 사상을 숭배하는 완우가 은거를 고집했기 때문이다. 그래도 조조가 밀어붙이자 완우는 할 수 없이 깊은 산속으로 숨어들었다. 조조는 완우의 재주가 너무 아까워 포기할 수가 없었다. 사람을 보내 산에 불을 지르게 했다. 그렇게 해서라도 완우를 산에서 내려오게 할 속셈이었다. 결국 하산한 완우는 조조를 위해 일하겠노라 답하고 사공군모쇄주司空軍謀祭酒를 맡았다. 군사를 주관하는 참모장에 해당하는 관직이었다. 그 밖에 군사 문서의 작성도 책임졌다.

완우는 글재주가 매우 뛰어났다. 한번은 조조가 완우에게 서량西涼의 군벌 한수韓遂에게 보내는 편지를 쓰도록 명하고 막 외출을 하려고 했다. 완우는 말을 타고 그를 따라야 하는 상황이어서 급히 붓으로 휘갈겨 그에게 건네주었다. 조조는 속으로 그 글이 너무 급하게 쓰여 틀림없이 부족한 부분이 있으리라 여기고 붓을 들어 수정하려고 했다. 그런데 아무리 봐도 고칠 부분이 없었다. 완우의 글재주가 뛰어났음을 시사하는 일화다.

건안 17년(212), 완우가 불행히도 병으로 세상을 떠났다. 그때 완적은 겨우 세 살이었다. 완우와 우정이 두터웠던 조비는 과부가 된 완우의 아내와 완적을 동정해 특별히 「과부부」寡婦賦를 지어주었다. 이 사실은 완우, 완적 부자와 조조, 조비 부자가 매우 가깝고도 깊은 관계를 맺고 있었음을 설명해준다. 이 관계는 완적의 일생에 직접적으로 영향을 미쳤다.

요컨대 산도와 비교해볼 때, 완적은 출신이든 정치적 지위든 모든 면에서 훨씬 더 우월했다. 그런 까닭에 완적은 젊은 시절, 귀공자의 나쁜 습성을 갖고 있어서 검술과 사냥, 음악을 즐기고 여기저기 산수를 유람하러 다니는 것을 좋아했다. 한편으로는 공을 세워 출세하고 세상을 구하려는 뜻도 갖고 있었다. 그러나 완적은 곧 자신이 때를 잘못 타고났음을 알아차렸다. 조씨와 사마씨의 권력투쟁이 격렬해지면서 완적은 현실 정치에 실망하고 노장의 무위자연의 도를 추구하게 되었다.

이제 그의 명성에 관해 이야기해보자.

완적은 젊은 나이에 큰 명성을 누렸다. 그의 명성은 세 가지 방면에서 두드러졌다.

첫째는 재명才名이다. 속담에 그 아비에 그 아들이라고 한다. 문학적인 재능도 때로는 유전되는 법이다. 아버지 완우도 저명한 문학가였지만 완적은 그를 뛰어넘는 역사상 보기 드문 '대문호'였다. 완적은 중국 문학사에서 걸출한 시인이자 문학가로 그의 오언시五言詩 「영회시」詠懷詩 여든두 수는 새로운 제재를 개척했을 뿐 아니라 철학적 깊이를 갖춘 불세출의 걸작이다. 완적은 음률에도 정통했는데, 이런 음악적 재질도 완우에게서 물려받았다. 완적은 거문고에 능했고 창唱으로도 유명했던 음악가였다. 또한 사상가로서 노장 철학에도 조예가 깊었다.

둘째는 치명痴名이다. '痴'(치)에는 어리석다는 의미 외에도 괴이하다, 미치다, 오만하다 등의 뜻이 있다. 이것은 완적의 성격에서 두드러지게 나타난다. 요즘 말로 완적은 쿨한 성격의 별종이었다. 『진서』 「완적전」에서는 "완적은 용모가 출중하고 포부가 원대하며 기백이 호방했다. 오만한 성격은 자신의 성정에서 말미암았고 세속의 속박에 얽매이지 않았다"라고 했다. 그는 즐거움과 분노를 마음속에 깊이 감추고 밖으로 드러내지 않았다. 또한 일상생활은 완전히 자기 마음대로여서 몇 달 동안 집 안에 틀어박혀 하루 종일 책만 보기도 하고, 갑자기 집을 나가 산수를 떠돌며 며칠씩 돌아오지 않기도 했다. 그러다 흥이 나면 마치 정신 나간 사람처럼 자신을 잊고 몰입했다.

이런 점으로 인해 완적은 남에게 '치'痴의 인상을 심어주었다. 그러나 이런 치기는 결코 멍청함이나 어리석음이 아니었다. 실제로는 자신의 뛰어난 재능과 지혜를 밖으로 드러내지 않은 것이었다. 이런 일화가 있다. 완적이 열일곱 살에 숙부를 따라 동군東郡에 간 적이 있었다. 동군의 관청은 지금의 하남성 복양濮陽에 있었는데, 완적의 고향인 진류에서 멀지 않았다. 진류와 동군은 연주자사兗州刺史의 관할 구역이었다. 당시의 연주자사 왕창王昶은 권세와 명성이 있는 인물로서 일찍이 조비의 막료幕僚(장수의 막부에 속한 참모, 서기 등의 속관)를 지낸 적이 있었다. 아마도 완적의 부친 완우와도 친분이 있었을 것이다. 그는 완적이 인재라는 소문을 듣고 그와 만나기를 원했다. 놀랍게도 완적은 왕창을 만나자 하루 종일 한마디도 하지 않았다. 왕창은 어찌할 바를 몰랐고 완적을 불가해한 소년이라 생각했다.

완적이 벙어리인 척한 것은 자폐증이 있어서도, 말재간이 없어서도 아니었다. 다만 관직에 있는 자들에 대한 극심한 불신 때문이었다. 앞서 산도가 상황 파악에 능하고 선견지명이 있었다고 이야기했는데, 사실 이 방면에서는 완적이 산도보다 더하면 더했지 못하지 않았다. 그가 왕창을 만나 일언반구도 하지 않은 것은 아마도 왕창이라는 자가 믿을 만한 사람이 아니라고 판단해 말조심을 한 까닭일 것이었다. 침묵이 금이라고 판단한 것이다. 과연 나중에 왕창은 사마씨 집단에 투신해 철저한 심복이 되었다.

마지막은 은명隱名이다. '높은 곳은 추위가 심하다'는 말이 있다. 조씨 가문과의 관계 때문에 완적은 조씨와 사마씨의 투쟁 과정에서 계속 포섭과 감시의 대상이 되었다. 관리가 될 기회도 많았지만 그는 시종일관 회피하고 두려워하는 태도를 취했다. 이 점에서는 완적이 산도보다 더 철저하고 초탈했다.

정시 3년(242), 새로 태위에 오른 장제蔣濟가 완적의 소문을 듣고 자기 부하로 불러들이려 했다. 이때는 마침 조씨와 사마씨의 투쟁이 소강상태에 빠져 정치적 환경이 상대적으로 안정돼 있었다. 이치대로라면 장제는 조씨 정권의 원로이자 충신이어서 완적이 그의 부하가 되더라도 그리 큰 정치적 풍파나 도덕적 부담은 없을 듯했다. 그러나 완적은 이를 사절했다. 다만 조정 고관에 대한 예의 차원에서 낙양성 밖 도정都亭(관에서 설립한 숙소)까지 가 장제에게 글을 써서 올렸다. 자신을 알아보고 중용해주려는 장제의 은혜에 대해 감사하면서도, 자신은 무능하고 병약해 관직을 감당할 수 없으므로 고향에서 농사나 짓겠다는 뜻을 완곡하게 비쳤다.

완적의 글은 겸손하고 완곡해 양쪽 모두의 체면을 세워주었다. 본래 완적이 심한 허세를 부리며 거절하지 않을까 걱정했던 장제는 그 글을 읽고서 크게 기뻐했다. 그렇지만 그는 완적도 여느 문인과 마찬가지로 자기가 대단한 학자나 되는 것처럼 한 번 사양했다가 서너 번 더 청이 오면 못 이기는 척 와주리라 여겼다. 그래서 부하를 도정에 보내 완적을 맞이하게 했는데 부하가 도정에 도착했을 때 완적은 자기의 말대로 일찌감치 고향에 돌아간 뒤였다.

장제는 대로했고 그 화는 그에게 완적을 추천한 부하 왕묵王默에게 옮겨 갔다. 왕묵은 재빨리 완적에게 편지를 써서 어떻게든 자신의 체면을 세워달라고 부탁했다. 친지와 동향 사람까지 완적을 설득했다. 완적은 어쩔 수 없이 벼슬길에 올랐지만 얼마 가지 않아 병을 핑계로 관직을 버리고 귀향했다.

이때 완적은 처음으로 벼슬을 하고 또 처음으로 벼슬을 버렸다. 이 경험은 완적에게 안전한 입신과 처세에 관한 훌륭한 교훈을 주었다. 어떤 사람이 관직을 주면 자신의 체면을 세워주는 것이니 대놓고 거절하면 안 된다. 단 며칠이라도 관직을 받아들여 그 사람의 체면을 세워줘야 한다. 그러다가 구실을 찾아 관직을 내놓으면 양쪽 다 얼굴 붉힐 일이 없는 것이다.

오래지 않아 완적은 또다시 조정의 상서랑으로 부름을 받았다. 이번에도 그는 부름에 응해 조정에 갔지만 똑같이 슬그머니 빠져나왔다. 핑계는 역시 병이었다.

당시 서른 초반에 불과했던 완적에게 무슨 병이 있었겠는가? 그는 다만 관직을 원치 않았고, 권력과 이익을 좇는 것을 원치 않았을 따름이다. 완적이 보기에 권력과 이익은 모두 사람의 마음을 좀먹는 것이어서 그것에 빠지면 생명의 자연스러움과 순수가 해를 입을 수 있었다. 산도와 비교해 완적은 벼슬에 대해 어떤 환상도 품은 적이 없었으므로 그가 관직을 버린 것은 완전히 자기 자신의 선택이었지 강요받은 것이 아니었다. 이것이 완적과 산도가 다른 점이었다.

산도가 관직을 버리고 도망친 지 얼마 되지 않았을 때, 완적은 세 번째로 관직을 거절한다. 권력을 독차지하던 조상이 친히 완적에게 대장군부大將軍府의 참군參軍, 즉 군사참모가 되어달라고 청했다. 이 괜찮은 보직을 완적은 과연 수락했을까? 그렇지 않다. 장제의 요청을 거절했던 것과 마찬가지로 사양의 편지를 썼다. 역시 병을 핑계로 삼았다. 조상은 더 이상 그를 난처하게 하지 않았다. 그리고 일 년쯤 뒤 조상의 무리가 사마의에게 몰살되자, 사람들은 모두 완적의 선견지명에 탄복해 마지않았다.

완적은 세 번 부름을 받아 한 번은 사양하고 두 번은 관직에 부임하자마자 곧 물러났다. 그러나 그의 명성은 오히려 커졌고 평판도 갈수록 좋아졌다. 완적은 당시 관계나 명사들 사이에서 우상이 되었다. 조정의 고관들도 그에게 감탄했다.

산도가 어떻게 완적과 친분을 맺게 되었는지는 잘 알려져 있지 않다. 어쨌든 그들은 만나자마자 의기투합해 깊은 교분을 맺었다.

산도가 초대한 두 손님 중 한 명인 완적은 당시 막 관직에서 물러나 은거하던 참이었다. 산도의 초대를 받고 당연히 기쁘게 찾아왔다. 산도가 준비한 연회가 비록 홍문연鴻門宴° 은 아니었지만 색다른 형식의 '훔쳐보기 연회'라는 사실은 알지 못했다.

° 기원전 206년에 유방劉邦은 함양咸陽을 선점한 후 병력을 보내 함곡관函谷關을 지키도록 했으나, 곧바로 항우項羽가 대군을 이끌고 들이닥쳐 홍문鴻門에서 술자리를 베풀고 유방을 초대했다. 이때 항우의 모사인 범증范增이 항장項莊에게 검무를 추는 체하다 유방을 죽이도록 명했지만, 유방은 위험을 알아차린 번쾌樊噲 등의 호위로 무사히 위기를 벗어날 수 있었다.

만능 문화인

산도가 초대한 또 한 명의 친구는 누구였을까?

죽림칠현의 또 다른 핵심 인물이자 풍채와 재능이 당대 으뜸이었던 혜강이었다.

혜강에게는 독자의 눈길을 끌 만한 점이 세 가지 있다.

첫째는 그의 출신이다. 혜강의 출신은 수수께끼라고 할 수 있는데, 여러 문헌을 종합하면 다음과 같은 정보를 알 수 있다.

혜강의 조상은 본래 성이 해씨奚氏이며 원적原籍은 회계會稽, 즉 지금의 절강성浙江省 소흥紹興이다. 일설에 의하면 그의 조상은 원한을 피해 회계에서 초국의 질 지역으로 옮겨 왔다. 고향을 등진 데다 성까지 '해'에서 '혜'嵇로 바꾼 것이다. 왜 성을 '혜'로 바꾼 것일까? 여기에는 두 가지 주장이 있다. 하나는 원적인 회계를 기념하기 위해 '稽'(계)의 대부분을 취하고 오른쪽 아랫부분만 '山'(산) 자로 대체했다는 것이다. 또 하나는 질 지역 근처에 혜산嵇山이라는 산이 있는데, 혜씨 일가가 산기슭에 살았던 까닭에 '山' 자를 성에 넣어 '혜'로 성을 정했다는 것이다.

이로써 혜강의 가문이 결코 명문대가가 아니라 생활이 어려워 각지를 떠돌던 소규모 가계였음을 알 수 있다.

둘째, 혜강 일가와 조씨曹氏 일가의 관계다.

혜강 일가와 조씨 일가의 관계는 혜강의 부친에게서 시작되었음이 분명하다. 혜강의 부친인 혜소嵇昭는 조조가 권력을 장악했을 때,

군량을 관리하는 집법관執法官인 독군량치서시어사督軍糧治書侍御史를 지냈다. 이 관직은 조씨 세력의 최측근에 해당되었다. 혜강의 부친은 조조와 동향이었던 덕에 조조의 신임을 받았다. 조조는 혜소의 고향과 같은 군에 속하는 패국의 초 땅 출신이었다. 『삼국지』「무제기」를 보면 한 무제 초평初平 원년(190)에 조조가 고향으로 돌아가 사병을 모집했는데 "질銍과 건평建平에 다다르자 모인 병사가 천여 명에 이르렀고 하내에 들어가 주둔했다"라는 구절이 있다. 혜강의 부친 혜소는 이때 조조의 군대에 들어갔을 것이다. 일반적으로 혜강이 하내군 산양에 정착한 것은 스무 살 이후라고 알려져 있다. 그렇지만 이 기록을 근거로 할 때, 혜강의 부친이 더 일찍 군대를 따라 하내군에 들어가 혜강을 낳았을 가능성도 배제할 수 없다.

어쨌든 이런 이유로 혜강 일가와 조씨 일가의 관계는 꽤 친밀했던 것으로 보인다. 첫째는 동향으로, 둘째는 동료로 같은 정치 진영에 속해 있었다. 그뿐만 아니라 이보다 훨씬 더 중요한 관계가 있었다. 혜강의 나이 스물 남짓 때 맺어진 이 관계는 그의 일생에 거의 결정적인 영향력을 발휘한다.

바로 혼인 관계다. 혜강은 조씨 일가의 사위였다. 혜강은 조조의 아들인 패목왕沛穆王 조림曹林의 딸 장락정주長樂亭主를 아내로 맞았다. 조조의 손녀사위였다는 이야기다. 혜강의 아내가 조림의 딸이 아니라 손녀여서 혜강이 조조의 증손녀사위였다는 이야기도 있긴 하다. 하지만 나이로 볼 때 손녀사위였을 가능성이 더 크다. 어찌 됐든 혜강이 조씨 일가의 사위였다는 사실은 의문의 여지가 없다.

조씨 일가의 사위였으므로 혜강은 자연스럽게 벼슬길에 올랐다. 그의 관직에 관해서는 두 가지 기록이 있다. 『진서』「혜강전」에는 "위 왕조 종실과 혼인하여 중산대부中散大夫로 임명되었다"라는 구절이 있다. 중산대부는 한나라 때 만들어진 산관散官이다. 산관은 한가로운 관리라는 뜻이다. 녹봉이 보통 육백 석은 되었지만 고정된 정원이 없고 실권도 없어서 유명무실한 한직에 속했다.

또 다른 기록에는 "혜강이 위나라 장락정주의 사위가 되어, 낭중郎中으로 관직을 옮겼다가 중산대부로 임명되었다"라고 되어 있다. '낭중'은 황제의 시종관侍從官에 대한 통칭으로 등급은 팔 품이며 황제의 호위, 수행, 고문을 겸했다. 황초 4년(223)에 태어난 혜강은 당시 나이가 대략 스물넷에서 스물다섯이었다. 혜강은 결혼 후 녹봉 삼백 석의 낭중이 되었다가 나중에 벼슬이 올라 녹봉 육백 석의 중산대부로 임명되었다. 이는 혼인 관계로 인해 혜강이 위나라 조씨 황실의 신임을 받고 중용되었음을 설명해준다.

혜강의 이런 출신과 혼인 관계는 위진 시기 날로 격렬해지던 조씨 세력과 사마씨 세력의 투쟁에서 각별히 민감한 문제가 되었다. 그의 주변에는 항상 위험한 함정과 한계가 도사리고 있었다. 흔히 성격이 운명을 결정한다고들 하지만, 혜강의 경우는 출신과 혼인이 대부분의 운명을 결정했다고 할 수 있다. 혜강과 장락정주가 인연을 맺었을 때는, 때마침 조씨와 사마씨의 투쟁이 최고조에 달한 시기였다.

세 번째로 주목해야 할 것은 혜강의 타고난 풍모와 재능이다.

위진 시대에 혜강은 최고의 미남으로 일컬어졌다. 혜강에 관한 사료는 거의 예외 없이 그의 외모와 풍채를 언급한다. 예컨대 『세설신어』「용지」容止에는 다음과 같은 구절이 있다. "혜강의 신장은 칠 척 팔 촌이고, 자태가 특히 빼어났다." 칠 척 팔 촌은 대략 지금 일 미터 팔십팔 센티미터에 해당하는 크고 건장한 체구다. 또한 혜강은 우뚝 솟은 소나무에 자주 비유되곤 했다. 산도 역시 혜강의 풍모를 찬미한 글에서 "혜강이라는 사람은 홀로 우뚝 솟은 소나무처럼 거대하여, 술에 취해 쓰러질 때조차 옥산玉山이 무너지는 듯 아름답다"라고 표현했다.

그런데 보통 미남이라면 치장을 좋아하기 마련인데도 혜강은 그렇지 않았다. 『혜강별전』嵇康別傳에는 그가 육체를 흙과 나무처럼 보아서 치장에 신경 쓰지 않았다고 적혀 있다. 당시 미남들이 겉모습을 중시했던 것과는 본질적으로 달랐다. 더구나 옷차림에 무심한데도 그는 뭇 사람들 중에서 가장 뛰어나 보였다.

도교를 믿었던 혜강은 양생술養生術을 좋아했다. 『진서』「혜강전」에는 혜강이 깊은 산속에서 약초를 캐다가 때때로 돌아가는 것을 잊었는데, 장작을 패던 나무꾼이 멀리서 그를 보고 신선으로 여기곤 했다는 구절이 있다.

한편으로 혜강은 영리하고 다재다능했다. 혜강은 완적과 이름을 나란히 했던 시인이자 문학가였다. 그의 사언시四言詩는 특히나 아름다워 그는 조조 이후에 출현한 또 다른 사언시의 대가였다. 그의 평론도 논리가 엄밀하고 기세가 드높아 강한 설득력을 발휘했다.

혜강은 일류 음악가이기도 했다. 그의 칠현금七絃琴(고금古琴) 연주는 당대의 으뜸이었다. 그가 지은 네 곡의 고금곡古琴曲 〈장청〉長淸, 〈단청〉短淸, 〈장측〉長側, 〈단측〉短側은 '혜씨 사농'嵇氏四弄으로 불리며 채옹의 '채씨 오농'蔡氏五弄과 어깨를 겨루었다. 혜강이 쓴 음악 논문 「성무애락론」聲無哀樂論도 중국 음악사에서 중요한 위치를 차지한다.

혜강은 서화書畵에도 능했다. 후대인들은 그의 초서草書에 대해 "광채는 사람을 비출 정도이고, 기세는 하늘을 찌르며, 힘은 큰 바위를 들어 올릴 만하고, 향기는 뭇 사람들을 뛰어넘는다"(두기竇臮, 「술서부」述書賦)라고 칭송했다. 당나라 장언원張彦遠은 『서법회요』書法會要에서 혜강을 초서의 이인자로 올려놓았다. 왕희지王羲之는 여덟 번째로 밀려났다. 또한 혜강은 회화에도 조예가 깊었다. 장언원의 『역대명화기』歷代名畵記를 보면 혜강의 〈소유세이도〉巢由洗耳圖와 〈사자격상도〉獅子擊象圖가 언급되어 있다.

혜강은 보기 드문 만능 문화인이었다. 이런 인물은 수백 년에 한 명도 나오기 힘들 정도이다.

혜강은 산도보다 나이가 열여덟 살이 적고 완적보다는 열세 살이 적었다. 그런데도 이 세 인물은 서로 두터운 우정을 나누었다.

벽에도 눈이 있다

이 두 손님이 찾아오자 산도의 누추한 집은 순식간에 환하게 밝아졌다.

멀리서 친구가 찾아왔으니 어찌 즐겁지 아니한가? 이어서 벌어진 일에 대해 『세설신어』「현원」에는 이렇게 기록돼 있다.

> 그날 두 사람이 왔다. 아내가 남편에게 그들을 묵고 가게 하라고 권하고 술과 고기를 마련했다.

산도의 처 한씨는 어째서 완적과 혜강을 묵고 가게 했을까? 낮에 술자리를 열면 손님들을 훔쳐보기가 마땅치 않았기 때문이다. 이어서 또 이런 구절이 있다.

> 밤에 벽의 구멍을 통해 그들을 보다가 날이 샜는데도 돌아가는 것을 잊었다.

대단히 의미심장한 표현이다.

우선 한씨는 손님들을 훔쳐보기 위해 상당히 공을 들인 게 분명하다. 고대의 다른 여자들처럼 창문의 휘장 틈이나 창호지 구멍으로 엿본 것이 아니다. 아예 벽에 구멍을 뚫어버렸다. 이 구멍은 틀림없이 미리 뚫어놓았을 것이다. 당일 밤에 구멍을 뚫었으면 손님들을 놀라게 했을 테니까.

그리고 그녀는 한두 번 훔쳐보는 것으로 만족하지 못하고 밤을 꼬박 새우고 말았다.

"돌아가는 것을 잊었다"라는 말에도 숨은 뜻이 있다. 당시 한씨가 훔쳐보고 있던 곳은 실내가 아니라 집 밖이었던 것이다. 아마도 거실 밖 마당에 서 있었을 것이다. 그날 모기는 없었을까? 이슬을 맞지는 않았을까? 우리는 알 도리가 없다. 다만 그녀가 흙담의 작은 구멍으로 실내를 훔쳐보면서 계속 사수射手가 목표물을 조준하듯 한쪽 눈은 감고 한쪽 눈은 뜨고 있었으리라는 것은 알 수 있다. 이런 자세는 매우 피곤한데도 밤새 그러고 있었다니, 여자로서는 무척 힘들었을 것이다.

이 이야기에서 우리는 무엇을 알 수 있을까?

첫째, 혜강과 완적은 과연 명불허전의 인물이었다는 사실이다. 우아한 기질과 뛰어난 풍모로 한씨의 눈을 사로잡았다.

둘째, 세 친구들의 대화는 식견이 있고 고상해서 흡인력이 있었다.

셋째, 그렇게 힘든 조건에서도 그들의 모습과 이야기에 집중했다는 것은 한씨가 보통 아녀자들과 달리 현명한 여인이었음을 설명해준다.

이 훔쳐보기 이야기는 우리에게 꽤 풍부한 상상력을 불러일으킨다.

이튿날, 혜강과 완적이 돌아간 뒤, 산도는 방으로 들어가 "두 사람이 어떠했소?"라고 아내에게 물었다. 한씨의 입에서는 그녀 자신조차 예상치 못했던 답이 튀어나왔다.

"당신의 재능이 그 사람들보다 훨씬 못하더군요."

그러고 나서는 조금 과했다 싶었던지 한마디를 덧붙였다.

"하지만 식견이나 도량 면에서는 당신도 그들과 친구가 되기에 손색이 없었어요."

산도도 그녀의 말을 수긍했다. 아내의 말은 정확했다. 우선 그녀는 혜강과 완적이 당대 최고의 재능을 지녔음을 알아보았다. 확실히 산도는 그들에게 미치지 못했다. 하지만 그녀는 상황 파악에 능하고 너그러운 산도의 장점도 알았다. 산도는 자못 만족해 웃으면서 말했다.

"그 친구들도 식견과 도량 면에서는 내가 약간 더 낫다고 여긴다오."

'계약금란'契若金蘭이라 불리는 이 일화는 죽림칠현의 이야기에서 상당히 큰 의미를 갖는다. 죽림칠현의 세 거두의 만남을 상징하기 때문이다. 후대 사람들이 무한히 동경했던 죽림지유竹林之遊는 이처럼 경쾌하고 즐거운 분위기 속에서 막을 올렸다.

이번 만남을 주도한 인물은 산도였다. 다음번에는 누가 주최자가 될 것인가?

5
죽림의 성대한 연회

죽림지유 ↘

지금의 하남성 수무현에는 경치가 매우 뛰어난 곳이 있다. 맑은 물, 울창한 숲, 구불구불 이어지는 오솔길 등 빼어난 산수가 마치 신선들이 노니는 곳 같다. 2004년 유네스코에서 '세계지질공원'으로 지정한 후, 이곳 운대산은 더욱 유명해졌다.

오늘날 전국 각지에서 몰려드는 여행객들은 자신이 걷고 있는 운대산의 오솔길이 일찍이 일세를 풍미했던 풍류 문인들이 걷던 길임을 모를 것이다. 그 풍류 문인들은 이 책의 주인공 죽림칠현이다.

천칠백여 년 전, 운대산 일대는 하내군 산양현에 속했으며 죽림칠현의 영수 혜강이 이곳에서 은거했다. 혜강은 세속을 초월한 기품과 당대 최고의 예술 재능으로 젊은 시절부터 명성을 떨쳤다. 많은 명사들이 그의 명성을 흠모하여 산양으로 찾아들었다. 그들은 그곳에서 자연을 감상하고 도를 논하고 거문고를 뜯고 시를 짓고 술을 마시면서 작은 집단을 형성했다. 그것은 자유로운 클럽이나 살롱과 비슷했다. 문인들의 이 교류 활동을 역사적으로 '죽림지유'라고 불렀다.

죽림지유가 있었던 정확한 연대와 지역, 인원수 등의 문제에 대해서는 학계에서도 여전히 이론이 분분하다. 다만 한 가지 확실한 것은 죽림칠현이 역사적으로 실존했던 인물이고 그들 간에 밀접한 왕래가 있었으며 서로 독립적이고 자유로우며 탈속적인 정신을 공유했다는 점이다.

앞에서도 말한 것처럼 혜강, 완적, 산도는 죽림지유의 핵심 인물이었다. 그들은 처음 만났을 때부터 금란지교의 막역한 우정을 나누었다. 그들의 교류는 죽림지유의 서막이었다. 이후 혜강이 은거했던 산양은 명사들의 성지가 되었고 혜강은 죽림지유의 중심인물이 되었다.

혜강은 왜 산양을 은거지로 택했을까?

우선 산양 일대의 빼어난 산수가 은거에 적합했기 때문이다.

또한 산양은 어느 중요한 인물의 봉지封地였다. 그 인물은 한나라의 마지막 황제인 헌제였다. 220년에 조조가 죽은 뒤, 그의 아들 조비는 위왕魏王의 자리를 이었다. 그리고 같은 해 10월, 헌제 유협劉協은 황위를 조비에게 선양했다. 조비는 황제가 된 후 낙양에 수도를 정하고 헌제를 산양공山陽公에 봉했다. 그리고 헌제를 위로하기 위해 파격적인 특혜를 부여했다. 즉 "만 호 읍邑의 제후에 임명하고 상소를 올릴 때 신하로 칭하지 않아도 되며 조서를 받을 때 절을 하지 않아도 되었다. 또한 천자의 마차와 복식으로 제사를 지낼 수 있으며 산양의 탁록성濁鹿城에서는 한나라 때의 제도를 행할 수 있었다."(『후한서』後漢書 「효헌제기」孝獻帝紀) 대신 한 가지 제한이 있었다. 헌제는 평생 산양을 떠나서는 안 됐다. 따라서 산양은 나라 안의 또 다른 나라에 해당했고 한나라 황실의 '자유 구역'에 해당했다. 이 지역에 사는 백성들은 비록 조씨의 위나라 신민臣民이긴 했지만 중앙 정부의 법률과 제도 밖에서 상대적인 자유를 누렸다. 이런 까닭에 산양을 은거지로 선택하면 정치적으로 중앙 정부의 눈치를 볼 필요가 없었다.

혜강은 일찍부터 노장 사상에 심취해 있었다. 그는 복식服食(도가의 양생법으로 단약丹藥을 먹는 것을 뜻함)과 양생의 도를 믿었고 세속적인 명예나 재물에는 관심이 없었다. 따라서 은거하면서도 벼슬에 뜻을 두었던 산도와는 근본적으로 달랐다. 조씨와 사마씨의 갈등이 나날이 깊어가던 그 위태로운 시기에 혜강은 변함없이 은자가 되기를 원했다.

속설에도 끼리끼리 모이는 법이라고 했다. 죽림지유를 성대한 연회에 비유한다면 이 연회의 핵심 인물은 혜강, 완적, 산도 세 사람이었음을 우리는 알고 있다. 그렇다면 이 연회의 나머지 네 명은 누구일까?

주선酒仙 유영

먼저 『세설신어』 「임탄」의 첫 구절을 보기로 하자.

진류의 완적, 초국의 혜강, 하내의 산도 세 사람의 나이를 비교하면 혜강이 제일 어렸다. 이 교분에 참여한 이들은 패국의 유영, 진류의 완함, 하내의 상수, 낭야의 왕융이었다. 이 일곱 사람은 늘 죽림 아래에 모여 마음껏 술을 마신 까닭에 세상 사람들로부터 '죽림칠현'이라 불렸다.

이상은 죽림칠현에 대한 개략적인 묘사라고 할 수 있는데 이로써 다음의 세 가지를 알 수 있다.

첫째, 죽림칠현 중에서 완적, 혜강, 산도가 핵심이며 나머지 네 명인 유영, 완함, 상수, 왕융은 나중에 가입했다.

둘째, 그들이 활동했던 지점을 '죽림 아래'라고 했고 이것이 그들을 부르는 호칭이 되었다.

셋째, 그들이 모여 가장 통쾌하게 즐긴 일은 바로 "마음껏 술을 마시는" 것이었다.

죽림지유에 뒤늦게 가입한 인물들 중 명단에서 제일 먼저 이름이 거론된 이는 유영이다. 이것은 사실과 부합할까? 반드시 그렇지는 않은 듯하다. 죽림칠현에 관한 가장 오래된 기록은 『세설신어』가 아니라 동진의 명사 손성이 쓴 『위씨춘추』다. 이 문헌에서는 칠현에 대해 다음과 같이 언급한다.

혜강은 하내의 산양에 기거했는데 그와 교류했던 사람들은 그가 희로애락의 기색을 내비치는 것을 본 적이 없었다. 그는 진류의 완적, 하내의 산도, 하남의 상수, 완적의 형의 아들 완함, 낭야의 왕융, 패국의 유영과 더불어 친하게 지내고 죽림에서 노닐면서 칠현이라 불렸다.

『삼국지』「왕찬전」의 주

이 기록에 의하면 혜강이 핵심 중의 핵심이며 그다음은 완적과 산도, 그다음이 상수, 완함, 왕융이고 제일 마지막이 유영이다.

그런데 왜 훗날 지어진 『세설신어』에서는 유영을 네 번째로 놓았을까?

이는 죽림칠현의 이야기가 전파되는 과정에서 생긴 변화인 듯하다. 최초의 기록인 이 글에서는 죽림칠현이 "더불어 친하게 지내고 죽림에서 노닐었다"고만 했을 뿐 술을 마셨다고는 하지 않았다. 그런데 훗날 술을 마셨다는 부분이 첨가되어 차츰 죽림칠현의 독특한 성격으로 자리 잡았고, 또 유영이 술을 가장 좋아했기에 그의 주가가 상승한 것이다.

그렇다면 누가 죽림지유에 유영을 끌어들였을까? 완적일 것이다. 왜냐하면 죽림칠현에 관한 기록 중에서 완적과 유영이 동시에 출현하는 부분이 가장 많으며 둘 다 주당이었기 때문이다. 확실히 유영이 들어옴으로써 죽림지유에는 지혜와 열정에 덧붙여 호방한 '주신酒神의 정신'이 유입되었을 것이다.

유영, 이 사람은 정말 귀여운 데가 있다. 중국 역사상 가장 유명한 애주가인 그는 중국 술 문화의 상징이라고 할 수 있다. 술에 관한 그의 몇 가지 일화는 실로 놀랄 만하다.

먼저 유영이 술병이 났던 이야기를 보자. 유영은 술을 너무 좋아해서 좀처럼 절제를 못했다. 한번은 술에 취해 입이 마르고 혀가 갈라질 정도로 목이 말랐다. 보통 사람은 술 때문에 목이 마르면 차나 물을 마시기 마련이다. 유영은 달랐다. 아내에게 또 술을 달라고 했

유영이 토하려 하자 동자가 무릎을 꿇고 그릇을 들이민다. 키가 작고 못생겼던 유영은 중국 역사상 가장 유명한 술꾼이다. 평소에 술 마실 도구를 휴대하고 어딜 가든 술을 들이켰다. 그리고 하인에게 괭이를 들려 뒤를 따르게 하면서, 만약 자기가 취해 죽으면 그 자리에 구덩이를 파고 묻으라고 했다. 대범하고 유유자적했으며 천수를 다 누리고 죽었다. 당나라 화가 손위의 〈고일도〉 일부다. 아내는 분통이 터져 "술을 어떻게 마실지 봅시다"라고 소리치며 술을 쏟고 잔을 다 깨버렸다. 그러고는 좋은 말로 달랬다.

"당신은 술이 너무 지나쳐요. 이는 섭생의 도가 아니니 반드시 끊으셔야 해요."

유영은 오늘 임자를 만났음을 감지하고 곧 말했다.

"좋소. 그렇게 하리다. 하지만 나 스스로 끊기는 힘들고 마땅히 조상님께 맹세를 해야 끊을 수 있을 듯하오. 그러니 가서 제사에 쓸 술과 고기를 준비해 오시오."

그의 진실한 태도를 보고 아내는 즉시 술과 고기를 가져와 조상의 신위 앞에 차려놓고 유영에게 맹세하기를 청했다. 술에 취한 유영은 조상의 신위 앞에서 읊어댔다.

"하늘이 유영을 태어나게 하실 적에 술로 이름나게 하시어, 한번 마시면 열 말이요, 해장술로는 닷 말이오니 부녀자의 말은 삼가 듣지 마소서."

그러고는 곧장 술과 고기를 마음껏 먹고 마신 뒤 곤드레만드레 취하여 바닥에 엎어져버렸다.

유영이 왜 스스로 '술로 이름이 났다'고 했는지 알 만한 대목이다.

유영은 술을 마시면 행동에 거침이 없었다. 흥이 오르면 옷을 훌훌 벗어 던지고 집 안을 어슬렁거렸다. 요즘 말로 스트리킹을 한 것이다. 하루는 손님이 방문하여 그 현장을 목격했다. 손님은 잠시 민망해하다가 풍기를 해친다고 그를 비난했다. 그래도 유영은 태연하기만 했다.

"나는 천지를 거처로 삼고 집을 속옷으로 삼는다네. 자네는 어째서 내 속옷 안에 들어왔는가?"

유영은 육 척의 키에 용모도 보잘것없었지만 이처럼 천지를 집으로, 집을 속옷으로 삼았다. 체구는 왜소해도 정신은 비할 바 없이 높고 원대하여 천지를 다 수용할 수 있었던 것이다.

유영은 「주덕송」酒德頌을 써서 술의 오묘한 공덕을 찬양했다. 그 글에 등장하는 '대인선생'大人先生은 유영의 세계관과 인생관을 실감나게 표현하고 있다. 대인선생은 반인반신半人半神의 신묘한 형상을 하고 있으며 보통 사람과 달리 무한한 시공 관념을 갖고 있다. 그에게 천지는 궁실의 한 장소에 불과하고 만 년도 한순간에 지나지 않는다. 태양은 문이고 달은 창문이며 천지의 여덟 방향은 정원의 통로에 불과하다. 그가 밖으로 나가면 일정한 궤적이 없으며 거주하는 곳에는 그럴듯한 건물이 없다. 하늘을 천장으로, 땅을 자리로 삼고 마음이 바라는 대로 행하고 어떤 상황에 처해도 평온하다. 참으로 "빈손으로 오고 가며 아무 근심이 없다." 대인선생에게는 또 한 가지 특징이 있는데, 바로 술을 너무 좋아한다는 것이다. 언제 어디서든 술병과 술잔을 몸에 지니고 있다. 그에게는 술 마시는 것이 유일한 일이며 이 세상에 술 외에 추구할 가치가 있는 것은 없다. 이 대인선생은 틀림없이 유영의 자화상일 것이다.

유영은 수레를 탈 때마다 시동에게 삽 한 자루를 들고 따르게 했다. 그러면서 "내가 죽거든 그 자리에 구덩이를 파고 묻어라"라고 말했다. 이것은 유영이 삶과 죽음의 경계를 무심히 여기는, 장자의 '제

생사'齊生死의 경계에 도달했음을 말해준다. 명리, 재산, 예법 따위는 초월한 지 오래였던 것이다.

죽림칠현 중 누구의 이야기가 가장 재미있고 오락성이 있는지 꼽는다면 단연 유영일 것이다. 유영과 그의 술 이야기는 황당하긴 하지만 깊이 음미할 것이 많다. 유영에게는 부귀공명 따위는 헛된 환상에 불과했다. 차라리 눈앞의 술 한 잔이 더 실제적이고 자연스러우며 순수했다. 유영의 광기 어린 정신은 인류의 물질만능주의를 조롱한다.

음악의 신 완함

죽림칠현 중 유영 외에 술로 이름을 날린 또 한 명이 있으니 그는 완적의 조카 완함이다. 완함은 어떻게 죽림지유에 가담하게 되었을까? 두말할 필요 없이 완적 때문이었을 것이다. 『세설신어』의 기록에 의하면 완적의 아들 완혼阮渾은 자란 뒤의 풍채나 기품이 완적과 매우 흡사했다. 그는 부친과 부친의 친구들이 산양의 죽림에서 즐겁게 노는 것이 부러워 자기도 끼워달라고 부탁했다. 그러나 부친인 완적은 허락하지 않았다. "네 사촌 형 완함이 이미 모임에 참석하고 있는데 너까지 그럴 필요는 없다."

완적의 이 말은 세 가지를 설명해준다. 첫째, 죽림지유의 문턱은 결코 낮지 않았다. 적절한 추천을 받지 못하면 받아들여지지 않았다.

둘째, 완적은 자신들의 거리낌 없는 행태가 부득이한 것이라고 여겼다. 모두에게 적합한 행동은 아니며, 특히 젊은이에게는 권할 만한 것이 아니라고 보았다. 셋째, 죽림지유의 정신은 독립과 자유의 추구이지, 욕망의 탐닉도 아니고 남에게 보이기 위한 가식도 아니었다. 죽림지유의 겉모습만 보고 맹목적으로 추종하는 사람은 받아들이지 않았다.

그러면 완함 역시 손아랫사람인데 어떻게 죽림지유에 참여할 수 있었을까?

완함은 천성적으로 세상일에 구애받지 않는 사람이었다. 언행에 거리낌이 없고 사소한 일에 연연하지 않았으며 자기 뜻대로 행동했다. 죽림지유의 정신에 대단히 부합했다. 또 한 가지, 완함은 자신의 행동의 의미를 이해하고 책임질 수 있는 인물이었다.

완함도 이런저런 사연이 많았다. 한 사람이 평생을 살면서 남들이 흥미진진하게 입에 올릴 수 있는 이야기를 갖고 있다면 결코 헛산 것은 아니리라. 완함에게는 두 가지 유명한 이야기가 있다.

하나는 인습에 관한 이야기다. 진류의 울씨성尉氏城에는 큰길이 하나 있었고 완씨 일족은 큰길을 가운데에 두고 남쪽과 북쪽으로 나뉘어 살았다. 언제부터인지는 알 수 없지만 완씨 일족은 빈부 차이가 심했고, 이상하게도 북쪽의 완씨는 부자였고 남쪽의 완씨는 가난했다. 불행히도 완적과 완함은 모두 남쪽에 살았다. 집에 빈 밥그릇 소리만 요란할 정도로 가난했다.

어느 해 여름 7월 7일이었다. 고대 풍속에 따르면 7월 7일은 옷을 말리는 날이었다. 이날은 태양이 가장 높은 곳에서 비추기 때문에 집집마다 곰팡이를 방지하기 위해 집의 물건을 밖에 가져다 말렸던 것이다. 이때 각 집에서는 집안에서 가장 값나가는 물건을 들고 나와 허세를 부렸다. 부유한 북쪽 완씨들은 재력을 과시할 수 있는 이런 기회를 놓치지 않았다. 집안 비단을 전부 들고 나와 남이 잘 볼 수 있게 정원, 창틀, 지붕에까지 널어놓았다.

완함도 관습에 따라 집 밖에 대나무 받침대를 세웠다. 그런데 거기에 걸어둔 것은 부끄럽게도 '독비곤'犢鼻褌이었다. '독비곤'이란 가난한 사람들이 입는 속잠방이다. 완함의 집은 가난해서 좋은 천을 살 수 없던 탓에 면으로 된 커다란 잠방이를 입었다. 그것은 북쪽 완씨들의 것과 크게 비교가 되었다. 어쨌든 완함의 집도 뼈대 있는 집이었기 때문에 누가 보고 비난의 말을 했다. 완함은 이렇게 답했다.

"아직 인습에서 벗어나지 못해 겨우 이 모양입니다."

자기도 인습을 따르지 않을 수 없어 어쩔 수 없이 한 일이라는 뜻이었다. 완함은 지나가는 말처럼 대수롭지 않게 이 말을 했지만 사실은 북쪽의 완씨들에 대한 풍자의 한마디였다.

재물이 많다고 뽐내는 자는 대부분 정신적으로 빈곤한 졸부다. 완함의 말은 참으로 그가 범속함에서 벗어나 자신의 신념대로 행동했음을 시사한다.

훗날 동진에 학륭郝隆이라는 명사가 있었는데, 완함보다 한 세대 밑이기는 하지만 완함의 계승자라고 할 수 있겠다. 역시 7월 7일에 사람들이 모두 밖에 옷을 말릴 때의 일이다. 그는 태양 아래에 그냥 누워 있었다. 사람들은 그에게 뭘 하고 있느냐고 물었다. 학륭은 무심하게 "내 책을 말리고 있소"라고 답했다. 사람들이 말리는 것은 몸 밖의 물질이지만 자기가 말리는 것은 몸 안의 것, 즉 자기 안에 가득한 식견과 재능이라는 뜻이었다. 학륭의 이런 행동은 틀림없이 완함에게서 본받은 것이리라.

완함도 술을 매우 좋아했다. 한번은 그와 친척들이 함께 모임을 가졌다. 술에 취해 흥겨워지자 사람들은 술잔 대신 큰 항아리에 술을 가득 채워두고 둘러앉아 얼굴을 마주 보고서 호쾌하게 술을 마셨다. 이때 한 무리의 돼지가 냄새를 맡고 어지럽게 모여들어 항아리를 에워싸고 술을 마시기 시작했다. 완함과 그의 친척들은 그래도 개의치 않고 돼지들 속에 끼어 함께 술을 마셨다. 사람과 돼지가 함께 술을 마신 이 이야기는 당시 대단히 유명했다. 이 일을 두고 많은 사람들이 완함을 광기에 빠져 사람의 존엄성을 잃은 타락한 자라고 비난했다.

그러나 자세히 생각해 보면 이 행위에도 깊은 의미가 있다. 장자는 『장자』「제물론」齊物論에서 "삶과 죽음이 다르지 않으며 세상 만물의 근원은 같다"라고 했다. 만약 유영의 "내가 죽거든 그 자리에 땅을 파고 묻어버려라"라는 말이 '삶과 죽음이 다르지 않다'는 뜻이라면, 완함이 돼지와 함께 술을 마신 것은 '세상 만물의 근원은 같다'는 것을 몸소 실천한 행위일 것이다. 오직 술에 취해야만 인간은 세속의 굴레를 벗어던지고 정신이 형체를 초월하는 경지에 이를 수 있다.

완함은 걸출한 음악가이기도 했다. 특히 귀가 예민해 악기 소리만

들어도 그 악기에 어떤 하자가 있는지 알아냈다. 서진 시대, 음악의 권위자였던 순욱荀勖은 종과 북, 관과 현, 금석金石 등의 모든 악기를 만들 줄 알았다. 연주에도 조예가 있어 사람들은 모두 그가 빚어내는 조화로운 음률에 감탄했다. 오직 완함만 문제가 있다고 생각했다. 그래서 사람들이 순욱을 치켜세워도 완함은 한마디도 하지 않았다. 이에 기분이 상한 순욱은 자신의 권력을 이용해 완함을 조정에서 조그만 시골의 태수로 쫓아버렸다. 그런데 나중에 한 농부가 밭을 갈다가 주나라 시대의 옥척玉尺을 발견했다. 그것은 천하에서 가장 표준적인 자였다. 순욱은 그것으로 자기가 만든 각종 악기들을 검사했고 악기 모두에 약간의 오차가 있음을 발견했다. 그 약간의 오차는 기장 한 알 정도의 아주 미세한 것에 불과했지만 결과적으로 큰 차이를 낳을 수 있었다. 그제야 순욱은 음악에 대한 완함의 조예가 자신을 훨씬 능가하며 입신의 경지에 이르렀음을 깨달았다.

완함은 긴 자루가 달리고 몸통이 둥글며 줄이 네 가닥인 비파 연주에 능했다. 이 비파는 완함이 처음 만들었다고 전한다. 악기를 연주하는 모습은 마치 둥근 달을 품에 안은 듯 우아했고 소리는 진주가 옥쟁반에 떨어지는 듯 오묘했다고 한다. 당나라 개원開元 연간(713~741)에 진나라 고분에서 구리로 만든 비파가 출토되었는데, 그 비파는 '완함'阮咸 혹은 간단히 '완'阮이라고 불렸다. 이런 종류의 오래된 비파는 모두 그 이름으로 불렸다. 이처럼 인명을 악기 이름으로 삼는 것은 동서고금을 막론하고 없었던 일이다.

완함처럼 자유분방하고 다재다능한 인물이 삼촌 완적의 추천으로 죽림지유에 합류한 것은 너무나 당연한 일이었다. 훗날 사람들은 완적과 완함을 '대소완'大小阮이라고 불렀고, 이후로 삼촌과 조카가 둘 다 유명한 경우에는 조카 쪽을 '소완'小阮이라 부르거나 간단히 '완'阮이라 부르기도 했다. 또한 조카와 삼촌이 속한 함께 속한 모임을 '완가회'阮家會라고 부르고 조카가 사는 집을 '완함택'阮咸宅이라고 불렀으니, 이 모든 것이 완함이 중국 문화에 끼친 간접적인 공헌이다.

신동 왕융

유영과 완함 외에 완적은 또 한 명의 신동을 죽림지유에 끌어들였다. 그는 죽림칠현 중에서 가장 어린 왕융이다.

왕융은 나이는 제일 어려도 이미 유명한 인물이었다. 일고여덟 살에 벌써 신동으로 이름을 날렸다. 『세실신어』「아량」雅量에는 '길가의 쓴 배' 이야기가 기록되어 있다. 왕융이 일곱 살 때의 일이다. 길가에서 아이들이 놀다가 배나무에 탐스러운 배들이 달린 것을 보았다. 아이들은 우르르 몰려가 나무에 올라가서 그 배들을 따려 했다. 그런데 왕융만 보고도 못 본 척 관심이 없었다. 사람들이 왜 올라가지 않느냐고 묻자 그는 말했다.

"길가에 자라는 배나무에 저렇게 많은 배가 달려 있다는 것은 틀림없이 배가 쓰기 때문입니다."

사람들이 배를 따서 먹어보니 과연 맛이 썼다. 그때부터 왕융은 신동으로 알려졌다.

어린 왕융은 지혜로울 뿐만 아니라 배짱도 있었다. 역시 그가 일곱 살 때의 일이다. 위 명제 조예가 흉포한 호랑이의 이빨과 손톱을 뽑아 우리에 넣고 낙양성 안의 선무장宣武場으로 옮겨 와 백성들에게 구경시켰다. 선무장에는 명절 때처럼 사람들이 몰려들었고 왕융도 달려갔다. 우리를 둘러싼 사람들은 손짓을 하며 흥분했다. 사람들은 이빨 빠진 호랑이를 병든 고양이로 여겼다. 그토록 많은 사람을 본 적이 없었던 호랑이는 순간 털을 세우고 천지가 진동할 만큼 크게 포효했다. 동시에 먹이를 덮치듯 울타리를 기어오르려 했다. 당시에는 동물원이 없었으니 사람들도 광분한 호랑이를 그렇게 가까이 본 적이 없었을 것이다. 모두 혼비백산해서 서로 밟고 밟히며 도망치기 시작했다.

그러나 어린 왕융은 얼굴색 하나 변하지 않고 제자리에 서 있었다. 가까운 누대에 앉아 있던 위 명제는 이 광경을 보고 이상하게 여기며 소년의 이름을 알아오게 했다. 왕융은 이 일로 단번에 유명해졌다.

일반적으로 조숙한 사람은 연장자와 교류하기를 좋아하는 특징이 있다. 같은 또래의 친구들이 유치하다고 느끼기 때문이다. 열 살쯤 되었을 때 왕융은 자기보다 스물네 살이나 많은 완적과 교류하게 되었다. 당시 완적은 상서랑이었고 왕융의 부친 왕혼王渾과 함께 일하고 있었다. 왕혼이 출근할 때 항상 왕융을 데리고 왔기 때문에 완적도 이 신동을 알게 되었다. 두 사람은 이처럼 서로 늦게 알게 된 것을 안타깝게 여겼다. 그후로 완적은 왕혼의 집을 찾아갈 때마다 왕혼과는 몇 마디 나누지 않고 곧바로 왕융을 찾았으며 함께 오랫동안 이야기한 뒤에야 헤어졌다. 한번은 완적이 왕혼에게 무례한 말을 했다.

"당신 아들의 준수하고 고결함은 당신 같은 사람과는 비교할 수도 없소. 당신보다 당신 아들과 이야기하는 것이 훨씬 즐겁다오."

완적은 침묵을 금처럼 여기는 사람이어서 쉽사리 인물을 평하지 않았다. 완적의 이 말이 사방으로 퍼지면서 왕융은 더 큰 명성을 누리게 되었다.

왕융은 체구는 크지 않아도 풍채가 수려해 사람들에게 인기가 있었다. 또한 눈빛이 영롱해서 "왕융의 눈은 바위 아래에서 번쩍이는 번개처럼 빛난다"(『세설신어』 「용지」)라고 했다. 게다가 왕융에게는 독특한 특성이 있었다. 태양을 바라보아도 어지럽거나 눈이 부시지 않았다. 인물의 용모를 따지던 위진 시대에 왕융의 수려한 외모는 많은 이의 사랑을 받았을 것이다. 그래서 완적은 왕융을 죽림지유에 소개했고 죽림지유의 구성원들도 어린 그를 받아들였다.

그러나 조숙한 사람은 너무 빨리 세상 물정을 안다. 너무 총명한 사람은 스스로 잘났다는 생각에 약삭빠른 사람이 되기 쉽다.

앞에서 본 것처럼 왕융은 어리지만 머리가 매우 좋았다. 보기보다 단순하지 않았으며 심지어 속된 기운이 엿보였다. 『세설신어』 「배조」排調에 이런 이야기가 있다. 어느 날, 혜강과 완적 그리고 산도와 유영이 죽림에서 호쾌하게 술을 마시고 있었다. 왕융이 뒤늦게 오자 완적이 농담 반 진담 반으로 말했다.

"이 속된 자가 또 우리의 고아한 흥취를 망치러 왔구먼."

왕융이 영리하게 답했다.

"어르신들 같은 대인의 고아한 흥취도 망쳐질 수 있습니까?"

비록 농담이지만 이 말은 우리에게 왕융이 노련하고 약삭빠른 데가 있었음을 보여준다. 세속을 초월해 유유자적하는 죽림칠현의 정신과는 다소 어울리지 않는다.

어째서 그럴까? 내 생각에는 왕융의 출신과 관련이 있는 것 같다. 그의 출신은 죽림칠현의 다른 여섯 명과는 달랐다. 그의 가문인 산동의 낭야瑯琊 왕씨는 당대의 호족으로 대부호였다. 왕융은 이런 집안의 가풍에 영향을 받지 않을 수 없었을 것이다. 완적이나 유영처럼 빈한한 출신의 인물과는 성정과 취향이 매우 달랐을 것이다. 완적에게 비판을 받은 바 있는 그의 부친 왕혼도 분명 권력가의 교만과 속물근성을 드러내고 다녔으리라. 불행하게도 왕융은 훗날 그런 기질을 더 유감없이 발휘하게 된다.

서생 상수

죽림칠현 중에 천생 '백면서생'이 한 명 더 있었으니 그는 상수다.

상수는 산도와 마찬가지로 하내군 회현 사람이다. 산도는 하내군

공조功曹로 있을 때 젊은 상수를 알게 된 듯하다. 훗날 산도는 상수를 혜강과 완적에게 소개하고 죽림지유에 합류시켰다. 이들 죽림칠현 중에서는 상수와 혜강의 나이가 비슷하고 관계도 제일 좋았다. 상수는 혜강의 열렬한 팬이었다고 할 수 있다. 혜강을 자주 만나기 위해 집을 산양으로 옮기고 혜강의 집 근처에 거처를 정한 것이 좋은 예이다. 이 일은 혜강의 인격적인 매력이 얼마나 강했는지 보여준다.

당시 동평 지역의 명사로 여안이라는 사람이 있었다. 그 역시 혜강, 상수와 사이가 매우 좋아서 산양으로 옮겨 와 은거했다. 그리하여 죽림지유 중에 '철의 삼각관계'가 만들어졌다. 상수는 때로는 여안과 함께 밭에서 채소를 길렀고, 때로는 혜강과 함께 대장간 일을 했으니 어찌 즐겁지 않았겠는가. 산양이라는 곳은 석탄 생산지로서 철광석 제련업이 매우 발달했다. 문헌에 의하면 혜강과 상수는 대장간 일을 할 때 동력으로 수력을 사용했다. 두 사람은 일을 나누어 했다. 혜강이 쇠망치로 쇠를 두드리면 상수는 옆에서 풀무질을 했다. 별다른 말 없이도 각자 자기 일을 잘 해냈다. 두 사람은 농기구와 일상용품을 만들었다. 북송의 대문호 소식蘇軾이 갖고 다니던 지팡이가 혜강이 제작한 것이었다는 설도 있다.

밭일과 대장간 일 외에도 상수에게는 좋아하는 일이 한 가지 더 있었다. 독서였다. 학문 연구를 즐겼던 상수는 특히 『장자』를 좋아했다. 어느 날 그가 혜강과 여안에게 『장자』에 주석을 달고 싶다고 말하자 두 사람은 그렇게 힘든 일은 하지 말라고 권했다. 그러나 상수는 기어코 『장자』 주석에 매진해 완성시켰다. 그가 완성한 『장자주』

莊子注를 보고 혜강과 여안은 "장자가 죽지 않았도다"라며 감탄을 금치 못했다. 이 책은 오늘날 전체가 다 전해지지는 않지만 상수는 학술사에서 매우 중요한 위치를 차지하고 있다.

이상으로 죽림칠현의 나머지 네 명에 대해 간단히 소개했다. 한 가지 반드시 짚고 넘어가야 할 것은 죽림칠현이 언제나 함께 활동한 것은 아니라는 점이다. 시간, 지역, 인원이 계속 변화했다. 평소에는 둘씩, 셋씩 나뉘어 활동했으며 가끔씩 서로 불러 모아 숲에서 즐기기도 했다. 어쩌면 죽림칠현이 다 모일 수 있던 기회는 우리가 상상하는 것보다 훨씬 드물었을지도 모른다.

그들이 활동한 지역은 대체로 두 곳이었다. 한 곳은 하내의 산양으로, 혜강이 주축이 되어 산도, 상수, 여안 등이 함께했다. 또 다른 곳은 수도 낙양으로, 완적을 중심으로 유영, 완함, 왕융 등이 있었다. 혜강, 완적, 산도는 핵심 인물로서 사람들을 끌어모으는 저력이 있었지만 다른 네 사람은 그 정도의 영향력이 없었다. 산양은 경치가 매우 아름다웠고 그곳에 머물던 혜강이 중산대부로서 약간의 녹봉을 받아 비용으로 충당할 수 있었던 덕분에 그들이 모이기에 최적의 장소였다. 혜강은 죽림지유의 영혼에 해당하는 리더였다. 총체적으로 봐서 그들이 교류했던 시기는 정시 말년의 한두 해였으며 이 시기에 그들은 유유자적하며 세상과 아무런 불화가 없었다.

그러나 평화로운 나날도 곧 종말을 고했다. 뜻밖의 정치적 풍파가 한바탕 불어닥치면서 그들의 운명을 바꿔버렸다. 죽림에서의 성대한 연회도 처음의 즐거움이 사라졌다.
술맛도 변했다. 달콤한 술이 쓰디쓴 술로 바뀌었다.
사람들의 마음도 변했다. 자유로운 날개가 공포의 족쇄로 바뀌었다.
은거는 사치스러운 행동이 되었고 산다는 것 자체가 쉽지 않은 일이 되었다.
그렇다면 도대체 어떤 정치적 풍파가 불어닥친 것일까?

6
고평릉의 변

첩보전

삼국 시대 위나라 정시 10년(249)은 위진 역사상 가장 중요한 전환점이었다고 할 수 있다. 그 전해부터 조씨와 사마씨의 투쟁이 극렬해지기 시작했지만 위나라 조씨 정권은 그런대로 안정적이었다. 그러나 이 일 년 동안 상황이 급변하여 조씨의 통치력은 유명무실해졌고 실제적인 권력은 다른 집단의 수중으로 넘어갔다. 그 집단은 바로 사마씨였다. 이해를 시작으로 서진이 건립된 265년까지 십육 년간 위나라는 폭풍우 속에 위태롭게 흔들렸다. 이 십육 년은 중국 역사상 가장 무시무시한 암흑기였다.

도대체 무엇이 이 모든 것을 바꾸었을까? 이해에 도대체 어떤 일로 인해 천하의 대란이 일어난 것일까?

간단히 말하면 이해 초, 병을 핑계로 조정에서 물러나 있던 사마의가 돌연 놀랄 만한 정변을 일으켰다. 그는 정적인 조상과 그의 일당을 순식간에 박살 냈고, 이때부터 사마씨가 중앙 정권의 실권자가 되었다.

이 정변을 역사에서는 '고평릉高平陵의 변變' 혹은 '전오典午의 변'이라고 한다. 전오는 사마씨를 가리킨다.

고평릉의 변은 어떻게 계획되고 시작되었을까? 그리고 죽림칠현의 운명에 어떤 영향을 끼쳤을까?

앞에서 얘기했던 정시 8년(247) 5월에 사마의는 또 한 번 연극을 꾸몄다. 병을 가장해 조정에서 물러나 정계 은퇴를 선언했다. 이 일을 계기로 죽림칠현 중 최연장자인 산도는 급히 관직에서 물러나 은거해버렸다. 그러나 모든 사람이 다 산도처럼 멀리 내다보는 식견을 갖고 있지는 않았다. 조상 집단은 어떤 경각심도 갖지 않았으며 사마의에게 더 이상 신경 쓰지 않아도 된다고 여겼다. 그래서 그들은 이때부터 거리낌 없이 사리사욕을 채우며 방종을 일삼았다.

정시 9년(248) 3월, 조상은 급기야 대역무도한 짓을 저질렀다. 이 사건은 나중에 결정적으로 그의 목을 조르는 밧줄이 되었다.

당시 황궁의 환관 장당張當은 조상에게 아부하기 위해 선제인 명제 조예의 궁녀 십여 명을 조상에게 바쳤다. 조상 자신도 자기의 권력을 이용해 궁정의 악기를 멋대로 취하고 황제의 호위군도 멋대로 움직였다. 그는 세상에 무서울 것이 전혀 없었다. 사료에는 조상과 장당이 작당해 온갖 만행을 저지르고 심지어 암암리에 모반을 획책했다고 쓰여 있다.

아마도 도둑이 제 발 저린 탓인지 조상 일당은 사마의의 재기가 두려워 그의 정황을 탐색하기로 했다.

정시 9년 겨울, 조상의 심복으로 하남윤을 맡고 있던 이승이 형주자사荊州刺史가 되어 곧 형주로 떠나게 되었다. 조상은 이승에게 사마의에게 가보라고 지시했다. 명목은 작별인사를 하러 가는 것이었지만 실은 사마의의 동태를 살피기 위한 것이었다. 하지만 사마의가 얼마나 총명한 사람인가. 이승이 왔다는 문지기의 통보를 듣자마자 목소리를 낮추어 아들 사마사와 사마소에게 말했다.

"틀림없이 조상이 내 동태를 살피러 보냈을 것이다."

연극의 고수인 사마의는 당장 분장을 하고 무대에 올랐다.

이승이 하인의 인도를 받아 사마의의 침실로 들어오자 사마의가 병상에서 반쯤 일어나 있는 것이 보였다. 머리는 산발을 하고 눈이 흐리멍덩한 것이 병세가 무척 깊은 듯했다. 이승은 예의를 갖추고 공손하게 말했다.

"태부께서는 그동안 안녕하셨습니까? 소인이 별다르게 세운 공도 없는데 황상의 은전으로 본주本州에 부임하게 되어서 참으로 부끄럽습니다. 오랫동안 태부를 뵙지 못하여 오늘 특별히 작별인사를 드리러 왔습니다."

이승은 원래 형주 사람이었으므로 형주로 영전하는 것을 '본주로 부임하다'라고 표현했다.

사마의는 당연히 정상적으로 대답할 수 있었다. 그러나 그렇게 하지 않았다. 그는 먼저 즉흥 연기를 했다. 이 연기에는 동작만 있고 대사가 없었다. 허약한 척하며 두 시녀에게 옷 입는 것을 거들게 했다. 곧 옷을 받아들었지만 갑자기 손을 떨다가 바닥에 떨어뜨렸다. 사마의가 가장한 병은 현대의학에서 말하는 파킨슨병이었다. 주요 증상은 근육이 굳고 손과 머리, 몸의 근육에 무의식적으로 불규칙적인 운동이 일어나는 것이다.

그다음에 사마의는 떨리는 손으로 자기 입을 가리켰다. 목이 말라 죽이 먹고 싶다는 뜻이었다. 시녀가 바삐 죽을 들고 와 그에게 떠 먹였다. 사마의는 입술을 삐죽 내밀었지만 입과 혀가 불편한지 죽을 옷에 흘려버렸다. 의학 상식으로 볼 때 얼굴에 마비가 와서 입과 혀가 굳는 것은 전형적인 중풍 증상이다. 이것이 사마의가 가장한 두 번째 병세였다.

참으로 재미있는 것은 역사서에 이 사건이 매우 상세하게 기록되어 있다는 점이다. 기록한 사람의 심리는 과연 어땠을까. 작심하고 사마의의 추악함을 전달하고 싶었던 것 같다. 어쨌든 이 기록을 통해 우리는 사마의가 연기의 고수였을 뿐만 아니라 노비들도 철저히 교육시켰다는 것을 알 수 있다. 아마도 사전에 노비들과 리허설을 했을 것이다. 만약 한 명이라도 배역을 제대로 소화하지 못했다면 틀림없이 망신만 당했으리라. 그러니 사마의는 일반적인 사기꾼이 아니라 사기단의 두목이었다고 할 수 있겠다.

이 광경을 보고 이승이 몹시 마음 아파하며 말했다.

"태부 어른, 지금 황상은 아직 어리셔서 천하가 안정되려면 어른께서 건재하셔야 합니다. 저희는 태부 어른이 지난날의 병이 다 나아 큰 문제가 없다고 알고 있었는데 어찌 이 지경에 이르셨습니까?"

이승은 눈물까지 흘렸다. 이승의 눈물은 악어의 눈물이었을까? 나는 그렇지 않다고 본다. 어쨌든 지금까지 두 사람은 정상적인 상하 관계를 유지해왔고 서로 원수진 일도 없었기 때문이다. 이승의 눈물은 그가 그다지 영리하지 못해 사기에 쉽게 속아 넘어갔음을 뜻하기도 하고, 또 한편으로는 그만큼 사마의의 연기가 뛰어났음을 암시하기도 한다.

곧이어 사마의는 대사 있는 연기를 이어갔다. 쉰 목소리로 힘없이 숨을 헐떡이며 말했다.

“이제 나는 늙고 병들어 언제 죽을지 모르는 몸이네. 그대가 이번에 병주并州로 간다고 하는데 병주는 오랑캐와 근접해 있으니 방비를 철저히 해야 할 것일세. 이 늙은 몸은 그대를 다시 못 볼 듯하니 더 어쩔 도리가 없구먼.”

사마의가 고의로 지명을 잘못 말한 것에 주목할 필요가 있다. 이승이 말한 ‘본주’(형주)를 ‘병주’로 말했다. 병이 깊어 귀도 잘 들리지 않고 머리에도 문제가 있음을 넌지시 내비친 것이다. 이것이 사마의가 가장한 세 번째 병세다. 이 증상은 요즘 말로 하면 노인성 치매다.

이승이 당황하며 말했다.

“태부 어른, 잘못 들으셨습니다. 저는 본주로 가는 것이지 병주로 가는 것이 아닙니다.”

사마의는 여전히 귀가 먹은 것처럼 혼잣말을 했다.

“병주로 간다니 몸을 중히 여기시게.”

이승은 안타까워하며 다시 말했다.

“태부 어른, 저는 고향인 형주로 가게 되었습니다. 병주가 아니라니까요.”

사마의는 연극이 잘되고 있다고 보고 갑자기 뭔가 깨달은 척하면서 말했다.

"이 늙은이가 기력이 쇠하여 정신도 맑지 못하군. 지금은 태평성대이니 그대가 형주로 가면 나라에 기여할 일이 많을 것이네. 애석하게도 나는 곧 저세상 사람이 될 터이니 지금이 그대와 마지막 상면일 걸세. 내 자식 사마사와 사마소가 많이 부족하니 그대와 대장군에게 부탁하겠네. 부디 앞으로 잘 돌봐주기 바라네."

한마디 한마디가 임종을 앞둔 사람의 유언처럼 진심에서 우러나온 듯했다. 말을 마치고 사마의는 침대 위에 몸을 숙인 채 숨을 헐떡였다.

연극의 전 과정이 참으로 조리 있고 생동감이 넘쳐서 한 군데도 흠잡을 데가 없었다.

이승은 사마의가 감독하고 출연한 한 편의 연극을 보았을 뿐만 아니라 자신도 그 연극의 배우였다. 그는 사마의의 병을 조금도 의심하지 않았다. 일상생활조차 제대로 못하는 이 늙은이가 어떻게 파란을 일으켜 대세를 뒤집을 수 있겠는가? 이승은 돌아가 조상에게 보고했다.

"사마공은 이미 이 세상 사람이 아닙니다. 완전히 관 속으로 들어가기를 기다리는 시체나 다름없으니 심려하지 않으셔도 될 듯합니다."

이 말에 조상은 매우 기뻐했고 더는 사마의를 경계하지 않았다.

이승과 산도를 비교해보면 두 사람의 식견에 매우 큰 차이가 있음을 알 수 있다. 산도는 사마의가 병을 핑계로 조정에 나가지 않는다는 말을 듣자 위기감을 느끼고 야반도주했다. 그의 이런 판단은 오직 머리에서만 나왔다. 그런데 이승은 직접 가서 탐문하며 눈, 귀, 입을 모두 사용했지만 머리는 사용하지 못했다. 결국엔 사마의의 손에 놀아나 그의 연기를 진실이라고 믿어버렸다. 산도의 지혜와 식견이 얼마나 대단한지 이로써 잘 알 수 있다.

이 한차례의 첩보전은 포화 없는 전쟁이었다. 또한 조씨와 사마씨의 실력 차가 뚜렷했음을 알 수 있다. 조상은 비록 권력을 잡고는 있었지만 지략이 떨어졌다. 이런 첩보전은 아예 하지 않는 편이 차라리 나았다. 오히려 사마의에게 상대방을 교묘히 속일 수 있는 기회만 만들어주었으니까 말이다.

삼십육계 중 첫 번째 계책은 "어리석은 척하되 미친 척하지는 않는다"이다. 이 계책의 관건은 '척하는' 데에 있다. 비록 자신의 실력이 강해도 고의로 숨기고 드러내지 않는다. 즉 고의로 약하게 보여 적을 현혹하고 경각심을 늦추게 한다. 그래서 적이 경계심을 풀고 약점을 노출하면 곧바로 기회를 잡아 치명적인 일격을 가하는 것이다.

사마의가 조상을 미혹한 행위는 전형적인 '어리석은 척하되 미친 척하지는 않는' 술책이라 하겠다. 마치 호랑이가 공격을 하기 전에 웅크리는 것과 같다. 뒤로 웅크리는 힘이 강하면 강할수록 공격할 때 폭발력은 더욱 커진다. 권투에서 주먹을 뻗기 전에 팔을 뒤로 강하게 수축할수록 파괴력이 더 커지는 것과 같다.

이번 첩보전에서 보았듯이 조상 집단의 정탐 능력은 한심한 수준이었다. 반대로 사마의의 대응력은 참으로 대단하여 원래 불리했던 형세를 유리하게 반전시켰다.

조상의 자멸

조상을 현혹시킨 후 사마의는 긴박하게 쿠데타를 준비했다. 구체적으로 다음 세 가지를 집중적으로 준비했다.

첫째, 군사력을 키워 정예부대를 만드는 데 힘썼다. 속설에 호랑이를 잡을 때는 친형제를 보내고 전쟁에 나설 때는 부자父子를 내보내야 한다고 한다. 위급한 일에는 내부 결속이 중요해 형제나 부자 같은 혈연관계를 최대한 이용해야 한다는 뜻이다. 사마의의 두 아들 사마사와 사마소는 그의 양쪽 팔처럼 유능한 보좌관으로서 쿠데타에서 중요한 역할을 했다. 특히 문무를 갖춘 사마사는 아버지의 풍모를 빼닮았다. 당시 마흔둘이었던 그는 정치적으로도 매우 노련했다. 합법적으로 금위군을 통솔하면서도 아버지의 뜻에 따라 암암리에 군사를 모집해 충성스럽고 용맹한 부대를 양성했다. 그들은 죽음을 각오한 결사대였다. 숫자는 삼천 명 정도로 결코 많지 않았지만 정예 중의 정예였다. 평소에는 모습을 드러내지 않다가 결정적인 순간에 신속히 집결했으며 일단 나서면 즉시 중무장을 하고 조상 집단에 치명적인 일격을 가할 수 있었다.

둘째, 위나라의 나이 든 신하들로부터 도덕적인 지지를 얻었다. 예를 들어 당시의 태위 장제, 사도司徒 고유高柔, 태복太僕 왕관王觀 같은 노신들은 조상 집단에 불만을 품고 있었다. 사마의는 그들과 비밀리에 연락해 위나라 황실의 입장을 옹호하며 동정과 지지를 얻었다. 이는 정치적으로 반드시 필요한 조치였다. 쿠데타를 일으켰을 때, 장제

등이 반대편에서 군대를 움직여 제지만 하지 않아도 큰 성공이라 할 수 있었다.

셋째, 여론을 조성하고 민심을 현혹했다. 이때 낙양에는 '하등정何鄧丁이 수도를 문란하게 한다'는 유언비어가 퍼져 있었다. '하등정'은 조상의 심복인 하안, 등양, 정밀이었다. 이 세 명은 당시 유명한 문인으로서 떼 지어 다니면서 독선과 사치를 행해 평판이 좋지 않았고, 조상은 그들의 영향으로 욕심이 점점 커졌다. 이 유언비어는 아마도 사마씨 집단이 퍼뜨린 것이라 여겨지지만 어쨌든 당시의 민심을 반영했다.

세월이 흘러 정시 10년(249) 정월 초엿새가 되었다. 마침내 사마의에게 천재일우의 기회가 왔다.

그날 조상과 그의 형제 조희, 조훈은 이미 열여덟 살이 된 황제 조방을 모시고 낙양성 남쪽으로 구십 리 떨어진 위 명제 조예의 능 고평릉으로 제사를 지내러 갔다.

이는 대단히 위험한 행동이었다. 정치적으로 머리가 조금이라도 돌아가는 사람이라면 그런 경거망동은 하지 않았을 것이다. 어떤 대신은 결사적으로 조상을 말렸다. 그는 대사농大司農(지금의 농림수산부 장관에 해당)이면서 꾀주머니라 불린 환범桓范이었다. 환범은 본래 조상의 측근이 아니었지만 조씨 일가와 동향이고 위나라 중신이었으므로 공적으로나 사적으로나 사마의의 편이 되기를 원치 않았다.

조상 형제가 성을 떠나기 전까지 환범은 그들을 거듭 만류했다.

"형제 분들께서는 모든 행정과 군사의 대권을 장악하고 있습니다.

안전을 생각하신다면 이렇게 한꺼번에 성을 나가셔서는 안 됩니다. 만일 누가 성문을 잠그고 정변을 일으킨다면 성안에서 누가 나서서 저지할 수 있겠습니까?"

그의 간언은 실로 천기를 간파한 말이었다. 그러나 조상은 교만하게 "누가 감히 그럴 수 있단 말인가?"라는 한마디로 일축한 뒤, 원래 계획대로 형제들과 병력을 총동원해 천자를 호위하여 출동했다.

사마의는 조상 형제가 성을 나갔다는 것을 염탐하자마자 병석을 떨치고 일어나 아들에게 군사를 동원해 신속히 요지를 점령하라고 지시했다. 사마사가 비밀리에 양성한 삼천여 명의 결사대가 곧 땅에서 솟아난 듯 결집해 재빨리 낙양성을 장악했다. 이어서 사마의는 태후의 명령을 빙자해 사도 고유에게 대장군의 직권을 행사하도록 해 조상의 군영을 점거하게 했다. 또 태복 왕관에게는 중령군의 권한을 행사해 조상의 동생 조희의 군영을 점거하게 했다. 이로써 사마씨는 조상 형제의 수중에 있던 병력을 모두 손아귀에 넣었다.

이 쿠데타의 제1단계는 이처럼 병권 장악이었다.

제2단계는 조상의 귀로 차단이었다. 사마의는 곧바로 낙양의 모든 성문을 굳게 닫을 것을 명했다. 그리고 친히 대군을 이끌고 성을 나가서 낙수洛水의 부교浮橋를 점거함으로써 조상의 무리가 돌아오는 길을 막아버렸다.

제3단계는 상소를 올려 권력을 찬탈하는 것이었다. 이는 가장 중요한 일이었다. 사마의는 조상 집단의 죄상을 하나하나 열거한 상소문을 황제 조방에게 보냈다. 그자들이 황제를 무시하는 마음을 품고 있으니 병권을 박탈해야 하며 이는 태후의 뜻이라고 했다. 사실 이때 조상 형제의 병권은 이미 박탈된 것이나 마찬가지였다. 그런데도 상소를 보낸 것은 다만 자신들이 일으킨 쿠데타에 합법성을 부여하기 위해서였다. 최소한 이번 쿠데타가 황제 측근의 간신을 몰아내기 위한 것이지 황제에게 반기를 든 것이 아님을 증명하고자 한 것이다.

이 거사는 단 하루에 완료되었다. 모든 행동 하나하나가 세심한 계획 아래 이루어졌다. 이 사건을 통해 우리는 사마의가 전쟁에 능한 군사가이자 엄격하고 신속하게 정책을 펼치는 정치가임을 알 수 있다.

사마의는 마치 한바탕 놀이를 하듯 쿠데타를 해치워버렸다. 이 신나는 놀이에 사람들은 넋이 나갈 지경이었다.

아닌 밤중의 홍두깨라더니, 조상은 성 밖에 발이 묶인 채 뜻밖의 일격을 당했다. 사마의가 보낸 상소문을 보고도 그는 감히 황제 조방에게 올리지 못하고 놀라 어찌할 바를 몰랐다. 한편 사마의는 조상의 마음을 정확히 꿰뚫어보았지만 함부로 몰아세우지는 않았다. 궁지에 몰린 쥐는 고양이를 물 수도 있었다. 어쨌든 조상 집단은 아직도 황제라는 비장의 카드를 손에 쥐고 있었다. 사마의는 시중侍中 허윤許允, 상서尙書 진태陳泰 등을 차례로 보내, 무기를 버리고 병권을 내놓으면 집으로 돌아가게 해주고 작위도 유지시켜주겠다고 조상을 얼렀다. 자신의 말이 결코 식언이 아님을 맹세하기도 했다. 태위 장제도 편지를 보내 투항을 권했다. 조상은 실낱같은 희망을 느꼈다. 병권만 내놓으면 재산을 보전할 수 있고 적어도 목숨은 부지할 수 있으리라 여겼다.

조상이 결정을 망설이고 있을 때 환범이 다시 충언을 했다. 이때 환범은 조상에게 묘안을 마련해주기 위해 낙양성을 탈출해 와 있었다. 조씨와 사마씨의 투쟁에서 조씨 편에 서기로 결정한 것이다. 그러나 역사가 증명해주듯 그는 줄을 잘못 택했다. 이는 산도가 줄을 잘못 택한 것과는 근본적으로 달랐다. 그의 선택은 쏜 화살이 되돌아오지 않는 것처럼 만회할 여지가 없었다.

환범이 조상에게 내놓은 의견은 틀림없는 기사회생의 묘책이었다. 환범은 필사적으로 조상의 사기를 진작시키려고 애썼다. 그리고 조상 형제에게 황제를 허창으로 보낸 뒤, 황제를 앞세워 제후를 모으고 변방의 군대를 소집해 사마의와 싸울 것을 권했다. 황제를 모시고 있으니 아무것도 두려워할 이유가 없다고 했다.

만약 조상이 환범의 말대로 했다면 역사는 다르게 쓰였을 것이다. 그러나 환범이 밤새 입이 닳도록 충고를 했는데도 조상 형제는 서리 맞은 호박잎처럼 축 쳐져 용기를 내지 못했다. 날이 밝아오자 조상은 패도佩刀를 땅에 던지며 말했다.

"사마의는 내 병권을 탈취하고 싶을 뿐이니, 병권을 내주고 후작侯爵의 신분으로 집에 돌아가 예전처럼 부유하게 살면 그뿐 아니겠는가."

조상은 대장군이고 조씨 가문의 종실임에도 참으로 한심하기 그지없었다. 이처럼 머리도 나쁘고 배짱도 없는 인간이 어떻게 사마의에게 맞설 수 있겠는가?

환범은 조상의 이런 반응을 보고서 조상의 부친 조진의 이름을 거론하며 대성통곡했다.

"조자단曹子丹(조진)은 일세의 명장이었는데 어쩌다 저런 아들을 낳았는가. 그야말로 변변치 못한 잡놈이로구나. 우리가 너희처럼 한심한 놈들에게 연루되어 멸족의 화를 입게 되다니 참으로 기가 막히도다."

환범의 꾀주머니라는 별명은 헛된 것이 아니었다. 그는 정치투쟁의 잔혹성을 알았을 뿐만 아니라 사마의의 사람됨까지 간파하고 있었다. 그의 한 가지 실수는 조상의 무능을 몰랐던 것이었다. 영웅의 아들이 당연히 대장부이리라고만 여겼지, 머저리일 수도 있다는 것은 짐작하지 못했다.

이 점에서 환범은 태위 장제보다 못했다. 당시 사마의는 환범이 낙양성을 탈출해 조상에게 달려갔다는 소식을 듣고 몹시 걱정이 되어 장제에게 물었다.

"그 꾀쟁이가 저쪽 편에 붙었으니 어찌하면 좋겠소?"

장제는 사람을 볼 줄 알았다. 그가 웃으며 말했다.

"상관없습니다. 환범이 지혜롭기는 하지만 조상은 우유부단한 자라서 그의 계책을 받아들이지 않을 겁니다. 둔한 말은 결국 마구간 여물에 연연하는 법이니 조상은 가업에 미련을 못 버릴 겁니다."

장제는 예리한 안목으로 조상의 됨됨이를 꿰뚫어보았다.

그러면 조상은 병권을 내준 뒤, 자신의 가업을 유지했을까?

결코 아니었다. 가업은커녕 목숨조차 부지하지 못했다. 나아가 그의 형제는 물론 수하의 심복과 친지까지 거의 삼천 명이 목숨을 잃었다.

학살의 시간

사마의는 조상이 병권만 내놓으면 과거의 허물은 묻지 않겠다고 맹세하지 않았던가?

물론 그랬다. 사마의는 확실히 그렇게 말했다. 그러나 사마의가 정치가임을 잊어서는 안 된다. 거짓말은 정치가의 본능이며 연기는 정치가의 본업이다. 세상에서 가장 믿을 수 없는 것이 정치가의 말이다.

일반적으로 우리는 정치가의 권력투쟁을 이해한다. 그렇지만 그들이 악랄하게 학살을 자행하는 것까지 이해하지는 못한다.

같은 살인을 해도 망나니와 정치가는 같을 수 없다.

망나니는 사람을 죽일 때 칼을 쓴다. 정치가는 사람을 죽일 때 권력을 이용한다.

망나니는 그저 칼을 들어 내리치기만 하면 된다. 아무 이유도 필요 없다. 정치가는 남의 칼을 빌려 사람을 죽이며 항상 합당한 명분을 필요로 한다.

정치가가 사람을 죽일 때는 결과가 있어야 하며, 효과도 있어야 한다. 가장 좋은 것은 사람들을 기쁘게 해 축제 분위기를 만드는 것이다.

사마의는 손바닥 뒤집듯 말을 바꾸는 정치가였다. 정치가라는 단어에 먹칠을 하는 자가 그와 같은 정치가이다.

교활하게도 사마의는 병권을 내놓은 조상을 즉시 처단하지 않았다. 그런 방식은 비합법적이며 고수의 처사가 아니었다. 먼저 조상을 연금하고 병사를 파견해 그의 집 주위를 완전히 에워싸게 했다. 그러고는 담장 네 귀퉁이에 망루를 세우고 조상 형제의 일거수일투족을 감시하게 했다. 조상은 자기 집에서만 움직일 수 있었는데, 예를 들어 그가 동남쪽에 가서 뭔가를 하면 망루 위의 병사가 멀리서 보고 '전임 대장군이 동남쪽으로 가셨다'라고 소리쳤다. 조상은 엄청난 공포를 느꼈다.

때로는 정신적 공포가 육체적인 고통보다 더 견디기 힘들다. 공포는 한 인간의 정신과 의지를 급속히 와해시켜 차라리 죽는 편이 낫다고 느끼게 한다. 아마도 이때 조상이 그런 심정이었을 것이다.

그와 동시에 사마의는 사법적인 수순을 밟아갔다. 조상 집단의 죄상에 관해 증거를 수집했다. 그가 조상을 죽이는 것은 먼지를 날리는 것보다 더 쉬웠다. 그런데도 그가 조상 한 명을 죽이려고 심혈을 기울이고 있었다고 여긴다면 그건 그를 너무 우습게 본 것이다.

사마의가 궁리하고 있었던 것, 아니 즐기려고 했던 것은 대규모 학살이었다.

대규모의 학살은 결코 쉽지 않다. 권모술수도 필요하고 예술적인 상상력도 요구된다. 전쟁도 아닌 상황에서 어떻게 신속하고 효과적으로 대규모 학살을 벌일 수 있을까? 이것이 핵심이다.

자고로 조정의 고관들을 죽일 수 있는 죄명은 오직 한 가지, 역모다.

조상에게 실제로 역모의 마음이 있었을까? 자료가 충분치 않아 정확히 판단하기는 어렵지만 그는 권력을 강화하는 과정에서 황제도 안중에 두지 않고 멋대로 악행을 저지르곤 했다. 이것이 사마의가 학살을 행할 핑계가 되었다.

이럴 때는 본래 부차적인 인물이 중요하게 부각되는 법이다. 그 부차적인 인물은 조상과 밀접하게 지냈던 환관 장당이었다. 사마의는 즉시 장당을 잡아들였다. 한바탕 모진 고문을 가한 후 장당에게 범죄 사실을 전부 자백하라고 닦달했다. 장당은 어쩔 수 없이 조상과 하안 등이 비밀리에 역모를 꾸미고 그해 3월에 반란을 일으키려 했다고 자백했다. 그러면 그 역모에는 어떤 자가 참여했을까? 그것은 당연히 사마의의 마음대로였다. 눈엣가시 같은 자들은 누구든 명단에 포함시켰다.

체포해 죽일 자들의 명단에는 먼저 열 명의 이름이 적혔다. 조상, 조희, 조훈 형제와 조상의 친구인 하안, 등양, 정밀, 필궤, 이승. 그리고 중요한 순간에 줄을 잘못 선 환범과 희생양 장당이었다. 결국 이들은 역모를 꾀했다는 이유로 사형에 처해졌고 아울러 이삼족夷三族, 즉 아버지의 친척, 어머니의 친척, 처가 쪽 친척까지 모두 죽음을 당했다. 출가한 딸들조차 죽음을 면치 못했다.

이 사건으로 수천 명이 참수되어 비명횡사했다.

이부상서吏部尙書 하안은 조조의 양자였다. 그는 매우 준수한 용모의 현학가로서 청담清談(중국 위진 시대 지식인 사회에서 현학과 함께 나타난 철학적 담론의 풍조)과 단약 복용의 풍조를 일으킨 당대 최고의 명사였다. 그는 사마의의 맏아들 사마사와도 친분이 있었지만 사마의는 고의로 하안을 사형수 명단에 집어넣었다. 하안은 살아날 기회를 잡으려고 예전 친구들을 다 들춰 고발했으므로 자기만은 용서받을 수 있으리라 여겼다. 그런데 하안을 체포하면서 사마의는 몰살될 가문이 "모두 여덟이오"라고 말했다. 하안이 손가락으로 헤아려보고는 일곱 집안이라고 말했다. 그래도 사마의가 "하나가 부족하오"라고 말하자 하안이 놀라 반문했다. "그렇다면 나도 포함된다는 뜻입니까?" 사마의가 안색을 굳히며 "그렇소"라고 말했다. 결국 하안의 일족도 모두 잡혀 살해당했다.

마치 고양이가 쥐를 잡을 때 먼저 희롱한 뒤 죽이는 것처럼 사마의도 마치 한바탕 놀이처럼 학살을 벌였다.

공포, 또 공포

미국의 철학자 윌리엄 제임스는 "인간은 육식을 하는 동물 중에서 가장 두려운 존재다. 인간은 유일하게 조직적으로 자신과 같은 종을 잡아먹을 수 있다"라고 말했다.

사마씨야말로 '조직적으로 자신과 같은 종을 잡아먹은' 집단이었다. 사마의는 물론 그의 두 아들 사마사와 사마소도 마찬가지였다.

그들이 집권했던 기간의 정치 분위기는 매우 살벌했다. 공포, 또 공포뿐이었다.

고평릉의 변은 두 단계로 나뉘어 진행되었다. 첫 번째는 쿠데타, 두 번째는 학살이었다.

전례 없는 피비린내 나는 학살에서 사마의는 변태적 살인마의 면모를 유감없이 드러냈다. 원래 조상 집단이 민심을 얻지 못했기 때문에, 사마의가 쿠데타로 그들을 갈아치운 것은 민심을 따른 측면이 없지 않았다. 그러나 조상과 그의 무리가 아무리 큰 잘못을 저질렀어도 그렇게 삼족까지 멸하는 대학살을 벌일 필요는 없었다.

사람을 죽일 만한 권력이 있다고 해서, 또 사람을 죽일 만한 이유가 있다고 해서 생명의 존엄성을 저버려서는 안 된다. 이는 인류 사회에서 최소한의 윤리 기준이다. 이런 최소한의 윤리조차 지키지 못한다면 아무리 대단한 권력을 가져도 결국 역사에 치욕스러운 이름을 남길 수밖에 없다.

이 쿠데타를 겪으면서 조씨의 대권이 전부 사마씨의 수중으로 넘어간 까닭에 황제 조방은 사마씨에게 조종당하는 꼭두각시 황제에 불과하게 되었다. 정시 10년(249) 4월, 정치적으로 신기원이 시작됨으로써 '정시'라는 연호는 더 이상 쓰이지 않았다. 4월부터 연호는 가평嘉平으로 바뀌었다.

정적을 다 제거한 사마의는 당연히 득의만만했다. 그러나 오랜 정치 경험을 통해 그는 자신이 벌인 대학살이 조정과 재야의 반발에 부딪힐 수 있다는 것을 잘 알고 있었다. 이런 까닭에 그는 우선 천하의 명사들을 자신의 그물 안에 잡아넣기 시작했다. 물론 죽림칠현도 예외가 아니었다.

그렇다면 고평릉의 변 이후, 죽림의 명사들은 어떤 마음이었을까? '토끼가 죽으니 여우가 슬퍼하고'(남의 처지를 보고 자기 신세를 헤아려 동료의 아픔을 슬퍼한다는 뜻), '입술이 없으니 이가 시리다'는 두 가지 표현으로 그들의 마음을 대변할 수 있을 듯하다.

특히 하안의 죽음은 그들에게는 모골이 송연해지는 사건이었다. 하안은 당시 학계의 영수였으며 죽림칠현인 혜강과는 친척 관계였다. 하안이 결혼한 조조의 딸 금향공주金鄕公主는 혜강의 장인 패목왕 조림의 여동생이었다. 아울러 완적, 산도 등도 낙양에서 관리 생활을 했으므로 비록 밀접하지는 않아도 조상, 하안, 이승 등과 안면이 있는 사이였다.

어제까지 살아 있던 사람이 오늘 칼을 맞아 귀신이 되었다. 세상을 떨게 한 이 변고가 남은 사람들에게 얼마나 큰 타격을 주었을지 충분히 이해가 된다.

엄혹해진 정치 환경에서 죽림의 모임은 자연히 큰 타격을 받았다. 그들은 여전히 술을 마시고, 청담을 하고, 거문고를 타며 시를 읊조렸지만 괴로움 속에서 억지로 즐거움을 찾고 술로 시름을 달래는 성격이 짙었다.

그들은 자유를 갈구하는 새 떼에 비유할 수 있을 것 같다. 그들은 원래 삼림 속에서 자유로이 날고 노래했지만 지금은 말할 수 없는 공포와 고통 속에서 움츠리고 있었다. 멀지 않은 곳에서 보이지 않는 거대한 그물이 온 천지를 뒤덮으며 그들을 향해 다가오고 있었다.

죽림칠현 중에 누가 제일 먼저 사마의의 그물에 걸려들 것인가?

사마씨의 고압적인 정치 아래서 그들은 어디로 가야 할까?

7
그물에 걸리다

무엇을 좇을 것인가

고평릉의 변 이후 위나라는 명분상 아직 조씨 정권이었지만 실질적인 권력은 사마씨에게 넘어갔다. 조씨의 천하는 이름만 남아 있었다.

이 쿠데타는 해일처럼 혹은 지진처럼 산양에 은거하던 죽림의 명사들에게 커다란 충격을 주었다. 죽림칠현 중 대부분은 노장 사상을 좇으며 은거에 뜻을 두었지만 이제 은거의 자유마저 빼앗길 위기에 처했다.

옛말에 '나라에 법도가 있으면 벼슬을 하되 법도가 없으면 은거하라'라고 했다. 그러나 이 말은 일반적인 상황에만 적용될 수 있을 뿐이다. 사마씨가 통치하던 시기처럼 '나라에 법도가 없는' 상황이 극치에 달한 때에는 이 옛말을 반대로 말해야 한다. 즉 '나라에 법도가 있으면 은거해도 되고 법도가 없으면 필히 벼슬길에 나가야 한다'라고 말이다.

왜 그럴까? 사마씨는 '내게 복종하면 살고 반항하면 죽는다'라는 원칙을 내세우며 모든 이에게 햄릿 식의 '죽느냐, 사느냐?'의 선택을 강요했기 때문이다.

이런 상황에서는 정치를 등지고 은거하는 자체가 또 다른 정치적 행위였다. 독재자의 눈에 은거는 일종의 비협조의 표현이었다. 비협조는 반대를 의미했다. 물론 사마씨에게 반대는 곧 죽음이었다.

대량 학살 후 권력을 장악한 사마의는 민심을 달래기 위해 널리 인재를 초빙했다. 그러나 본질적으로 그것은 입장을 정하지 않고 독립을 견지하는 선비들에게 '태도 표명'을 강요하는 것이나 다름없었다. 선비들은 아군인지 적군인지 둘 중 하나를 선택해야 했다.

이런 상황은 상당한 공포 분위기를 조성했다.

당시 공주의 시아버지였던 이풍李豐은 매우 명망 있는 인물이었다. 그는 조씨와 사마씨의 권력투쟁에서 어느 편도 들지 않았다. 줄곧 조상과 사마의로부터 동일한 거리를 유지했고 누구의 환심도, 누구의 미움도 사지 않았다. 따라서 한동안은 물속의 물고기처럼 안전했다. 그러나 고평릉의 변이 일어난 후 상황이 달라졌다. 어느 날 이풍이 우연히 사마의를 만났다. 당시 조상 집단을 몰살할 의도로 막 상소를 올렸던 사마의의 태도는 기고만장했다. 이풍은 그의 기세에 눌려 다리도 제대로 못 가눴고 한동안 몸을 움직이지 못했다.

이 이야기에서 알 수 있듯이 권력투쟁을 하던 두 세력 사이에 승패가 정해지면 승자의 힘은 배로 증가하고 패자는 치명적인 타격을 받는다. 뿐만 아니라 중립을 지키던 사람들도 심각한 위협을 느낀다.

당시 천하의 선비들은 모두 자라 보고 놀란 가슴 솥뚜껑 보고도 놀란다는 말처럼 마음을 졸이고 있었다. 다음번에는 자기가 사마의의 사냥감이 될까 두려워했다.

당나라 태종太宗 때의 이야기 하나를 예로 들어보자.

일 년에 걸친 과거가 끝난 후에 태종은 단문端門에 서서 새로 합격한 진사들이 줄지어 들어오는 것을 보고 있었다. 그는 매우 만족해하며 말했다.

"천하의 영웅들이 내 사정거리(彀) 안에 들어왔구나."

이 말에서 '사정거리', 즉 '화살이 미치는 범위'를 가리키는 글자 '彀'(구)에는 함정이나 속임수라는 뜻도 있다. 따라서 '내 사정거리 안에 들어왔다'라는 말은 자기 손아귀 안에 있어 벗어날 수 없다는 의미이다. 당 태종의 이 말은 겉으로는 장엄해 보이지만 실제로는 권력자의 포악한 심리를 드러낸다.

당시의 사마의도 그와 같은 상태였을 것이다. 그는 자신이 벌인 대학살이 당시의 지식인들을 크게 실망시킨 것을 알고 있었다. 따라서 갖은 방법을 동원해 그들을 달래려 했다. 먼저 그는 조정에서 자신의 세력을 키우기 위해 많은 관료들의 지위를 높여주었다. 동시에 영향력 있는 초야의 인사들을 초빙하는 데 심혈을 기울였다.

이때 사마의는 죽림칠현 중 한 사람을 가장 먼저 주목했다.

바로 완적이었다.

사마의는 왜 완적을 마음에 들어 했을까?

그 이유는 세 가지다. 첫째는 완적의 명망과 재능 때문이었다.

둘째는 완적의 배경 때문이었다. 앞에서 완적의 아버지 완우가 일찍이 조조의 휘하에 있었으며 조씨 일가와 친밀한 관계를 유지했다는 점을 언급한 바 있다. 사마의도 조조의 부하였으므로 당연히 완우와 한때 동료 사이였을 것이다. 완우가 죽었을 때, 완적은 겨우 세 살이었다. 비록 역사서에서는 사마의와 완적의 관계를 설명하지 않지만, 사마의가 완적을 알고 있었을 뿐만 아니라 완적의 성장을 지켜보았을 수도 있다는 것은 어렵지 않게 추측할 수 있다. 어쨌든 사마의에게 완적은 오랜 동료의 아들이었다.

셋째가 가장 중요한데, 일 년 전 사마의의 정적인 조상이 완적을 자기편으로 끌어들이려고 참군에 봉했을 때 완적이 응하지 않았기 때문이었다. 조씨 일가와 관계가 밀접하면서도 조상의 회유를 거절한 이 인물을 불러 휘하에 둔다면 자신에게 매우 이로울 것이라고 사마의는 보았다.

이런 이유로 사마의는 완적이 정치적으로 이용할 가치가 있다고 판단했다. 그래서 조상 집단을 섬멸한 후 얼마 되지 않아 완적에게 서신을 보내 관직을 맡길 뜻을 밝혔다.

누가 보아도 이 부름은 일전의 장제와 조상의 부름과는 매우 달랐다. 두 손에 선혈을 가득 묻힌 망나니의 부름이었으니, 예를 갖춰 불렀다기보다는 거의 협박이었다.

두말할 필요 없이 완적은 진퇴양난에 빠졌다.

무엇을 버리고 무엇을 좇을 것인가? 이것이 문제였다.

완적은 과연 사마의의 부름에 응했을까?

이에 대한 대답은 나중에 하기로 하고 우선 완적의 시 두 구를 살펴보자.

다음은 완적의 「영회시」 제20수의 첫 두 구절이다.

양주楊朱는 갈림길에서 울었고,

묵자墨子는 염색한 실에 슬퍼했다.

이 구절은 두 가지 이야기를 인용하고 있다. 첫 번째는 전국 시대 양주楊朱의 이야기다. 어느 날 그가 외출을 했다가 갈림길을 만났다. 한쪽 길은 남쪽을 향했고 다른 쪽 길은 북쪽을 향했는데, 양주는 어떤 길을 갈지 주저했다. 그는 인생의 여러 가지 선택, 즉 영예와 치욕, 귀함과 천함, 성공과 실패, 옳고 그름 등이 이 갈림길과 똑같다는 생각이 들었다. 갈림길의 결정은 짧은 순간에 이뤄지지만 틀린 길을 택하면 처음에는 조금 벗어난 길이 나중에는 천 리나 벗어나게 된다. 이는 인생의 잘못된 선택과 다를 바가 없다. 생각이 여기에 미치자 양주는 슬픔을 금할 수 없어 선 채로 울기 시작했다. 이것이 '양주가 갈림길에서 울었다'는 이야기다.

두 번째는 묵자墨子의 이야기다. 어느 날 묵자가 실을 염색하는 것을 구경했다. 염색하기 전의 생사生絲는 하얗기 그지없었는데 안료에 넣자 노란색으로도 검정색으로도 변했다. 본래의 하얀색과는 완전히 달랐다. 묵자는 실을 염색하는 일이 비록 사소한 듯해도 신중하지 않을 수 없음을 깨달았다. 나아가 나라를 다스리는 일도 실을 염색하는 일과 다르지 않다고 생각했다. 결국 묵자는 비탄에 잠겨 탄식을 금치 못했다. 이것이 '묵자가 염색한 실에 슬퍼했다'는 이야기다.

양주의 울음이나 묵자의 비탄은 모두 인생의 선택, 혹은 그 선택의 고통을 시사한다. 완적이 자신의 시에서 이 두 가지 이야기를 인용한 것은 부득이한 선택과 그로 인해 잘못된 길로 들어서는 고통을 그가 철저히 인지하고 있었음을 설명한다.

서양의 실존주의 철학에서는 인간의 실존은 선택의 연속이며 선택은 자유라고 말한다.

만약 어떤 사람이 무엇을 태연하게 선택할 수 있다면 그것은 그가 일정한 자유를 갖고 있음을 뜻한다. 만약 선택의 자유를 빼앗긴다면 아무런 자유도 없는 것이다. 당시 완적은 선택의 자유를 빼앗긴 상태였다. 사마의의 폭정으로 인해 벼슬 아니면 은거라는 선택은 삶과 죽음의 선택으로 변해 있었다.

이제 완적이 과연 사마의의 부름에 응했는지 답할 수 있다.

당연히 응했다. 응하지 않을 수 없었다. 완적은 장제와 조상의 부름은 거절할 수 있었지만 사마의의 부름은 거절할 수 없었다. 그는 어디까지나 일개 서생이었고 사마의는 피의 권력자였기 때문이다. 사마의의 칼은 날카롭고 살기등등했다. 사마의의 부름을 거절하는 것은, 특히나 이런 결정적인 시기에 거절하는 것은 스스로를 살아 있는 과녁으로 만드는 것과 마찬가지였다. 죽음을 자초하는 것이나 다름없었다.

이것이 앞에서 말한 '나라에 법도가 없으면 반드시 벼슬길에 나가야 한다'의 의미이다.

어쩔 수 없이 완적은 은거의 삶을 정리하고 수도 낙양의 태부부太

傳府로 가서 사마의의 종사중랑從事中郎이 된다. 종사중랑은 회의에 참가하고 계책을 궁리하는 관직으로 지위가 장사長史, 사마司馬 다음이었다. 본래는 매우 중요한 관직에 해당되었지만 실제로는 권력자에게 아첨하는 게 일이었다. 업무를 볼 필요도, 정치적 성과를 낼 필요도 없었다. 명의를 걸어놓고 녹봉만 수령하면 그만이었다.

이때는 가평 원년(249)이었고 완적의 나이 마흔이었다. 이후 죽을 때까지 십수 년 동안 완적은 줄곧 사마씨의 손아귀에서 벗어나지 못했다.

여성 옹호자

사마의의 휘하에 들어가긴 했지만 완적의 마음은 여전히 고결했다. 그는 사마씨의 폭정의 공범이 되고 싶지 않았다. 그러나 목숨을 보전하기 위해서는 어쩔 수 없이 따르는 척 관직을 차지하고 앉아 녹봉을 축내야 했다. 이런 상황은 고고한 완적에게 크나큰 고통을 주었다. 이 고통은 완적의 여생을 계속 지배했다. 본래 괴상한 기질로 유명했던 완적은 고통을 발산하기 위해 더욱더 기괴하고 황당한 행동을 일삼았다.

당시 사마씨는 바야흐로 예법의 가치를 회복해 천하를 바로잡으려 했다. 조조가 '재능만 있으면 등용한다'는 정책을 펼친 후로 유교의 예법이 점차 쇠락해 붕괴 직전까지 이른 탓이었다. 그런데 완적은 예법을 전혀 상관하지 않고 마음 내키는 대로, 자기 방식대로 행동했다. 특히 여성을 대하는 그의 태도는 당시 사람들을 매우 놀라게 했다.

한번은 그의 형수가 친정집에 가려고 길을 나섰는데 완적이 기어이 십 리 밖까지 쫓아가 간곡히 작별인사를 했다. 이런 행동은 당시의 예법에 부합하지 않았다. 『예기』에는 "시동생과 형수 사이에는 중요한 일이 아니면 서로 교류해서는 안 된다"라는 규정이 있다. 이에 사람들이 비웃자, 완적은 "예가 어찌 내 삶을 위해 생겼더냐?"라고 하며 전혀 신경 쓰지 않았다. 이 말 속에 숨은 뜻은, 예법이라는 것이 통치자가 평범한 대중을 멋대로 부리기 위해 만들어진 도구라는 것이다.

또 다른 이야기를 살펴보자. 완적의 바로 이웃에 젊고 아름다운 부인이 주막을 열어 술을 팔고 있었다. 완적은 종종 왕융과 함께 그 주막에 가서 술을 마시곤 했다. 완적의 술버릇은 보통 사람과 달라서 한번 술을 마시기 시작하면 취할 때까지 마셔야 직성이 풀렸다. 그럼 술에 취해 쓰러지면 어떻게 했을까? 술에 취했다는 구실로 젊은 부인 옆에 누워 쿨쿨 자버렸다. 『예기』「곡례」曲禮에서는 "남녀가 같이 앉으면 안 된다"라고 규정하고 있다. 따라서 완적이 남의 부인 옆에서 잠든 것은 예의에 완전히 어긋난 행위였다. 그 부인의 남편은 당연히 완적을 의심했다. 그가 정말로 취한 건지, 술을 핑계로 부인에게 치근대는 것인지 궁금했다. 그래서 몰래 감시를 했는데, 결국 완적이 연기를 하는 것이 아니라 정말로 천진한 표정으로 곯아떨어진 것을 알고 그냥 내버려두었다.

물론 완적이 그 부인을 좋아했을 수도 있다. 분명히 그럴 것이다. 그렇지 않았다면 그렇게 자주 그 주막에 가서 술을 마시지는 않았을 것이고 술에 취했다고 그 부인 옆에 눕지도 않았을 것이다. 하지만 완적은 단지 소소한 낭만을 추구했을 뿐 음흉한 마음을 갖지는 않았다. 전체적으로 보면 당시의 예교와 맞지 않는 행동이었지만 그는 순수하기 그지없었다. 아마 세속에 구애받지 않는 행동을 통해, 예법에 속박된 사람들을 조롱하려는 의도도 있었을 것이다.

마지막으로 또 한 가지 감동적인 이야기가 있다. 완적의 집 부근에 딸 하나를 둔 병사 가족이 살았다. 그 딸은 예쁘고 재기발랄했지만 아쉽게도 시집도 가기 전에 일찍 죽었다. 완적은 그 집과 전혀 모르는 관계였지만 그 딸의 부음을 듣자마자 곧장 그 집의 장례에 찾아가 훌쩍훌쩍 울었다. 그러고는 실성한 것처럼 인사도 없이 돌아갔다.

세상에 유언비어처럼 무서운 것은 없다. 시집 못 간 딸아이의 장례식에 알지도 못하는 사내가 찾아와 한바탕 울고 갔다면 사람들이 어떻게 봤겠는가? 대체로 매우 저속한 소문이 퍼지기 십상일 것이다. 그러나 완적은 조금도 개의치 않고 마음껏 울었다.

완적이 너무 유치했던 걸까, 아니면 방탕했던 걸까? 혹시 근본적으로 문제가 있었던 것이 아닐까?

내가 보기에는 모두 아니었다.

본성에 따라, 또 마음을 좇아 행동하고 자연스럽게 자기 방식대로 사는 것. 다소 예의에 어긋나고 풍속에서 벗어나 사람들의 손가락질을 받아도 개의치 않는 것. 이것이 완적의 타고난 본성이며 가장 사랑스러운 부분이었다.

사실 요절한 소녀가 안타까워 비통하게 운 것이 뭐가 이상하단 말인가?

아울러 완적은 그 소녀 때문에 울었을 뿐만 아니라 모든 아름다움이 추해지고 모든 생명이 시드는 자연의 진리 때문에 울었을 것이다.

완적이 통곡하던 그 순간, 형식적이고 번거로운 예절은 그에게 모두 부자연스러운 것이 되었다. 삶의 비애와 고독만이 절절한 진실로 다가왔다.

누구나 알다시피 중국 고대에는 남존여비의 전통이 있었다. 남녀에 관한 예법에는 하나같이 여성에 대한 경시, 나아가 무시가 깃들어 있었고 백성들은 대부분 그것을 따랐다. 그러나 완적은 달랐다. 편파적인 예법을 초월했으므로 예법에서 소외된 약자, 특히 여성을 동정하고 비호할 수 있었다.

막다른 길에서 울다

세속과 동떨어진 듯한 완적의 기괴한 행동의 이면에는 맑고 또렷한 정신이 살아 있었다.

언젠가 완적은 하남성 형양滎陽 동북쪽에 있는 광무산廣武山에 올라간 적이 있었다. 그곳은 옛날에 초나라와 한나라가 싸운 전쟁터였다. 완적은 산 정상에 올라가서 유방과 항우가 대치했던 광무 계곡을 내려다보았다. 그는 만감이 교차함을 느끼며 화난 듯이 외쳤다.

"시대에 영웅이 없으니 하찮은 놈이 이름을 떨치는구나."

'하찮은 놈'이란 소인배를 경멸조로 일컫는 말이다.

이 말은 계속 논쟁거리가 되었다. 어떤 사람은 '하찮은 놈'이 유방을 가리킨다고 했고, 어떤 사람은 사마씨를 가리킨다고 했다. 나는 이 두 가지 의견이 다 옳다고 본다. 완적은 표면적으로 유방을 풍자함으로써 실은 사마씨를 비꼰 것이다.

완적의 이 말은 그가 괴이한 행동만 일삼는 것 같아 보여도 속으로는 명철한 식견을 갖고 있었음을 보여준다. 그는 역사에 대해서든 현실에 대해서든 놀랄 만큼 통찰력을 지닌 인물이었다. 그러나 이런 인물도 한번 운명의 장난에 휘말려 권력투쟁의 소용돌이에 빠진 다음에는 좀처럼 벗어나지 못했다.

공자의 말 가운데 "원한을 감추고 그 사람과 친구하는 것을 좌구명左丘明은 수치로 여겼다. 나 역시 수치로 여긴다"라는 구절이 있다. 노魯나라의 현인賢人 좌구명은 어떤 사람에 대한 반감을 숨긴 채 그 사람과 사이좋은 척하는 것을 수치로 여겼으며 공자도 그 말에 찬동한다는 뜻이다.

완적이 사마씨 밑에서 벼슬을 한 것이야말로 정확히 '원한을 감추고 그 사람과 친구하는 것'이었다. 경서經書를 공부해 이 구절을 아는 완적으로서는 너무나 부끄럽고 괴로웠을 것이다.

고결한 사람이 사악한 자와 손을 잡는 것, 그래서 명예와 자존심에 상처를 입는 것만큼 고통스러운 일이 세상에 또 있을까?

그리고 고통을 견뎌내려면 어떻게든 그것을 발산할 방법이 있어야 한다. 우리는 완적이 예법에 얽매이지 않고 자기 방식대로 행동하는 것을 보아왔다. 그것이 그가 고통을 발산하는 방법이었다. 이후 그의 삶은 점점 더 막다른 길에 몰렸고 그럴수록 그의 기행도 더 심해졌다. 『진서』「완적전」에는 그의 기이한 취미가 기록되어 있다.

> 때때로 마음 내키는 대로 혼자 수레를 몰았다. 지름길은 가지 않고 끝까지 수레를 몰다가 길이 다하면 이내 울음을 터트리며 되돌아왔다.

완적은 혼자 수레를 몰고 달리곤 했다. 어디가 어디인지 모를 때까지 가는 대로 내달렸다. 막다른 길에 닿을 때까지 달린 후에야 비로소 수레를 멈추고 하늘과 땅, 산과 들을 향해 목청껏 소리 내어 슬피 울었다. 그러다가 진이 다 빠지면 말머리를 돌려 집으로 되돌아왔다.

맹자는 일찍이 "올바른 길을 버리고 가지 않는구나, 슬프도다"(『맹자』「이루 상」離婁上)라고 말했다. 그러나 완적에게 '올바른 길'이란 어디에도 없었다.

이 이야기는 그야말로 한 시대의 우화로서, 난세에 처한 완적의 비극적 운명을 상징한다.

막다른 길에서의 완적의 울음은 갈림길에서의 양주의 울음보다 훨씬 고통스럽고 절망적이다. 양주는 단지 잘못된 길로 들어설까 두려워 울었지만, 완적은 이미 잘못된 길로 들어섰을 뿐만 아니라 더 이상 갈 데도 없었다.

갈 수 있는 한 가지 길이 더 있기는 했다. 죽음의 길이었다. 그러나 완적은 자연을 추구하고 생명을 소중히 여기는 사람이었다. 사람의 생명은 자연이 결정하는 것이므로 온전히 생명을 보전하는 것이 자연에 순응하는 길이라고 믿었다.

사는 것이 괴롭고 고통스럽지만 그렇다고 죽을 수도, 죽기를 원하지도 않았던 것이 완적의 삶의 비극이었다.

시에 담은 고통과 근심

다행히 완적은 시를 통해 마음의 근심을 발산할 수 있었다.

완적은 당시 최고의 시인이었으며 그의 「영회시」 여든두 수는 깊은 사상과 한 맺힌 호소로 유명하다.

당시의 정치 상황이 몹시 암담했던 탓에 시가 매우 복잡하고 이해하기 어렵지만, 각 행간에는 삶의 애달픈 심정이 가득하다. 「영회시」 제1수를 보자.

밤중에 잠 못 이루고

일어나 앉아 거문고를 탄다.
엷은 휘장에 달빛 비치고
맑은 바람이 옷깃에 불어온다.
외로운 기러기는 들 밖에서 울고
빙빙 돌며 나는 새는 북쪽 숲에서 운다.
배회한들 무엇을 보리,
근심 걱정에 홀로 마음 상할 뿐.

이 시가 언제 어디서 지어졌는지는 정확하지 않다. 그러나 이 시에서 시인은 지극히 강한 상징성으로 마치 난세의 정신을 묘사하는 듯하며, 시에서는 시인의 깊은 고독감과 슬픔이 몸서리쳐질 만큼 절절하게 전해진다.

이어서 「영회시」 제3수에서는 삶의 고단함과 초조 그리고 공포가 표현된다.

수려한 나무 아래 오솔길이 생겨
동쪽 과수원의 복숭아나무와 자두나무에 이른다.
가을바람 불어 콩잎을 흩날리니
몰락은 이로부터 시작되는구나.
초췌한 가운데 생명의 번성이 있어
마당에서 싸리나무가 자라난다.
말을 몰아 끝까지 내달려

서산 밑자락에 닿는다.
내 한 몸도 보존 못하는데
어찌 처자식을 그리워하리.
서리가 들풀에 엉기는 것을 보니
올해가 저물어야 처자식을 말할 수 있겠네.

젊음은 훌쩍 지나가고 삶은 무상하다. 신분과 목숨을 유지하기도 힘든데 어찌 아내와 자식을 돌볼 겨를이 있겠는가? 이것은 절대로 엄살이 아니다. 사실의 묘사다. 이어서 「영회시」 제33수를 보자.

낮 그리고 밤.
밤 그리고 아침.
안색이 평소와 다르고
정신이 저절로 혼미해진다.
끓는 물 타는 불같은 열정을 품어야
변화가 스스로 찾아오겠지.
세상 일이 끝없는 정점으로 치달으니
삶의 고통도 얼마 남지 않았으리.
하지만 잠깐의 두려움에도
영혼은 바람 따라 흩날린다.
평생토록 살얼음을 걸었는데
누가 이 초조한 마음을 알까.

이 시가 언제 쓰였는지는 정확하지 않다. 아마도 완적의 노년 작품일 것이다. 「영회시」 여든두 수는 모두 사마씨 통치 아래에서의 완적의 고달픈 삶을 보여준다. 언제나 살얼음을 걷는 듯한 초조함, 그림자처럼 따라다니는 죽음의 공포를 예리하게 표현한다. 독자들은 그의 시를 읽으며 질식할 것 같은 중압감을 느끼게 된다.

완적은 폭정의 공포 속에서 중국 고대의 지식인들이 어떻게 목숨을 부지했는지 보여주는 살아 있는 표본과도 같다.

사마의의 죽음

완적의 운명은 변할 수 있었을까?

그것은 숨 막히는 백색 공포가 변할 수 있느냐에 달려 있었다.

그리고 사마의가 언제 죽느냐에 달려 있었다.

다행히 그날은 곧 다가왔다. 완적이 사마의의 휘하에 들어간 지 이 년 만인 가평 3년(251) 8월, 사마의가 낙양에서 숨을 거뒀다. 고평릉의 변이 일어난 지 이 년 반 만이었다.

사마의의 죽음의 원인은 첫째 노환이었다. 누구도 피할 수 없는 자연의 법칙이었다. 둘째는 악몽이었다. 사마의는 조씨 정권을 섬겼던 어느 신하의 원혼에 놀라 죽었다.

그 신하는 왕릉王淩이었다.

왕릉은 관록 면에서 사마의보다 아래가 아니었다. 나이도 사마의보다 여덟 살이나 많았다. 그는 일찍이 조조 밑에서 조조의 비서 격인 승상부 주부主簿를 담당했다. 또한 조비와 조예 시대에는 여러 주州의 자사를 역임했고, 조방이 황위에 오른 뒤에는 거기장군車騎將軍, 사공, 태위에 오름으로써 지위도 삼공에 이르렀다. 더구나 왕릉은 수중에 막강한 군대를 장악하고 있었다. 회남淮南의 요지인 수춘壽春(지금의 안휘성 수현壽縣)에 장기간 그 군대를 주둔시키면서 위나라 전체에 큰 영향력을 발휘했다.

왕릉과 사마의는 원래 오랜 친구였다. 서로 속내를 잘 알고 있었고 한때 두 사람 다 위나라 조씨 정권의 충신을 자처했다.

그러나 고평릉의 변 이후 왕릉은 사마의에게 황제의 자리를 찬탈할 마음이 있다는 것을 알아챘다. 당시 황제 조방은 스물이 되었지만 사마의의 꼭두각시에 불과했다. 나라의 중요한 일을 결정할 때마다 사마의를 조정에 불러 의견을 묻곤 했다. 그러면 사마의는 지병을 핑계 삼아 자주 이를 회피했고, 조방은 어쩔 수 없이 친히 사마의의 집으로 가서 자문을 구했다.

이때 사마의는 거의 태상황太上皇(자리를 선양하고 물러난 황제)보다 더 강력한 권력가였다.

나약하고 무능한 황제는 어쩔 수 없이 사마의의 관직과 직위를 계속 높여주었다. 심지어 사마의에게 '구석九錫의 예'를 하사하려고 했다. '구석'이란 황제가 제후나 큰 공을 세운 신하에게 아홉 가지 은전恩典을 하사하는 것을 말한다. 구석의 예는 고대에 가장 높은 예우를 상징했다. 물질적인 보상일 뿐만 아니라 권력의 상징이기도 했다. 이전에 왕망, 조조, 손권 등도 모두 이 구석의 예를 받았다.

어떤 신하가 구석을 하사받는다는 것은 곧 그의 공적이 높고 권세가 황제를 압도한다는 것을 의미했다. 따라서 구석을 하사받은 신하가 황위를 찬탈하고 대권을 손에 쥐는 일이 이어지곤 했다.

그러면 사마의는 구석의 예를 받았을까?

받지 않았다. 그는 아직 시기가 무르익지 않았다고 판단했다. 하지만 그가 황제의 자리를 빼앗으려는 낌새는 곳곳에서 드러나고 있었다. 위나라의 충신을 자처하던 왕릉으로서는 당연히 용납할 수 없는 일이었다.

왕릉은 당시 연주자사였던 자신의 생질 영호우令狐愚와 비밀 모의를 했다. 조조의 아들 초왕楚王 조표曹彪를 황제로 추대해 사마의의 꼭두각시 황제 조방을 교체하려 했다. 이를 통해 우리는 조상 집단이 섬멸된 뒤에도 조씨와 사마씨의 권력투쟁이 계속되었음을 알 수 있다. 다만 권력투쟁의 형세가 변했을 뿐이었다. 조씨의 신하가 조씨 왕족을 옹립해 사마씨와 싸우게 된 것이다.

황제를 폐위시키려 하는 것은 잘못하면 모반으로 몰려 구족이 멸할 수 있는 큰일이었다. 당시 여든에 가까웠던 왕릉이 이런 위험을 무릅쓰고 필사적으로 그 계획을 추진한 것을 보면 그의 위나라에 대한 충성과 사마씨에 대한 반감이 어느 정도였는지 알 수 있다.

왕릉의 계획은 어느 정도 주도면밀했다. 먼저 영호우를 시켜 사람을 보내서 초왕 조표와 연락하게 했다. 조표는 이 계획을 묵인하겠다는 신호를 보냈다. 다른 한편으로 왕릉은 낙양에 사람을 보내 아들 왕광王廣과 거사를 협의했다. 왕광은 사리에 밝은 사람이었다. 사마씨의 지위와 권력이 대단하다는 것을 파악하고 왕릉에게 경거망동하지 말 것을 권고했다. 그런데 공교롭게도 얼마 안 되어 주모자 중 한 명인 영호우가 급환으로 세상을 떠났다. 그의 뒤를 이어 연주자사가 된 인물은 황화黃華였다. 왕릉은 절대로 황화를 죽은 생질인 영호우와 똑같이 취급해서는 안 되었다. 그러나 경솔하게도 부하를 보내 황화와 연락을 취하고 자신의 계획을 귀띔하는 실수를 저질렀다. 황화는 우둔하지 않았다. 곧장 이 거대한 음모를 사마의에게 보고했다.

사마의는 크게 노해 즉시 대군을 거느리고 뱃길을 따라 왕릉을 토벌하러 가는 동시에 투항하면 죄를 사면해주겠다는 속임수를 써서 왕릉의 저항을 약화시켰다. 왕릉은 사마의의 말을 진실이라고 믿고 그를 영접하기 위해 작은 배를 타고 나갔다. 뜻밖에도 배가 접근하기도 전에 사마의는 부하를 시켜 배를 저지한 뒤 삼십 미터의 거리를 유지하게 했다.

사마의가 자신을 살려두지 않으리라는 것을 직감한 왕릉이 말했다.

"그대가 나를 저버렸군."

약속을 지키지 않았다는 힐책이었다. 이에 사마의가 말했다.

"나는 경을 저버릴 수 있을망정, 나라를 저버리지는 않소."

이런 말이 사마의의 입에서 나왔다는 것 자체가 블랙유머이다.

옛말에 '갈고리를 훔친 사람은 사형에 처해지고 나라를 훔친 사람은 제후가 된다'고 했다. 나라를 훔친 도둑이 가장 되고 싶어 하는 배역이 바로 애국자이다.

프랑스 대혁명 시기, 정치가 롤랑 부인이 말한 명언이 있다. "자유여, 자유여, 얼마나 많은 죄악이 너의 이름을 구실로 저질러졌는가."

이 말은 사마의의 경우에 이렇게 바꿀 수 있을 것이다. "국가여, 국가여, 얼마나 많은 죄악이 너의 이름을 구실로 저질러졌는가."

그러나 왕릉은 아직 희망을 버리지 않았다. 모반을 꾀하긴 했지만 실행에 옮기지는 않았으니 사마의의 말 한마디에 자신의 생사가 결정되리라고는 믿지 않았다. 그는 넌지시 사마의의 속마음을 떠보았다.

"아무래도 나는 죽음을 면하기 어려울 것 같소. 태부께서는 내 관에 박을 못이나 몇 개 하사해주시구려."

놀랍게도 사마의는 즉시 부하를 시켜 그에게 못을 건넸고, 이어서 수백 명의 병사들로 하여금 그를 벌하기 위해 수도로 데려가게 했다.

완전히 낙심한 왕릉은 끌려가던 중 항현項縣(지금의 하남성 침구沈丘)을 지날 때 스스로 독주를 마시고 죽었다.

대군을 이끌고 수춘에 입성한 사마의는 음모에 가담한 사람뿐 아니라 그들의 삼족을 멸했다. 초왕 조표도 공범으로 몰려 사약을 받았다. 이어서 왕릉, 영호우의 무덤을 파헤치고 그들의 관을 쪼개어 사흘 동안 시체를 밖에 내놓았다. 왕릉의 아들 왕광도 연루되어 살해되었다.

이 숙청으로 또 수백 명이 목숨을 잃었다. 사마의의 잔인함은 극에 달했다.

비록 왕릉은 거사를 이루지는 못했지만 사마의에게 큰 타격을 입혔다. 여든의 고령에도 불구하고 그는 과감하게 사마의에게 생사의 승부수를 던졌다. 이는 사마의에게 경종을 울리기에 충분했다. 사마의는 자기가 생사여탈의 절대 권력을 쥐고 있기는 하지만 도덕과 정의가 자기편이 아님을 알고 있었다. 그리고 조씨를 옹호하고 사마씨에 반대하는 세력이 여전히 강력하다는 것, 그들은 언제든지 조씨와 연합해 자신에게 치명타를 가할 수 있다는 것을 인식했다.

사마의는 조씨 왕족과 그 신하들이 다시 손을 잡는 것을 막기 위해 위나라의 제후와 고관을 모두 체포해 업성鄴城으로 압송하도록 명했다. 아예 위험의 뿌리를 제거할 작정이었다. 그는 그들을 연금시키고 감시인을 붙여 서로 왕래하지 못하게 했다.

이렇게까지 했는데도 사마의는 불안감을 지우지 못했다. 그러다가 그해 8월 어느 날, 왕릉에게 목숨을 빼앗기는 꿈을 꾸었다. 그는 이때 혼이 나갈 만큼 놀랐고 머지않아 갑자기 숨을 거뒀다. 그의 나이 일흔셋이었다.

사마의의 돌연한 죽음은 나쁜 짓을 많이 하면 죽음을 자초한다는 옛말에 부합한다.

그러면 사마의가 죽은 뒤 완적은 새장 속에서 벗어나 자유를 얻었을까?

8
먹구름에 뒤덮인 낙양성

다시 사마씨의 그물에 걸려들다

완적이 사마의의 부름을 받아 종사중랑을 맡은 지 이 년 만에 사마의는 숨을 거뒀다.

사마의의 죽음은 원래 완적에게 대단히 경사스러운 일이어야 마땅했다. 요즘 말로 표현하면 직장이 없어져 고용계약서가 자동적으로 폐기된 것과 마찬가지였다. 남에게 얹혀사는 세월, 남이 시키는 대로 하며 사는 세월, 살얼음 위를 걷는 듯 두려움에 떠는 세월은 이제 끝인 것 같았다.

역사서에는 기록되어 있지는 않지만 사마의가 죽은 후 분명히 완적은 결심을 하고 실행에 옮겼던 것으로 보인다. 사마씨의 녹봉을 받는 생활을 깨끗이 청산하려 했다.

그런데 『진서』「완적전」에는 뜻밖에 이렇게 적혀 있다.

> 황제가 세상을 떠나자 그는 경제景帝를 위해 다시 대사마 종사중랑을 맡았다.

'황제'는 사마의를 말하며 뒤에 나오는 '경제'는 사마의의 맏아들 사마사를 가리킨다. 다시 말해 사마의가 죽고 나서 그의 직위를 계승한 사마사가 완적을 다시 불러들여 이름만 걸어놓는 한직인 종사중랑을 또 맡겼다는 이야기다.

이 기록은 우리를 허탈하게 하기는 하지만 의심할 여지없이 명백한 사실이다.

우리는 이렇게 물을 수도 있다. 완적이 감히 사마의의 부름을 거절 못한 것은 이해할 수 있지만 왜 사마사의 부름까지 따른 것일까?

이 물음의 해답을 얻으려면 먼저 사마사가 어떤 인물이었는지 알아야 한다.

그 아버지에 그 아들이라는 말이 있듯이 사마사도 평범한 인물은 아니었다. 탁월한 재능을 지닌 큰 인물은 아니었지만 적어도 위진 시대의 정국에 중요한 영향력을 발휘했다. 사마사의 조치들은 모두 사마씨의 황위 찬탈을 위한 기초가 되었다. 사마씨 가문의 입장에서 보면 그들이 천하를 얻는 과정에서 사마사는 이등 공신의 역할을 했다고 말할 수 있다.

『진서』 「경제기」景帝紀의 기록에 따르면 사마사는 "풍채가 고상하며 침착했고 끈기가 있으며 지략이 많았다." 젊었을 때부터 이름이나 당시의 명사인 하후현, 하안과 함께 명성을 떨쳤고, 어머니 장춘화가 세상을 떠났을 때는 탈상까지 일체의 오락과 교제를 삼간 효자였다.

옛말에 '충신은 반드시 효자로부터 나온다'라고 했지만 사마사는 효자이긴 해도 충신은 아니었다. 오히려 역적이었다. 어떤 속담은 사실과 다른 것 같다.

사마사는 아버지 사마의를 닮아 속이 깊고 교활한 책략에 능했다. 또한 부친의 야심을 가장 잘 이해해 일찍부터 그를 도와 준비 작업을 했다. 앞에서 사마사가 고평릉의 변 이전에 병사 삼천 명을 암암리에 모집해 훈련시켰다고 언급한 바 있다. 일단 그는 병사들을 흩어져 살게 하고 고평릉의 변 때, 일시에 모여 자신을 돕게 했다. 이 병사들은 마치 하늘에서 떨어진 것처럼 갑자기 출현해 조상 집단에 치명타를 가했다.

고평릉의 변의 뒷이야기에서 우리는 사마사의 사람됨을 알 수 있다. 고평릉의 변을 준비하면서 사마의는 대단히 신중하게 비밀리에 일을 추진했다. 두 아들 중 사마사만 계획에 참여시키고 둘째 아들 사마소에게는 사건의 내막을 전혀 알리지 않았다. 고평릉의 변이 일어나기 전날 밤에야 사마의는 이 중대한 비밀을 사마소에게 귀띔했다.

그날 밤 사마의는 부하를 통해 두 아들의 반응을 관찰했다. 사마사는 차분하고 침착했으며 여느 때와 똑같이 편안하게 잠들었다. 반면에 사마소는 이리저리 뒤척이며 잠을 이루지 못했다. 사마의는 두 아들의 차이를 발견했다. 다음날 사마사는 어느새 사마씨의 저택 대문 앞에 병사들을 소집해 질서정연하게 지휘하고 있었다. 이것을 보고 사마의는 “이 아이는 정말 기특하군”이라고 말하며 감탄을 금치 못했다고 한다. 아마도 이때부터 사마의는 장남 사마사를 자신의 후계자로 점찍었을 것이다.

사마의가 세상을 떠나자 사마사는 대장군으로 진급하는 동시에 시중까지 겸해 군사와 행정의 대권을 한 손에 쥐었다. 이때 그의 나이는 마흔다섯밖에 되지 않았다. 그는 사마의와 마찬가지로 관리 체제를 정비하고 널리 인재를 불러 모았다.

그의 수법은 사마의에 비해 더 강경하면 강경했지 못하지는 않았다. 그 실례를 살펴보자.

당시 이희李喜라는, 덕행과 재능이 모두 뛰어난 명사가 있었다. 사마의는 그를 자신의 부하로 삼고자 했지만 그는 지병을 핑계로 거절했다. 대장군이 된 사마사는 부친이 뽑는 데 실패한 이 인물을 데려오고 싶었다. 그래서 종사중랑을 맡으라고 통고했다. 뜻밖에도 이희는 서둘러 달려와 그 직책을 맡았다. 사마사는 이희를 보자마자 물었다.

"일찍이 나의 부친께서 그대를 부를 때는 단호히 오지 않더니, 이번에는 어찌하여 온 거요?"

이희는 뛰어난 인물답게 비굴하지도 거만하지도 않은 태도로 말했다.

"이유는 매우 간단합니다. 공의 부친께서 저를 부르실 때는 예로써 대하셨으므로 저도 예로써 처신할 수 있었습니다. 그런데 지금 공은 저를 부르실 때 법으로 다스리고자 하셨습니다. 저는 법을 거스를까 두려워 감히 오지 않을 수 없었습니다."

이 이야기는 사마사가 인재를 부르는 방법이 사마의보다 훨씬 강제적이었음을 설명한다. 그는 상대가 동의를 하든 말든 자신의 주장을 관철시켰다. 매우 독단적이고 예의가 없었다.

완적은 사마씨 가문과의 오랜 관계로 인해 어떤 위협을 받지는 않았지만 이미 사마의 밑에서 종사중랑을 지냈으므로 사마사의 부름도 거절할 명분이 없었다. 그리고 사마사처럼 이제 막 절대 권력을 장악한 인물에게는 권위를 세우고 위세를 떨치는 것이 무엇보다도 중요한 일임을 알고 있었다. 이럴 때 협조하지 않으면 도전하는 것으로 간주되기 쉬웠다.

완적은 또다시 싫은 일을 떠맡을 수밖에 없었다. 그리하여 사마사의 휘하에 들어가 종사중랑이 되었다.

스스로 그물에 들어가다

완적이 사마사의 휘하에 들어간 지 얼마 되지 않아 가평 4년(252)에 죽림칠현의 또 다른 핵심 인물이 사마사의 그물에 걸려들었다.

그는 산도였다. 『진서』「산도전」에는 이렇게 기록되어 있다.

> 산도와 선목황후는 이종사촌 사이였다. 이에 그는 경제를 보러 왔다.

선목황후는 사마의의 부인 장춘화를 말한다. 이 기록은 그가 완적처럼 벼슬을 강요당한 것이 아님을 말해준다. 산도는 자청해서 사마사를 만나기를 청했고, 더구나 장춘화와의 외척 관계를 이용했다. 산도는 사마사보다 세 살이 더 많았다. 그는 대장군 사마사의 이종사촌 형의 자격으로 찾아간 것이다. 따라서 산도가 사마사의 그물에 걸려들었다고 표현하는 것은 정확하지 않다. 스스로 사마사의 그물로 들어갔다고 말해야 할 것이다.

우리는 습관적으로 죽림칠현을 은사들의 집단으로 보는 경향이 있다. 그러나 실제는 그렇게 단순하지 않다. 죽림칠현 일곱 명은 이르든 늦든 모두 관리가 된 적이 있는 까닭이다. 누구는 위나라의 관리였고 또 누구는 진나라의 관리였다. 그러므로 엄밀한 의미에서의 은사는 아무도 없었던 셈이다. 죽림칠현에서 혜강과 완적은 같은 부류에 속했다. 도가 사상의 영향을 깊게 받아 줄곧 은거를 자신들의 이상으로 삼았다. 그러나 산도는 달랐다. 정치적 포부가 있는데도 사정이 여의치 않아 할 수 없이 은거를 했다. 그는 기회가 되면 언제든 정치에 투신해 큰일을 하려는 야심이 있었다. 왕융 같은 경우도 어린 나이에 죽림칠현에 합류해 함께 즐긴 것이었을 뿐 은거에 뜻이 있었다고는 할 수 없다. 산도나 왕융은 훗날 관리가 되었을 뿐 아니라 관운도 형통했다. 둘 다 관직이 삼공에 이르렀다. 반면에 나머지 세 명인 유영, 완함, 상수는 아무 정치적 이념도 없이 그저 내키는 대로 자신을 자연에 맡기고 살았다.

이런 점을 고려할 때, 죽림칠현을 뜻을 같이한 은사 집단으로 보는 것은 사실과 부합하지 않는다. 그들은 한때 교분을 나눈 친구이지 동일한 정치적 이익 집단에 속하지는 않았다. 한 사람 한 사람이 자신만의 상대적 독립성을 갖고 있었다. 따라서 완적과 산도가 사마씨 정권에서 관리가 된 것은 죽림칠현의 다른 사람들에게 결코 우정이나 정치적인 배반을 의미하지 않았다. 개인적으로는 다들 여전히 좋은 친구 사이였다.

그런데 산도는 왜 스스로 사마사의 휘하에 들어간 걸까?

나는 산도가 당시 상당한 스트레스를 받고 있었으리라고 본다. 그 스트레스는 두 가지로 나뉜다.

첫 번째는 외적 스트레스였다.

조상 세력이 사라진 그때, 사마씨는 단독으로 전횡을 일삼았다. 예전처럼 줄서기를 하는 일은 있을 수 없었다. 사마씨는 마치 양 치는 개처럼 양 떼를 한 우리에 몰아넣는 놀이를 했다. 왕릉처럼 복종을 거부하는 자들을 숙청하는가 하면, 반대로 끊임없이 사람들을 포섭해 자기편으로 끌어들였다. 이희처럼 민간에 흩어져 사는 명사들을 압박해 울며 겨자 먹기로 관직을 받아들이게 한 것도 그 일환이었다. 완적 같은 사마씨 가문의 옛 신하들은 마치 유산처럼 사마사에게 계승되었다.

이런 정책은 딱 '당근과 채찍'을 연상시킨다.

그렇다면 예전에 줄을 잘못 섰던 산도가, 더구나 사마씨 가문의 이종사촌인 그가 평온하게 은거할 수 있었겠는가? 사마의가 살아 있을 때 산도가 세상에 나오지 않았던 것은 사실 사마의가 그를 안중에 두지 않아 적극적으로 부르지 않은 까닭이다. 지금은 사마의가 죽고 사마사가 정권을 잡았다. 사마사는 극구 간청을 해서 산도를 불러낼 인물이 아니었다. 당근을 먹을지 채찍을 맞을지 선택해야 했다. 이것이 외적 스트레스였다.

두 번째는 내적 스트레스였다.

산도는 여러 해 은거를 하긴 했지만 원래 정치적 포부가 있었기에 아내 한씨에게 자기는 꼭 삼공이 될 거라고 허풍을 떨었다. 산도는 자기 말에 책임을 져야 했다. 허풍을 떤 것을 실행에 옮겨야 했다. 이것이 내적 스트레스, 즉 가정의 스트레스였다.

산도 자신으로부터 기인한 내적 스트레스도 있었다. 산도는 마흔 살이 되어 비로소 관계에 입문해 삼사 년간 관리 생활을 하긴 했지만, 갑자기 관직을 버리고 은거했다. 그후로 순식간에 사 년이 흘러 산도는 당시 벌써 마흔여덟 살이었다. 한마디로 오십을 바라보는 나이였다. 옛날 성현들은 오십이면 지천명知天命이라고 하기도 했고, 군자가 가장 두려워하는 것은 자기 재능을 못 펼치고 이름 없이 죽는 것이라고 하기도 했다. 이런 생각들이 머릿속에서 울려대니 심란하지 않을 수 없었다. 산도는 더 이상 지체할 수가 없었다.

이 밖에도 산도가 갖가지 염려를 떨치고 사마사에게 스스로를 추천한 데에는 또 한 가지 중요한 이유가 있었다. 이는 산도가 당시의 정치 상황을 신중하게 분석하고 판단해 얻은 결론이기도 했다. 즉 위나라 조씨 황실은 서산에 지는 해처럼 갈수록 기울고 있으며 반대로 사마씨 세력은 점점 강해지고 있다는 사실이었다. 그래서 머지않은 장래에 분명 조씨에서 사마씨로 왕조가 바뀔 것이며 그것은 되돌리기 힘든 역사의 추세라는 것이 그의 결론이었다.

앞뒤를 다 재어보고 산도는 큰 포부를 안고서 사마사에게 투신하기로 마음먹었다.

사마사는 당연히 산도의 합류를 크게 기뻐했다. 어찌되었든 산도는 이름난 선비였고 더구나 친척 형이기도 했다. 산도의 합류는 사마씨 정권이라는 천칭에 저울추를 보태는 격이었다. 당시 사마사는 의미심장하게 "여망呂望이 벼슬을 하려 하는가?"라는 말을 했다고 한다.

여망은 그 유명한 강상姜尙, 즉 강태공이다. 강태공은 나이 팔십까지도 관리로 중용되지 못해 위수渭水 강변에 은거하며 매일 낚시질을 했다. 그가 사용한 낚싯바늘은 구부러지지 않고 곧았으며 미끼도 없었다. 그는 낚시질을 하며 "강태공이 낚시를 한다. 원하는 물고기는 알아서 낚싯바늘에 걸려들어라"라고 중얼거렸다. 주나라 문왕文王은 강태공이 현인이라는 말을 듣고 귀한 선물을 준비하고 목욕재계를 한 다음 그에게 가서 세상에 나와줄 것을 청했다. 나중에 강태공은 주나라 문왕을 보좌해 주나라를 진흥시키는 한편, 상商나라 주왕紂王을 응징하는 것을 도왔다. 주 왕조 건립에 일조를 한 것이다. 그 공으로 강태공은 제齊나라에 봉해져 그 시조가 되었다.

강태공은 고대 중국의 걸출한 정치가이자 군사가였다. 사마사는 산도를 강태공으로 추켜세울 만큼 그의 지혜와 재능을 중시했다. 동시에 사마사는 이 말로 넌지시 자신의 희망을 밝힌 셈이기도 했다. 강태공이 문왕을 보좌한 것처럼 산도 역시 사마씨를 보좌해 새 왕조를 세워줄 것을 바랐다.

이는 분명 산도를 '집안사람'으로 인정한 것이었다.

사마사는 급히 사례교위에게 명해 산도를 수재秀才로 선발하게 했다. 수재의 신분으로 산도는 순조롭게 낭중이 되었다. 이후 그는 승승장구해 여러 요직을 역임하면서 사마씨 정권의 주요 인물이 된다.

지금까지 죽림칠현의 핵심 인물 두 명이 자발적이든 수동적이든 간에 사마씨의 휘하에 들어간 것을 살펴보았다. 그렇다면 또 다른 핵심 인물인 혜강은 어떻게 되었을까?

혜강의 처지가 나빠진 것은 두말할 필요도 없다. 고평릉의 변 이후 조씨 정권은 유명무실해지고 황제는 꼭두각시로 전락했으니, 조씨 가문의 사위인 혜강의 심정이 어떠했을지는 가히 짐작이 간다. 그리고 하안은 혜강의 처 장락정주의 고모부였다. 그의 비극에 혜강은 결코 무심할 수 없었다. 아내가 훌쩍이며 눈물로 날을 지새우는데 남편이 어떻게 편안할 수 있겠는가?

사마사의 집정 기간은 길지 않았지만 내내 피비린내가 진동했다. 그로 인해 혜강은 은거를 포기하고 영웅의 끓는 피를 분출한다. 군사를 일으켜 사마사와 맞서 싸우려고 했던 것이다. 이는 대단히 무모한 행동이었다.

혜강은 왜 그런 모험을 감행했을까? 또 그 결과는 어땠을까? 그러려면 먼저 하후현 사건부터 살펴봐야 한다.

하후현 사건

하후현은 당시 가장 저명한 인물 중 한 명이었다. 삼국 시대의 명장 하후상夏侯尙의 아들로 그의 어머니는 조조의 양녀이자 대장군 조진의 여동생이었다. 따라서 그의 어머니는 조상의 고모이기도 했으므로 하후현은 조상과 고종사촌 사이였다. 저명한 현학가로서 정시 연간에 하안, 왕필과 함께 '정시 명사'正始名士로 불렸던 하후현은 성품이 고매한 데다 빼어난 용모로도 유명했다.

하후현은 조상에 의해 정서장군征西將軍으로 발탁되어 촉나라를 정벌한 적도 있고, 정치 수완도 있어서 일찍이 사마의와 치국의 책략을 논한 적도 있었다. 그때 사마의는 그의 논리 정연한 언변에 크게 감탄했다. 하지만 고평릉의 변이 일어나자 하후현은 조상과 연루될까 두려워 전전긍긍했다. 나중에는 낙양으로 소환되어 관료 생활을 해야 했는데, 줄곧 몸을 낮추고 친구들과의 연락도 거의 끊었다. 사마씨의 의심을 받을까 두려운 탓이었다.

사마의가 죽고 나서 한 친구가 하후현을 위로하며 말했다.

"이제 더 걱정할 필요가 없게 되었네."

하후현은 길게 탄식하며 말했다.

"자네는 모르네. 사마의는 그래도 나를 후배로 대했지만 사마사, 사마소 형제는 나를 용납하지 않을 걸세."

하후현은 이처럼 자신과 상대를 잘 알았으므로 계속 몸을 낮추고 있어야 했다. 그러나 황위 찬탈을 노리는 사마사의 야심이 점점 백일하에 드러나고 몇몇 적극적인 인물들이 충동질을 하면서 결국 하후현은 다시 희망을 품고 사마사의 가장 강력한 정적이 되었다.

정원正元 원년(254) 1월, 중서령中書令 이풍이 사마사에게 도전했다. 원래 그는 사마의만 보면 놀라 두 다리를 떨던 인물이었다. 그의 아들 이도李韜가 공주를 아내로 얻은 까닭에 이풍은 황제의 외척이기도 했다. 한편 대신 장집張緝도 그의 편에 섰다. 장집은 황후의 부친이자 황제의 장인으로서 광록대부光祿大夫를 맡고 있었다. 이도와 장집은 일찍부터 사마사의 전횡에 불만을 품고 있었고 둘 다 특수한 신분이었으므로 자신들이 황실의 안위를 책임져야 한다고 믿었다. 그래서 황제의 측근인 소삭蘇鑠, 악돈樂敦, 유현劉賢과 비밀 모의를 해, 큰 행사를 열고 그 자리에서 사마사를 죽인 뒤 하후현을 대장군으로 추대하자고 결의했다.

엄밀히 말하자면 하후현 사건은 조씨와 사마씨의 권력투쟁의 연장선상에 있었다. 다만 이번에는 한 단계 업그레이드되었다. 벌써 스물다섯 살이 된 황제 조방도 이 모의에 참여했기 때문이다. 더는 꼭두각시 황제 노릇을 참을 수 없었던 것이다.

그러나 낮말은 새가 듣고 밤말은 쥐가 듣는 법이다. 사마사의 눈과 귀로 일하는 밀정들이 그저 밥만 축내고 있지는 않았다. 이 모의는 매우 빨리 발각되었다. 사마사는 당장 무예가 뛰어난 자객을 보내 이풍을 초대했다. 이풍은 속임수인지도 모르고 자객을 따라왔고 사마사는 그를 보자마자 자객에게 죽이라고 명했다. 자객은 이풍을 난도질해 저세상으로 보냈다.

이어 사마사는 대학살을 단행한다. 하후현, 장집, 소삭, 악돈, 유현을 모두 체포해 '충신을 모략하고 나라를 위태롭게 했다'는 죄명으로 살해한 다음 그들의 삼족을 멸했다.

이 학살은 사마사의 잔인함이 절대 그의 부친보다 못하지 않음을 보여준다. 왜 그런가 하면 하후현과 사마사가 일반적인 관계가 아니었기 때문이다. 하후현은 원래 사마사의 손위 처남이었다.

하후현에게는 하후휘夏侯徽라는 여동생이 있었다. 그녀는 열여덟 살에 사마사에게 시집가서 첫 번째 아내로서 딸 다섯 명을 낳았다. 그녀는 매우 견문이 넓은 여성이어서 사마사가 큰일을 벌일 때마다 계획에 참여했다. 그런데 시간이 흐르면서 사마사는 점점 하후휘를 꺼리게 되었다. 어디까지나 그녀는 조씨 가문의 친척으로서 사마씨 가문에 잠복해 있는 첩자나 다름없었기 때문이다. 하후휘도 나중에 사마씨 부자가 절대로 위나라의 충신이 아니며 몰래 불충한 마음을 품고 있다는 것을 알아챘다. 이렇게 되자 사마사는 당연히 그녀를 더 용납할 수 없었다.

위나라 명제 청룡靑龍 2년(234), 하후휘는 쥐도 새도 모르게 독살되었다. 그때 그녀는 겨우 스물네 살이었다. 살인범이 누구였는지 역사서에는 기록되어 있지 않다. 아마도 그 혐의는 사마씨 부자에게 돌아가야 할 것이다.

이런 관계 때문에 사마소는 눈물을 흘리며 하후현을 풀어주라고 사마사에게 청했다. 그러자 사마사는 눈을 부릅뜨고 외쳤다.

"너는 조엄趙儼의 장례식 때의 일을 잊었느냐?"

그 얼마 전 사마사 형제는 사공 조엄의 장례식에 참석했다. 그때 조문객은 백여 명 정도 되었다. 그런데 하후현이 조금 늦게 장례식장에 나타나자, 모든 사람들이 일어나 그를 영접했다. 마치 뭇별들이 달을 에워싸는 듯한 광경이었다. 이 모습을 보고 사마사는 마음속으로 매우 불쾌해했다. 따라서 그에게 하후현을 죽이는 것은 마음속의 큰 우환거리를 없애는 것과 같았다.

하후현은 귀족적인 기질과 영웅적인 기개의 소유자였다. 붙잡힌 뒤 모진 고문과 협박과 회유에도 고개를 숙이지 않았다. 마지막에 낙양 동쪽의 사형장으로 끌려갈 때도 얼굴색 하나 변하지 않았다. 그는 의연히 죽음을 맞이했다.

그때 하후현의 나이는 겨우 마흔여섯이었다.

황제를 끌어내리다

권력투쟁은 아직 끝나지 않았다. 하후현 사건은 마치 도화선처럼 빠르게 '정치적 후유증'을 야기했다.

앞에서 황제 조방도 비밀 모의에 참여했다고 언급한 바 있다. 원래 사마사의 성격대로라면 서슴지 않고 황제를 죽였을 것이다. 그러나 황제를 살해하는 것은 쉬운 일이 아니었다. 그렇다면 차선책은 무엇이었을까? 황제 폐위였다.

고대 중국에서는 어떤 권신이 황위를 찬탈할 마음이 있으면 주로 황제를 폐위시키는 방법을 취했다. 말을 듣지 않는 황제를 폐위시키고 나이가 어리거나 조종하기 쉬운 새 황제를 내세워 자신의 꼭두각시로 삼았다.

254년 9월, 사마사는 태후의 명령을 사칭해 후궁과의 음란한 관계로 인륜을 더럽히고 국정을 등한시했다는 이유로 황제 조방을 폐위한다. 그런 다음, 황제가 되기 전의 지위였던 제왕齊王으로 격하시키고 영지인 제나라로 돌려보낸다.

나라에는 하루라도 군주가 없으면 안 된다는 말이 있다. 조방을 폐위시킨 사마사는 서둘러 조조의 아들인 팽성왕彭城王 조거曹据를 황제로 추대했다. 그러나 이 제의는 태후의 반대에 부딪혔다. 조거는 이전 황제인 위 명제 조예의 숙부였다. 숙부가 조카의 황위를 이어받으면 항렬이 뒤죽박죽이 된다는 주장이었다.

대신 태후가 적임자를 제시했다. 조예의 동생인 동해정왕東海定王 조림曹霖의 아들 고귀향공高貴鄕公 조모曹髦였다. 사마사는 처음에는 동의하지 않았지만 태후가 설득되지 않자 그 말에 따를 수밖에 없었다.

이번 게임은 조씨와 사마씨가 각기 한 수씩 양보한 셈이었다. 하지만 전체적으로는 사마사가 역시 우위를 점했다.

이로써 열네 살도 채 안 된 조모가 황위에 등극해 위 왕조의 네 번째 황제가 된다. 연호는 가평에서 정원正元으로 바뀌었다.

황제의 폐위는 하후현 사건의 '후유증'이었다고 할 수 있다. 그런데 곧이어 이 '후유증'이 '합병증'을 유발했다. 조씨와 사마씨의 투쟁이 또 한 번 궁정 쿠데타에서 군사 반란으로 번진 것이다. 사마사가 황제를 자리에서 끌어내린 행위는 또다시 '친조親曹 세력'의 새로운 군사 반란을 야기했다.

사마사의 죽음

새 황제가 등극한 지 석 달이 채 안 된 정원 2년(255) 정월, 왕릉의 근거지였던 회남 지역에서 군사 반란이 일어났다. 주동자는 진동대장군鎭東大將軍 관구검毌丘儉과 양주자사揚州刺史 문흠文欽이었다.

먼저 관구검과 문흠은 오吳나라의 지원을 받기 위해 아들 4명을 보내 인질이 되게 했다. 이에 오나라가 동의하자 관구검과 문흠은 친히 오륙만의 대군을 이끌고 사마씨 토벌에 나섰다. 회수淮水를 건너 서쪽으로 중원을 향해 진격한 다음 일단 항현에 군대를 주둔시켰다.

사마사는 강적과 맞닥뜨린 느낌이었다. 낙양의 방비는 사마소에게 맡기고 좋지 않은 몸을 이끌고 친히 대군과 함께 출정했다. 그는 항현과 가까운 여양汝陽에 군대를 주둔시켰다.

사마사는 전투에 능했다. 병력을 세 갈래로 나누고 우선 진남장군鎭南將軍 제갈탄諸葛誕에게는 적의 본거지인 수춘의 동남쪽 관문을 점령하게 했다. 오나라 군대의 지원을 차단하기 위해서였다. 또한 정동장군征東將軍 호준胡遵에게는 군대를 이끌고 초국과 상구商丘의 경계로 출격하게 했다. 관구검의 퇴로를 봉쇄하기 위함이었다. 동시에 연주자사 등애鄧艾는 악가樂嘉(지금의 하남성 항성項城 서북쪽)로 진군시켜 적을 깊숙이 유인하게 했다. 나중에 이 세 갈래 병력은 관구검과 문흠을 포위하는 형세를 이루었다. 결국 이번 반란도 빠르게 평정되었다.

전투 과정에서 관구검은 살해되고 문흠은 오나라로 패주했다. 위나라에 남은 그들의 가족은 모두 처형되었다.

사마사의 행보는 마치 사마의와 경쟁하는 듯한 느낌을 준다. 사마의는 고평릉의 변을 일으키고 조상 집단을 섬멸했다. 사마사도 이풍의 쿠데타를 진압하고 하후현 일당을 숙청했다. 그리고 사마의가 왕릉과 영호우의 반란을 진압한 것처럼 사마사도 지지 않고 관구검과 문흠의 반란을 평정했다.

이 부자는 둘 다 살인의 고수이기도 했다.

그러나 하늘에는 역시 눈이 있었다. 이 두 사람은 각기 반란을 평정하고 승리의 기쁨을 다 맛보기도 전에 죽었다. 그것도 좋게 죽지 못하고 급사를 하고 말았다.

관구검의 반란은 실패로 끝났지만 한 가지 큰 수확을 거뒀다. 바로 사마사의 죽음을 초래한 것이다.

역사서에는 사마사가 출정 전에 종양을 앓고 있었다고 기록되어 있다. 눈에 종양이 났다고 하는데 그것이 양성이었는지 악성이었는지는 알 길이 없다. 단지 갓 절제를 해서 상처가 짓무르고 벌겋게 부어 고름이 흘렀다고만 적혀 있다. 이것이 사마사의 죽음의 복선이 되었다.

전투 중에 문흠의 열여덟 살 된 아들 문앙文鴦이 부대를 이끌고 사마사를 기습한 적이 있었다. 문앙은 비록 어리긴 했지만 무예가 뛰어나고 용감무쌍했다. 좌충우돌하며 사마사의 진영을 마음대로 헤집고 다녔다. 이에 너무 놀라고 당황한 사마사의 눈에서 그만 눈알이 튀어나와버렸다.

사마사가 이런 일을 당한 것은 아마도 그가 과거에 저질렀던 온갖 악행 때문이 아니었을까.

옛말에 선행에는 좋은 보답이, 악행에는 나쁜 보답이 뒤따른다고 했다. 잠시 그런 것 같지 않아 보여도 그것은 아직 때가 되지 않았기 때문이다. 때가 되면 반드시 대가를 치르게 되어 있다.

과연 반란을 평정하고 낙양으로 돌아오는 도중에 사마사는 허창에서 고통스럽게 죽고 만다. 그때 그의 나이 마흔여덟이었다.

그러면 이 모든 것이 혜강과 무슨 관계가 있을까?

곽반郭頒의 『세어』世語의 기록을 살펴보자.

> 관구검이 모반을 꾀할 때, 혜강은 세력이 있어 군사를 일으켜 호응하려 했다.
>
> 『삼국지』「왕찬전」의 주

이 기록은 혜강 연구에서 줄곧 미스터리였다. 많은 학자가 다른 문헌의 뒷받침이 부족해 이 기록의 신뢰도가 떨어진다고 본다. 대부분의 학자가 일개 서생인 혜강이 어떻게 군사 세력을 갖고 있었을까 의심하는 것이다.

그러나 자료의 한계를 이유로 사료의 기록을 무조건 의심할 수는 없다.

그 이유는 이렇다. 첫째, 혜강은 조씨 가문의 사위였고 수도에서 재직한 적이 있었으므로 조씨 황실과 깊은 관계가 있었을 것이다. 어쩌면 사마씨에 대항하는 황실의 대리인이 되었을 수도 있다. 전혀 가능성이 없는 이야기는 아니다.

둘째, 혜강의 성격은 완적과 달랐다. 『삼국지』「왕찬전」에 의하면, "혜강은 글이 웅장하고 노장 사상을 좋아했으며 기이함을 숭상하는 협객이었다." '기이함을 숭상하는 협객'이라는 말에서 혜강이 결코 문약한 서생이 아니라 문무를 겸비한, 의협심 강한 인물이었음을 알 수 있다.

셋째, 당시 관구검이 회남에서 모반을 일으켜 사마사가 군대를 이끌고 출정했을 때, 수도는 사마소 혼자 남아 지키고 있었다. 즉 후방이 텅 빈 상태였으므로 이는 전략적으로 혜강에게 큰 유혹이 아닐 수 없었다.

따라서 『세어』의 기록이 조작되었거나 아주 근거가 없지는 않다고 판단된다.

반면 학자들의 의심도 일리가 있다. 그들이 제시하는 가장 설득력 있는 증거는 혜강이 중간에 흐지부지 그 모험을 포기했다는 것이다. 혜강은 아무 결과도 남기지 못했다.

왜 그랬을까?

누군가 그를 제지했기 때문이다.

혜강을 제지한 사람은 다름 아닌 죽림칠현의 맏형 산도였다. 앞서 인용한 『세어』에는 다음과 같은 기록이 이어진다.

> 혜강이 이를 산도에게 물었다. 산도가 "안 되오"라고 말했다. 그때 이미 관구검은 패한 상황이었다.

혜강은 산도를 찾아가 관구검과 손잡고 군사를 일으키겠다고 말했다. 산도는 결사적으로 반대했다. 과연 얼마 안 되어 관구검과 문흠은 산이 무너지듯 일거에 대패하고 만다.

산도는 다시 한 번 정확한 판단력과 높은 식견을 증명했다.

그러면 이 사건이 혜강에게 위험을 가져오지는 않았을까? 사마소가 정권을 잡은 후, 죽림칠현의 운명에는 어떤 변화가 생겼을까?

9
취객의 뜻은 술에 있지 않았다

다시 전쟁이 일어나다

관구검과 문흠의 반란은 비록 성공하지는 못했지만 사마씨의 사마사를 죽음에 이르게 했다. 이는 이 반란의 의외의 성과였다.

사마사가 죽은 뒤에는 사마소가 정권을 잡았다. 그렇다면 왕릉, 그리고 관구검과 문흠의 두 차례에 걸친 반란이 진압된 뒤에도 조씨와 사마씨의 권력투쟁은 계속되었을까?

물론 계속되었다. 계속되었을 뿐만 아니라 갈수록 더 격렬해졌다.

사마소가 집권한 이듬해(256)에 연호가 정원에서 감로甘露로 바뀌었다. 그리고 감로 2년(257) 5월, 회남에서 또 반란이 일어났다.

이번 반란의 수장은 관구검과 문흠의 반란을 진압할 때 공을 세운 제갈탄이었다.

제갈탄은 특이한 배경의 소유자였다. 삼국 시대 제갈諸葛 가문의 삼형제는 각기 다른 나라를 섬겼다. 제갈량은 촉나라, 그의 형 제갈근諸葛瑾은 오나라, 그들의 친척 동생인 제갈탄은 위나라를 섬겼다. 이를 두고 당시 사람들은 이렇게 말했다.

촉나라는 용을 얻고 오나라는 호랑이를 얻었으며 위나라는 개를 얻었구나.

『세설신어』「품조」品藻

제갈탄은 두 형들만큼은 못해도 만만치 않은 인물이었다. 위나라에서는 꽤 영향력 있는 인물에 속했다. 반란을 평정한 공으로 그는 정동대장군征東大將軍에 임명되어 회남에 주둔했다. 하지만 사마사에게 피살된 하후현과 오랜 친분이 있던 탓에 항상 마음이 불안했고 사마씨가 장악한 조정에 대해서도 불만을 품고 있었다. 그래서 군량미를 풀어 정예병을 기르고 인심을 매수하면서 자신의 위치를 강화해 그 지역을 장악하고자 했다. 이 소식을 듣고 사마소는 조정의 명의로 제갈탄을 사공에 임명해 낙양으로 불러들이려 했다. 사실상 그에게서 병권을 빼앗으려는 조치였다.

긴장한 제갈탄은 모든 것을 걸고 마지막 승부수를 던졌다. 먼저 자기 아들을 오나라에 인질로 보내 군사 원조를 청한 뒤, 군대를 인솔해 수춘성을 점거하고 반란을 일으켰다. 오나라는 즉시 제갈탄을 장군으로 임명하고 제후로 봉했으며 얼마 전 오나라로 도망쳐 온 문흠과 그의 군사 삼만 명을 보내주었다.

제갈탄의 반란은 오나라와 연관되기는 했지만 본질적으로 사마씨에 대한 불만으로 인해 야기된 것이므로 역시 조씨와 사마씨의 권력투쟁의 또 다른 연쇄 반응이었다.

사마소는 이번 전쟁이 필히 위험하게 전개되리라는 것을 알았지만 황제 조모와 황태후를 전방으로 데려갔다. 표면적으로는 황제가 친히 정벌에 나섰음을 과시해 군사들의 사기를 고무하려는 것이었으나, 사실은 내부의 갈등을 우려해 '천자를 끼고 제후들을 호령하려는' 의도였다.

사마소는 자신의 부친과 형처럼 결단력 있는 인물은 아니었지만 교활하고 악독한 면에서는 결코 뒤지지 않았다.

전쟁은 몇 개월을 끌었다. 대치 상태로 오래 승부가 나지 않자 반군 안에서 내분이 일어났다. 제갈탄이 문흠을 죽였고, 문흠의 아들 문앙은 원수를 갚으려고 제갈탄을 공격하다가 실패하자 사마소에게 투항했다.

감로 3년(258) 2월, 결국 사마소의 군대가 수춘성을 함락시켰다. 제갈탄은 피살되었고 그의 가족도 멸문지화를 당했다.

왕릉으로부터 시작된 세 번의 큰 군사 반란은 모두 회남에서 발생해 역사적으로 '회남 삼반'淮南三叛이라 일컬어진다.

이 세 번의 반란은 마치 간헐적인 간질처럼 온 나라를 압박해 헐떡이게 했다. 또한 조씨와 사마씨의 권력투쟁을 절정으로 치닫게 해 결국 조씨의 위나라를 쇠망의 길로 접어들게 했다.

사마의는 왕릉과 영호우의 반란을 평정하고 죽었고 사마사는 관구검과 문흠의 반란을 평정하고 죽었지만, 제갈탄의 반란을 평정한 사마소는 아직 건재했다.

조씨와 사마씨의 권력투쟁은 마치 릴레이 경주 같았다. 세 번째 주자는 사마소였다. 그는 체력도 좋고 운도 좋았다. 그가 맡은 구간은 십 년이나 계속되었다.

하지만 사마소는 죽을 때까지 결승점에 이르지 못했다. 마지막으로 바통을 이어받은 사람은 다름 아닌 사마염이었다. 그에 관해서는 나중에 이야기하겠다.

세 사람의 다른 행로

사마소가 집권한 뒤 죽림칠현의 세 핵심 인물인 혜강, 산도, 완적은 또 어떻게 되었을까?

간단히 말하자면 각기 판이한 운명을 맞이했다.

사마소도 선비들을 자기편으로 끌어들이는 것을 매우 중시했다. 그래서 이 세 사람에게도 즉시 조치를 취했다.

먼저 산도를 보자.

앞에서 말했던 것처럼 산도는 사마사가 정권을 잡았을 때 스스로 그물에 뛰어들어, 수재로 천거돼 낭중에 제수되었다. 사마소도 이 친척 형을 잘 보살폈다. 산도는 우선 표기장군驃騎將軍 왕창의 휘하에서 종사중랑으로 일했다. 옛날에 완적이 묵묵부답으로 망신을 준 바 있던 왕창은 관구검의 반란을 진압해 표기장군이 되었다.

오래지 않아 산도는 또 하북성 한단邯鄲의 조국趙國으로 가서 태수에 해당하는 조국상趙國相이 되었다. 이는 산도가 처음으로 맡은 지방

장관직이었다.

그후에는 상서이부랑尙書吏部郎이 되었다. 육 품인 상서이부랑은 봉록이 사백 석에 달했으며 관직은 높지 않아도 실권이 막강했다. 관리의 선발, 임명과 해임, 이동 등의 사무를 책임졌고 오 품 이하 관원의 임명과 해임에 관한 건의를 할 수 있었다.

산도는 몇 년 동안 상서이부랑으로 일하면서 우수한 관리를 다수 기용해 정치적으로 좋은 평판을 얻었다.

이번에는 혜강을 보자.

가평 연간(249~254)에 혜강은 주로 낙양에서 활동하면서 태학太學에서 석경石經의 고문古文을 필사하거나, 상수와 함께 쇠를 두드리고 학술서를 편찬했다. 그래서 당시의 학계에서 상당한 영향력이 있었다. 이런 혜강을 사마소가 내버려둘 리 없었다. 손성은 『위씨춘추』에 다음과 같이 기록했다.

> 대장군은 일찍이 혜강을 등용하고자 했다. 혜강은 이미 세상과 인연을 끊겠다고 말했는데 또 조카가 좋지 않은 일을 저질러 하동으로 몸을 피했다. 혹자는 상황을 피한 것이라고 한다.

이 기록을 통해 사마소가 혜강을 등용할 뜻을 밝혔음을 분명히 알 수 있다. 그런데 혜강은 세상을 떠나 은둔하겠다고 밝힌 바 있었고 더욱이 그의 조카가 "좋지 않은 일"을 저질렀다. 그 좋지 않은 일이 무엇인지 알아낼 방법은 없다. 아무튼 사마소가 집권한 지 얼마 되지 않아 혜강은 산서山西 지역에 위치한 하동으로 잠시 피신했다. 그리고 "상황을 피하다"는 공자의 "현자는 세속을 피하고, 다음에는 상황을 피하며, 그다음에는 여색을 피하고, 그다음에는 말을 피한다"라는 말을 연상시킨다. '위험한 곳에는 들어가지 않고 어지러운 곳에는 거처하지 않는다'는 단호한 뜻을 나타낸다.

내 생각에 "조카가 좋지 않은 일을 저질러"라는 것은 그저 핑계 같다. 혜강이 하동에 삼 년간 피신해 있었던 가장 큰 이유는 사마소의 굴레에서 벗어나기 위해서였다. 군사를 일으켜 관구검의 반란에 가담하려 한 적도 있었던 그로서는 죄가 두려워 종적을 감춘 것일 수도 있다.

이는 사마소 집권 초기의 혜강의 상태이다. 이후에 우리는 당시와 같은 난세에는 진정으로 세속을 피하는 것이 불가능하다는 것을 알게 될 것이다. 혜강은 결국 돌아올 수밖에 없었다. 그리고 권력자가 제시하는 두 가지 조건, 즉 '나를 따르면 번성하고 나를 반대하면 망하리라' 중 하나를 선택해야만 했다.

마지막으로 완적을 보자.

사마의가 죽은 뒤, 완적은 다시 사마사의 휘하로 불려가 종사중랑을 지냈다. 그렇게 삼 년간 막료 생활을 한 뒤에 그는 요직에 오르게 된다.

정원 원년(254), 고귀향공 조모가 황제에 등극했다. 완적은 명성과 재능으로 황제의 눈에 들어 관내후關內侯로 봉해지고 황제 곁에서 산기상시散騎常侍를 맡게 되었다. 죽림칠현 가운데 완적이 처음으로 제후가 되고 황궁에 들어가 직책을 맡은 것이다.

이치대로라면 완적은 황제의 측근이고 지위도 높아졌으므로 삶이 훨씬 안정되었어야 옳았다. 그러나 현실은 그렇지 않았다. 사마사가 권력을 손에 쥐고 전횡을 일삼는데도 황제 조모는 실권도 없고 나이까지 어려 전혀 목소리를 높이지 못했다. 완적은 황제 곁에 있다는 이유로 오히려 사마씨의 감시의 대상이 되어 처지가 더욱 위험해졌다. 사실 이풍과 하후현도 황제와 너무 가까웠던 탓에 참수를 당한 게 아닐까? 자고로 선인의 실패를 교훈 삼으라 했으니 완적도 이를 고려하지 않을 수 없었다.

이때 완적은 사마씨의 휘하에 있을 때보다 더 고통스러웠고 더 두려움에 시달렸다.

『진서』「완적전」에는 다음과 같이 적혀 있다.

> 완적은 본래 세상을 구할 뜻을 갖고 있었지만 위진 시대에는 천하에 변고가 많고 이름난 선비로서 목숨을 온전히 지킨 자가 적었다. 완적은 이로 인해 세상일에 관여하지 않고 흥겹게 술 마시는 것을 일상으로 삼았다.

이 문장은 아주 유명하다. 위진 시대의 정국을 거론할 때면 늘 이 문장이 인용되곤 한다. 누군가 "시인은 한 시대의 예민한 촉각이다"라고 말한 적이 있다. 위진 시대의 예민한 촉각이었던 완적은 항상 그 시대의 미세한 파동에 반응하고 공명했다.

"흥겹게 술 마시는 것을 일상으로 삼았다"는 것은 형언할 수 없는 내면의 고통을 암시한다. 완적은 왜 일상적으로 술을 마시고 취해야 했을까? 그렇게 해야만 비로소 정치적 감시를 피해 목숨을 부지할 수 있었기 때문이다.

사마소는 완적이 황제 곁에 있는 것이 불안해 갖은 방법을 동원해 완적을 자기편으로 끌어들이려 했다.

한번은 사마소가 완적의 집으로 사람을 보내 혼담을 꺼냈다. 완적에게 아직 시집가지 않은 딸이 있었으므로 자기 아들 사마염과 혼인을 시키자고 한 것이다. 이치상 이 혼담은 권력자와 친해질 수 있는 절호의 기회였다. 명리를 추구하는 자들 같았으면 분명히 쌍수를 들고 환영했을 것이다. 그러나 완적은 역시 완적이었다. 권력자의 사돈이 되어 후대에 오명을 남기고 싶지 않았다. 완적은 날마다 술을 퍼마셨다. 그래서 혼담을 꺼내려고 사람이 올 때마다 인사불성인 상태로 맞이했다. 이렇게 완적은 무려 두 달이나 술에 취한 상태로 있었다. 결국 이 혼담은 흐지부지되고 말았다.

이 일로 한층 더 완적을 경계하게 된 사마소는 믿을 만한 앞잡이를 보내 그를 정탐하게 했다. 그 앞잡이는 삼국 시대에 악명이 높았던 종회鍾會였다. 종회는 삼국 시대의 대서예가 종요鍾繇의 아들이다. 재능은 뛰어났지만 성품이 바르지 못했고 일찍부터 사마씨에게 투신해 심복이 되었다. 종회는 이 특수한 임무를 맡아 늘 완적의 집으로 정탐을 가 뒤를 캐고 다녔다. 그리고 완적을 만날 때마다 당시의 국정에 대해 묻고 어떤 견해가 있는지, 무엇에 찬성하고 무엇에 반대하는지 알고자 했다. 나중에 죄명을 꾸며 완적을 음해하는 증거로 사용하고자 한 것이다.

하지만 종회가 집에 들를 때마다 역시 완적은 술에 취해 있었다. 제대로 대답할 상태가 아니었다. 종회는 번번이 허탕을 치고 돌아가야 했고 완적은 가까스로 위험에서 벗어날 수 있었다.

금선탈각

옛말에 '도둑이 훔쳐가는 것을 두려워 말고 도둑이 마음에 두고 있음을 두려워하라'는 말이 있다. 언제 어디서나 감시와 위협의 눈초리가 빛나고 있는 상황이니 완적은 당연히 견디기 힘들었을 것이다.

완적은 궁리 끝에 금선탈각金蟬脫殼(매미가 허물을 벗고 몸만 빠져나가듯이 위기 상황에서 남모르게 탈출하는 것)의 계책을 떠올렸다. 그는 사마소에게 전근을 요청했다. "동평東平을 유람한 적이 있는데 그곳의 풍토와 인정이 대단히 마음에 들었습니다." 자신을 동평의 지방관으로 임명해달라는 뜻이었다.

사마소는 아주 기뻐하며 곧장 완적을 동평의 태수로 임명했다. 이는 완적이 처음으로 관직을 요구한 것이었다. 그런데 그 요구한 관직이 작은 고을의 말단직이었으니 사람들은 분명 불가사의한 일로 받아들였을 것이다.

그러나 완적에게는 나름대로 생각이 있었다. 그가 동평으로 가는 데에는 두 가지 좋은 점이 있었다. 첫째, 황제의 곁을 떠남으로써 사마소를 안심시킬 수 있었다. 둘째, 사마소의 감시로부터, 특히 찰거머리 같은 종회로부터 멀리 벗어날 수 있었다.

완적은 당나귀를 타고 동평으로 떠났다. 그리고 그곳에서 후세 사람들이 높이 평가하는 일을 수행했다. 『진서』「완적전」에서 기록하기를 "동평에 도착한 완적은 관청 안의 벽을 없애 관리들이 안팎에서 서로 볼 수 있게 하고 법령을 간소화한 뒤 열흘 만에 돌아왔다"라고 했다. 완적은 동평 관청 안의 장벽을 철거해 각 부서가 서로 볼 수 있게 만들었다. 마치 오늘날의 개방된 회사 사무실처럼 관청의 구조를 개편해 업무의 효율성을 제고한 것이다. 그리고 복잡하고 번거로운 법령을 간결하고 조리 있게 정리해 그 지역의 풍속과 교화를 완전히 변화시켰다.

열흘 뒤, 완적은 낙양으로 돌아왔다. 임기는 매우 짧았지만 능률은 대단히 높았다. 이처럼 격식에 얽매이지 않는 완적의 일솜씨는 당시 정치적 공적에만 매달리던 관료들과 대비되어 일시에 미담으로 전해지게 되었다. 당나라의 대시인 이백李白은 자신의 시 「증려구숙송」贈閭丘宿松에서 이렇게 노래했다.

완적이 태수가 되어
당나귀를 타고 동평에 갔다.
대나무 벽을 쪼갠 지 열흘이 되어
하루아침에 풍속이 맑아졌다.

완적은 왜 총총히 동평에 갔다가, 또 총총히 돌아온 것일까?

아마도 본래 벼슬길에는 관심이 없었던 완적은 이제 고통스런 상황에서 벗어났으니 유유자적 즐길 때가 되었다고 판단했을 것이다.

그러나 사마소가 쳐놓은 그물은 대단히 넓었다. 물고기가 빠져나가는 것을 결코 용납하지 않았다. 완적은 동평에서 돌아온 뒤에도 사마소의 통제에서 벗어나지 못했다. 곧바로 대장군 군부로 불려가 또 다시 종사중랑이 되었다. 한 바퀴를 빙 돌아 다시 사마소에게 걸려든 것이다.

그런데 사실을 살펴보면 사마소는 완적을 그런대로 부드럽게 대했다. 심지어 완적의 명사다운 풍모를 아주 좋아했다. 그 덕분에 사마소의 휘하에 있던 시절, 완적은 보통 사람은 엄두도 못 내는 일들을 할 수 있었다.

예를 들어, 완적은 보병 군영의 요리사가 술을 잘 빚고 좋은 술을 많이 저장해놓았다는 얘기를 듣고서 사마소에게 또 전출 신청을 했다. 앞에서 그가 황제의 곁에서 전출을 나가려고 했을 때 사마소는 아주 기뻐했다. 이번에는 대장군 군부에서 전출을 나가려는 것이었는데 사마소는 과연 어떤 태도를 보였을까? 마찬가지로 아주 기뻐했다. 사마소는 이렇게 생각했을 것이다. "네가 내 반대편에만 서지 않는다면 뭐든 하고 싶은 대로 해도 좋다."

사마소는 완적을 보병교위步兵校尉로 임명했다. 사 품인 보병교위는 완적이 평생 맡은 직책 중에서 최고이자 최후의 관직이었다. 그래서 완적을 '완 보병'阮步兵이라고 부르기도 한다. 그러나 완적은 보병교위

동자가 완적 앞에서 잔을 들고 있다. 완적은 혜강과 함께 죽림칠현을 이끈 인물이었다. 희로애락을 잘 표현하지 않았지만 광기의 소유자이기도 했고, 관리가 될 기회가 많았지만 항상 피하려 했다. 세상의 시비를 초월하여 죽을 때까지 은거하기를 바랐으나 결국 여의치 않았다. 나중에 「권진문」勸進文을 쓴 것으로 인해 악평을 들었다. 혜강이 죽음을 당한 이듬해에 우울하게 세상을 떠났다. 당나라 화가 손위의 〈고일도〉 일부로 일하는 동안 아무 업무도 보지 않고 유영과 함께 보병 군영의 주방에서 술로 나날을 보냈으며 술을 마시면 늘 만취해 인사불성이 되었다.

죽림칠현의 세 거두는 사마씨와의 관계가 각각 달랐다. 산도는 사마씨에게 의지했고 혜강은 사마씨를 멀리했으며 완적은 사마씨와 멀지도 가깝지도 않게 거리를 두었다.

이처럼 다른 그들의 선택은 역시 확연히 다른 삶의 결말을 초래했다.

병마개처럼 입을 다물다

사마소는 집권 기간에 사상 통제를 강화하면서 자신을 주나라 성왕成王을 보좌했던 주공周公에 비유하는 한편, 유교의 예법을 고취하며 '효로 천하를 다스리겠다'고 공언했다.

왜 '충으로 천하를 다스린다'고 제창하지 않았을까? 노신魯迅은 사마씨가 교묘한 술수와 무력으로 정권을 빼앗았기 때문에 "만약 충으로 천하를 다스린다고 주장하면 자신들의 입지가 빈약하고 논리도 서지 않아 효로 천하를 다스린다고 했을 것이다"라고 말했다. 그러나 고대의 통치자가 효를 고취한 것은 결국 충을 선양하기 위해서였음은 누구나 알고 있다. 옛말에 윗사람이 좋아하는 것은 아랫사람이 더 좋아한다는 말이 있다. 당시 조정과 민간에서는 저마다 효도와 우애의 도를 떠받들어 실제로 효자와 도덕군자가 많이 배출되었다고 한다.

사마씨 정권의 이런 위선적인 설교에 완적은 반감을 느꼈지만 자칫 말로 화를 부를까 두려웠다. 그래서 사람들과 말을 할 때면 마치 병마개처럼 입을 다물었다. 그 결과, 나중에 언행이 신중하다는 평판을 얻었다.

한번은 사마소가 대신들과 함께 관리의 품격을 논하다가 세 가지 덕목을 제시했다. 첫째는 청렴, 둘째는 신중, 셋째는 근면이었다. 사마소는 "관리 된 자가 이 세 가지를 다 갖춘다면 어찌 천하가 다스려지지 않을까 근심하겠소?"라고 했다. 그러고는 대신들에게 "이 세 가지 요소 중 어느 것이 가장 중요하오?"라고 물었다. 누구는 청렴이 가장 중요하다고 하고 누구는 근면이 가장 중요하다고 했지만 사마소는 수긍하지 않았다. 마지막으로 이병李秉이라는 대신이 신중이 가장 중요하다면서 신중한 관리는 자연히 청백리가 되기 쉽다고 했다.

사마소는 아주 만족해하며 그에게 물었다.

"그대는 지금 누가 가장 신중한 사람인지 말할 수 있겠소?"

이병이 많은 사람을 거론했으나 사마소는 고개를 흔들다가 마지막으로 답을 말했다.

"세상에서 가장 신중한 자는 완적이라 생각하오. 함께 얘기할 때면 말이 현묘하고 시사를 논하지 않으며 인물도 평하지 않으니 실로 지극히 신중하다 하겠소."

사마소의 이 말은 완적이 과연 입이 무거운 인물이었음을 증명한다.

물론 완적도 인간인 만큼 말실수를 한 적이 있었다.

완적이 사마소의 막부에 손님으로 있을 때였다. 우연히 사법부의 관리가 들어와 아들이 어미를 살해한 사건에 관해 보고했다. 이 사건은 '효로써 천하를 다스린다'는 사마소의 원칙에 비춰볼 때 엄중히 다뤄야 했다. 그런데 이 소식을 접한 완적이 놀랄 만한 발언을 했다.

"아, 아비를 살해하는 것은 그럴 수 있다고 쳐도 어찌 어미를 살해할 수 있단 말인가."

그 자리에 있던 손님들은 모두 눈이 휘둥그레져 완적의 실언을 책망했다. 사마소도 줄곧 신중했던 완적이 이렇게 당돌한 말을 할 줄은 상상도 못했다.

"아비를 살해하는 것은 천하의 극악한 일이거늘 어찌 그럴 수 있다고 여기는가?"

사마소의 물음에 완적은 즉시 입을 열어 변론을 했다. 사람들은 그가 어떤 말로 그럴듯하게 둘러댈지 귀를 쫑긋 세웠다.

완적의 대답을 미리 예상했던 사람은 아마 거의 없었을 것이다. 완적은 차분하게 말했다.

"금수는 어미만 알 뿐 아비를 모릅니다. 따라서 아비를 죽이는 것은 금수와 같고 어미를 죽이는 것은 금수만도 못한 것입니다."

다들 속으로 깊이 탄복하지 않을 수 없었다. 그리하여 완적은 이 위기를 무사히 넘겼다.

완적은 어떤 말은 하면 안 되고 어떤 말은 해야 하는지, 또 어떻게 말하면 사람들에게 충격을 주면서도 화를 입지 않는지 정밀하게 연구한 듯하다. 말의 수위와 타이밍까지 정확히 계산에 넣지 않았을까.

현대 중국의 저명한 경제학자로서 『자본론』을 번역하기도 한 왕아남王亞南의 명언이 떠오른다. 중화인민공화국 설립 이전에 그는 "전제정치 아래에서는 오직 두 종류의 인간, 즉 벙어리와 사기꾼만 있다. 나는 지금 중국에서 소수의 사기꾼이 다수의 벙어리를 통치하고 있다고 본다"라고 말했다.

또한 역시 현대의 학자인 뇌해종雷海宗도 "중국의 지식인이 아무 말도 하지 않는 재주로는 세계 역사상 으뜸이라고 생각한다"라고 말했다.

나는 뇌해종이 이 말을 할 때, 혹시 완적을 염두에 두지 않았을까 싶다.

그렇다면 우리는 완적의 이런 행적을 어떻게 봐야 할까?

완적이 살았던 독재와 전제주의의 시대에는 존엄한 인간보다는 생명의 보장이 없는 인질이 나았다고 말하기도 한다. 완적은 사마씨의 '겉만 멀쩡한 인질'이었다.

인질이 잡혀 있을 때 우리는 인질의 나약함을 질책해야 할까, 아니면 인질을 잡고 있는 자를 비난해야 할까? 나는 당연히 후자가 옳다고 생각한다. 독재자는 인간의 목숨을 위협하고 어쩌면 인간의 전부라고 할 수 있는, 인간이면 누구나 갖고 있는 정신과 영혼의 존엄성마저 요구한다. 독재자의 폭력으로 무참히 존엄성을 잃은 사람들에게 어떻게 비겁하다고, 목숨이 아까워 독재자의 계략에 넘어간 게 아니냐고 말할 수 있겠는가?

그래서 나는 완적에 대해 '그 불행은 슬퍼하지만 싸우지 않은 것에는 분노한다'라는 식의 쓸데없는 말은 하고 싶지 않다. 입장을 바꾸어 만약 우리가 완적이었다면 얼마나 더 현명하게 대처할 수 있었겠는가?

하물며 완적은 평범한 인질이 아니었다. 양심과 인격을 가진 인질이었다. 적어도 인질이 인질범을 이해하고 친밀해지는 스톡홀름 증후군에는 걸리지 않았다. 비록 입은 다물고 있어도 그의 눈은 빛나고 있었다. 폭력에 맞서 싸우지는 못해도 비폭력의 방식으로 협조를 거부했다. 아울러 가슴속 가득한 불만을 우회적으로 표출해 자신이 인질이긴 하지만 절대로 노예가 아님을 세상 사람들에게 증명하려 했다.

그런데 이처럼 침묵을 견지하던 완적도 끝내 한 사건으로 인해 폭발하고 만다.

그것은 바로 어머니의 죽음이었다.

예법의 반역자

감로 3년(258), 완적의 어머니가 세상을 떠났다. 이때 완적이 일으킨 사건은 당시 아주 큰 반향을 불러일으켰고 그를 예법의 반역자로 낙인찍히게 했다.

기록에 의하면 어머니의 병세가 위독했던 그날, 완적은 마침 친구와 바둑을 두고 있었다. 갑자기 어머니의 부고가 전해지자 친구는 급히 바둑을 그만두자고 했다. 하지만 완적은 기어코 바둑 한 판을 다 두었고 그러고 나서는 술을 마시기 시작했다. 그렇게 세 말을 단숨에 들이켠 후 그는 목 놓아 울었고, 곡을 하면서 엄청난 양의 피를 토했다. 이 일로 완적은 기력을 잃어 한동안 운신을 못했다.

어머니를 안장할 때도 완적은 삶은 돼지고기를 안주로 술을 두 말이나 마신 뒤에야 비로소 어머니의 시신과 작별했다. 모든 의욕을 상실한 채 "끝이로구나"라는 한마디를 내뱉고는 울부짖으며 또 피를 쏟아냈다.

완적의 이런 행동은 유교의 상례에 위배되었다. 유교의 예법에서는 장례 기간에 술과 고기를 엄격히 금했다. 그런데도 완적은 굳이 그 예법을 어겼다. 사마씨도 '효로써 천하를 다스린다'고 하지 않았던가? 완적은 왜 하필 스스로 대역무도한 자가 되었을까?

완적의 기행은 큰 파장을 일으켰다. 어떤 이는 그를 이해했지만 어떤 이는 그를 맹렬히 비난했다.

당시 배해裴楷라는 젊은 명사가 있었다. 그가 조문을 왔을 때, 완적은 술에 취해 머리를 풀어헤친 채 다리를 침상 위에 뻗고 앉아 있었다. 유교의 예법에서는 조문객이 오면 상주가 먼저 곡을 하고 조문객이 다시 곡을 해야 했다. 그러나 완적은 배해가 온 것을 보고도 곡을 하기는커녕 쳐다보지도 않았다. 배해는 대범한 인물이었다. 상관하지 않고 스스로 알아서 곡을 한 뒤, 인사하고 돌아갔다.

누가 배해에게 물었다.

"완적은 예법대로 곡을 하지 않았는데 당신은 왜 곡을 했습니까?"

배해는 답했다.

"완적은 속세를 초월한 사람이니 예법을 존중하지 않아도 이해할 수 있습니다. 그러나 나는 속세의 인간이니 당연히 예법을 지켜야 합니다."

사람들은 배해의 이 말이 아주 훌륭하다고 여겼다.

완적의 기행은 여기에서 그치지 않았다. 얼마 후 사마소의 연회에 참석해 상중인데도 개의치 않고 공공연히 고기를 먹고 폭음을 했다. 사마소는 아무 말도 하지 않았지만 옆에 있던 사람 가운데 하나가 벌떡 일어섰다. 하증何曾이라는 나이 든 신하였다. 그의 관직은 사례교위로 수도의 관원들에 대한 감찰을 책임졌다. 스스로 예법의 수호자임을 자처하던 그는 즉시 나서서 완적을 탄핵했다.

"공께서 효로써 천하를 다스린다고 했는데도 완적은 상중에 술과 고기를 먹고 마시니 도저히 용서할 수 없습니다. 그를 잡아 죄를 다스린 뒤 국경 밖으로 귀양을 보내야 나라의 풍속을 바로잡을 수 있습니다."

그러나 사마소는 예상 밖의 말을 했다.

"사종嗣宗(완적)의 몸이 이렇게 상했는데 그대는 염려도 안 되는가? 병이 들어 약간의 술과 고기를 섭취하는 것은 본래 상례에 어긋나지 않는다."

사마소는 잔혹한 면이 있기는 했지만 완적에게는 아주 호의적이었다. 그는 완적을 정치적으로 이용하려 했을 뿐만 아니라 내심 그를 아끼는 마음도 있었던 것 같다.

다시 완적에게 돌아오자.

이때의 완적은 극도로 절망적인 상태였다. 어머니의 사망은 그에게 심한 충격을 주었다. 정신을 잃을 때까지 술을 마셔도 그 비통한 심정을 다 말할 수 없었다.

바꿔 생각해보면 말끝마다 예법을 옹호한다는 사람들은 과연 부모를 잃은 슬픔을 완적만큼 처절하게 느껴보았을까? 그들이 옹호한 것은 그들이 의지하고 기생하려 했던 위선적인 예법의 빈껍데기일 뿐이었다. 이런 관점에서 보면 완적은 자기 혼자의 힘으로 모든 예법과 투쟁한 것이다. 그는 세상 사람들에게 예법이 사람 사이의 당연한 도리인 것은 맞지만 일단 교조화되면 심지어 사람을 죽이는 몽둥이가 될 수도 있고 인간의 자연적 본성에서 멀어져 그 합리성조차 의심받게 된다고 알렸다. 사람마다 고통을 표현하는 방식은 각기 다르며 "술과 고기가 창자를 지나가도 인仁과 효는 마음속에 남아 있다." 세속의 예를 따르지 않았다고, 남들이 하는 대로 따라하지 않았다고 그 사람에게 진실한 마음이 없다고는 말할 수 없지 않은가.

완적은 사람마다 자신의 감정을 표현할 방식을 택할 권리가 있으며 반드시 예법의 제약과 구속을 받을 필요는 없다고 여긴 것이다.

그렇다면 완적은 예법을 믿지 않은 걸까?

물론 그렇지는 않았다. 노신은 "위진 시대에는 예법을 숭상하는 자가 사실은 예법을 파괴하거나 믿지 않기도 했다. 반대로 예법을 파괴하면서도 실은 예법을 인정하고 굳게 믿는 자도 있었다"라고 말했다.

그래서 예법을 숭상하는 자와 예법을 파괴하는 자가 서로 진영을 바꾼다거나 공세와 수세를 번갈아 하는 경우가 많았다. 누가 진짜 예법을 믿는지 시비를 가리기 힘들었다.

이럴 때 예법은 단지 형식이거나 수치를 가리는 천에 불과하다. 차라리 인간의 솔직한 감정을 따르는 편이 나은 것이다.

그래서 완적은 비록 어머니의 상중에 무례하게 굴었다고는 하지만 죽을 듯한 비통함에 여러 차례 피를 토한 것이다.

누구도 완적이 무정하고 효성이 없다고 말할 수 없다. 그는 진정으로 효자였고 정이 많은 사람이었다.

그리고 완적은 늘 술에 취해 있었지만, 이른바 '술 취한 사람의 뜻은 술에 있지 않았다.'

그전에 완적이 술에 취해 있었던 것은 화를 피하기 위해서였다. 지금은 사마씨가 고취하는 예법에 선전포고를 하기 위해서였다.

완적은 위선적인 예교에 도전한 성스러운 투사였던 것이다.

청안과 백안

완적에게는 또 하나의 재주가 있었으니 '청안'青眼과 '백안'白眼의 자유로운 구사였다. 청안은 검은자위를 말하고 백안은 흰자위를 말한다. 보통 호감 서린 눈초리를 청안이라 하며, 무시해 흰자위를 희번덕거리는 눈초리를 백안이라고 한다. 완적은 속된 인물을 만나면 즉시 백안시하곤 했다.

청나라 시인 황경인黃景仁의 시에 "열에 아홉은 백안을 감당해야 하니, 백에 하나도 쓸모없는 게 서생이로다"라는 구절이 있다.

뒤 구절은 완적과 무관하지만 앞 구절은 완적이 늘 몸소 체험하거나 남에게 실천했다고 볼 수 있다.

완적의 어머니의 장례식 때로 돌아가보자. 완적은 명성이 높았던 까닭에 조문객이 끊이지 않았다. 어느 날에는 혜강의 형 혜희가 조문을 왔다. 원칙대로라면 친구의 형이 왔으니 극진히 대접해야 옳았다. 그런데 뜻밖에도 완적은 혜희를 백안시했다. 혜희를 향해 흰자위를 드러낸 채 똑바로 쳐다보지도 않았다. 혜희는 화가 나서 돌아갔다.

이때 막 하동에서 돌아온 혜강이 이 일을 전해 듣고는 두말하지 않고 거문고와 술을 들고서 완적의 집으로 달려왔다. 완적은 그를 보고 기뻐 어쩔 줄 몰라 하며 청안을 드러냈다.

완적은 남에게 차갑기도 하고 따뜻하기도 했으며 백안시하기도 하고 청안시하기도 했는데, 그 차이가 대단히 컸다.

그러면 혜희는 왜 완적에게 백안시당했을까? 거기에는 어떤 속사정이 있었을까?

10
얼음과 불의 성격

여안이 혜희를 놀리다

혜강의 형인 혜희는 완적뿐만 아니라 혜강의 또 다른 친구인 여안에게도 멸시를 당했다.

여안의 부친 여소呂昭는 명제 시절, 진북장군鎭北將軍과 기주자사冀州刺史를 겸임했다. 그래서 정치적 입장에서 보면 여안도 조씨에 더 가까웠고 사마씨의 전횡에 불만이 있었다. 이런 까닭에 여안은 혜강의 가장 좋은 친구이기도 했다. 두 사람은 관계에 대해 『세설신어』「간오」簡傲에는 다음과 같은 기록이 있다.

> 혜강과 여안은 좋은 친구로, 서로 생각날 때면 천 리 길이라도 수레를 준비시켰다.

여기에서 두터운 우정을 뜻하는 '상사명가'相思命駕라는 말이 나왔다.

한번은 여안이 또 천 리를 달려갔지만 혜강이 외출하고 집에 없었다. 그때 혜희가 동생의 친구가 왔다는 소식을 듣고 급히 나와서 자기 집으로 청했다. 이치상 이는 인지상정에 속하며 손님을 맞이하는 도리에 어긋나지 않았다. 그러나 옛날 명사들은 친구를 사귈 때 아주 까다로웠다. 같은 부류가 아니면 좀처럼 사귀지 않았다. 여안도 그런 사람이었다. 그는 명문가 출신으로서 어려서부터 재주가 뛰어났으며 그런 자신을 믿고 남을 깔보곤 했다. 반면에 혜강처럼 자기가 좋아하는 사람은 극진히 공경하고 매일 만나고 싶어 했다.

여안은 완적과 마찬가지로 혜희를 좋아하지 않았으므로 한사코 그의 집에 들어가지 않았다. 그런데 들어가지 않으면 그것으로 그만인 것을 아주 상식 밖의 행동을 했다. 붓을 들어 집 문에 글자를 한 자 썼다. '鳳'(봉) 자였다. 이 글자를 써놓고 여안은 거들먹거리며 그 자리를 떴다.

처음에 혜희는 여안이 자신을 봉황에 비유했다고 여겨 대단히 기뻐했다. 사실은 '탁자법'拆字法(글자를 분해해 다른 뜻을 표시하는 방법)으로 자신을 조롱한 것인데 이를 전혀 몰랐던 것이다. '鳳' 자는 '凡'(범)과 '鳥'(조) 두 부분으로 구성되어 있다. 따라서 여안은 혜희를 '평범한 새'(凡鳥)라고 풍자하고 그와 어울리는 것이 기분 나쁘다고 표현한 것이다.

그후 다시 여안이 찾아갔을 때도 혜강은 외출하고 혜희만 집에 있었다. 혜희는 냉대할 수가 없어 서둘러 술자리를 마련해 대접하려 했다. 그러나 여안은 이를 무시하고 수레에서 내리려 하지 않았다. 혜강의 모친이 그 모습을 보고 술과 안주를 가져와 여안을 대접했다. 여안은 그것을 다 먹은 다음 몇 살 안 된 혜강의 아들 혜소嵇紹와 한참을 놀다가 돌아갔다. 이 과정에서 그는 혜희와는 단 한마디 말도 나누지 않았다.

이보다 더 자존심 상하는 일이 있을까?

'세상에는 이유 없는 사랑도 없고 이유 없는 증오도 없다'라는 말이 있다. 혜희는 혜강의 형이면서도 동생의 친구 여안에게 새 취급을 받고 완적에게도 백안시당했다. 대체 그 이유는 무엇이었을까?

아마도 혜희가 사마씨에게 의탁했기 때문일 것이다.

앞에서 사마소가 정권을 잡은 후 제갈탄의 반란을 진압한 사실을 서술한 바 있다. 그후로 사마씨의 반대 세력은 거의 소멸된 것이나 다름없었다. 사마소는 그야말로 권력의 정점에 서서 '짐은 곧 국가다'라는 기세를 과시했다. 이에 그때까지 관망하는 자세로 있던 많은 지식인이 다급히 머리를 숙이고 사마소의 부름에 응했다.

그러나 혜강은 예외였다. 사마소의 부름을 피해 삼 년간 하동으로 피신해 있었다. 그의 형 혜희는 이 기간에 수재로 선발되어 사마유司馬攸의 직속 관리가 된 듯하다.

사마유는 사마소의 둘째 아들이었지만 후사가 없는 사마사에게 양자로 보내졌다. 아주 어릴 때 정치에 입문한 사마유는 열일고여덟 살에 산기상시와 보병교위가 되었다. 당시 보병교위였던 완적 또한 당연히 전후 사정을 알고 있었기에 혜희를 백안시한 것이다.

그러나 완적도 못 이기는 척 사마씨에게 의탁하지 않았던가? 그는 사마씨 부자 세 사람의 종사중랑이었고 그때 맡고 있던 보병교위라는 직책도 사마소에게 부탁해 얻은 것이었다. 만약 이런 이유로 그가 혜희를 무시했다면 그건 오십보백보로서 논리가 서지 않았다.

그래서 두 번째 이유가 더 중요해진다. 즉 마음이 맞지 않고 지향하는 바가 달라서 무시한 것이다.

'술은 지기를 만나면 천 잔으로도 모자라고, 말은 서로 통하지 않으면 반 마디도 낭비다'라는 말이 있다. 다시 말하지만, 혜희가 사마씨의 관료가 된 것은 여안과 완적에게 무시를 당해야 하는 절대적 조건이 될 수 없었다. 산도도 사마씨의 관료가 되지 않았던가? 그래도 완적은 산도를 백안시하지 않았다. 어쩌면 혜희 본인의 기질에 문제가 있던 것은 아닌가 추측한다.

두말할 필요 없이 명리를 추구하는 사람과 물욕이 없는 사람, 속된 사람과 고상한 사람의 기질은 확연히 다르다. 완적과 여안이 보기에 혜희는 명리를 좇는 소인이어서 진부하고 예법이나 고집하는 선비들과 본질적으로 차이가 없었다. 똑같이 관료가 되긴 했지만 완적은 사마씨의 억압 때문에 화를 피하고자 어쩔 수 없이 택한 것이었고, 혜희는 실리를 취하려는 생각에 자기가 스스로 택한 것이었다. 완적과 여안 모두 고고한 사람이었으니 자신들과 추구하는 길이 다른, 이런 범속한 인물을 경멸하는 것은 당연했다.

세 번째 원인은 아마 혜강과 관계가 있을 것이다.

혜희가 다른 사람이었다면 괜찮았을지도 모른다. 다른 사람이었으면 그가 속되든 속되지 않든 상관하지 않고 넘어갔을 것이다. 그러나 혜희는 공교롭게도 혜강의 친형이었다. 혜강은 출중한 인재이자 세속을 초월한 경계에 이른 인물이었다. 이처럼 이 형제는 서로 불가사의할 정도로 극명한 대조를 이뤘다. 여안과 완적은 혜강의 좋은 친구이긴 했지만 틀림없이 이 형제간의 큰 격차를 항상 염두에 두고 있었을 것이다.

이 세 가지 이유로 인해 혜희는 많은 사람들에게 세속적인 인간의 표본이 되었다.

혜희는 위진 시대에 아주 유명한 '얼간이'였다. 그에 관한 몇몇 기록은 대부분 남에게 무시당하고 조롱당한 이야기들이다. 이렇게 된 이유 역시 그의 동생 혜강 때문이다. 혜강은 사마씨를 반대하다 사마소에게 살해되었는데 혜희는 반대로 사마씨에게 의탁했다. 따라서 근거 없이 혜희를 모욕하는 기록이 많은 것도 이해가 간다. 이는 혜강에 대한 당시 사람들의 존경과 사랑을 반영한다.

형제의 깊은 정

그러면 아우인 혜강은 형 혜희를 어떻게 대했을까? 완적과 여안보다 더 고고하고 탈속적인 혜강은 더더욱 자기 형을 멸시하지 않았을까?

그렇지 않았다. 혜강은 자기 형을 경멸하지 않았을뿐더러 오히려 좋아하고 존경했다.

왜 그랬을까? 이유는 간단하다. 혈육의 정 때문이었다. 혜강은 아주 어릴 때 부친을 여의고 위로 두 형이 있었다. 하지만 큰형은 일찍

세상을 떠나 이름도 남아 있지 않다. 혜강의 하나 남은 둘째형이 혜희였다.

혜강의 시를 보면 그가 어린 시절 모친과 형의 세심한 보살핌 아래 지냈음을 알 수 있다. 혜희도 혜강을 아주 사랑해 혜강이 피살된 후 『혜강별전』을 남겼고, 이 책은 혜강 연구의 일차 자료가 되었다. 그 책에 이런 구절이 있다.

> 혜강은 칠 척 팔 촌의 키에 훌륭한 풍채를 지녔고 그 모습이 흙과 나무처럼 자연스러웠다. 꾸미지 않아도 고상한 용모와 거룩한 모습은 타고난 것임에 틀림없었다. 여러 무리 가운데 예사롭지 않은 인물임을 스스로 알 수 있었다.

얼마 안 되는 글자 수로 혜강의 외관과 재능을 묘사하고 있다. 혜강에 대한 사랑과 이해, 그리고 상당한 문학적 수양이 없었다면 이처럼 애정이 충만한 글을 써내지 못했을 것이다.

혜강도 혜희를 대단히 공경하고 사랑했으니 두 형제는 서로 못할 말이 없을 정도로 깊은 정을 나누었다. 혜희가 벼슬길에 들어선 것을 안 혜강이 그를 걱정해 「증형수재입군」贈兄秀才入軍이라는 사언시 열여덟 수를 짓기도 했다. 시에서 혜강은 혜희에 대한 그리움과 염려를 반복적으로 표현하면서 자기 자신은 부귀를 멀리하고 세속에 물들지 않은 채 은거할 것임을 밝혔다. 그중에 제9수를 살펴보자.

좋은 말은 이미 잘 훈련되었고
화려한 갑옷에 광채가 더하네.
왼손에는 활을 들고
오른손에는 화살을 들었네.
바람처럼 달리고 번개처럼 지나가니
그림자를 쫓아 나는 새도 따라잡을 것 같네.
중원을 향해 떨쳐 일어나니
돌아보는 눈매에 생기가 도는구나.

혜희가 군장을 갖추고 양손으로 활을 쏘며 말을 달리는 모습을 혜강이 상상한 것이다. 실로 늠름하고 씩씩한 모습이다. 이 시만 보면 어쨌든 혜희도 아주 평범한 인물은 아니었던 것 같다. 다시 제14수를 보자.

난초 핀 들판에서 발걸음을 멈추고
화산華山에서 말을 먹이네.
너른 강변에서 돌화살 쏘며 사냥하고
긴 강줄기를 따라 낚싯줄을 늘어뜨리네.
돌아가는 기러기를 눈으로 전송하고
손으로는 다섯 줄 거문고를 타네.
굽어보고 우러러보며 스스로 깨달으니
마음은 언제나 태현太玄에서 노닌다네.

아름답구나, 저 낚시꾼.
고기를 잡고는 통발을 잊는구나.
초나라 사람은 가고 없으니
이제 누구와 속마음을 이야기할까.

시의 음률이 물 흐르듯 아름답고 풍경과 감정이 어우러져서 형에 대한 절절한 그리움이 드러난다. 이 가운데 5행부터 8행까지는 혜희가 아니라 혜강 자신의 모습을 묘사한 것인데, 형상이 깊고 아득하여 천고의 명구로 전해진다.

혜희도 시적 재능이 뛰어나서 동생의 시를 받고는 역시 시를 지어 자신의 생각을 밝혔다.

통달한 사람은 사물과 하나이니
속세를 떠나서만 평안한 것은 아니네.
도시에서도 한가로이 노닐 수 있는데
산과 벌판에 깃들 필요가 있는가.

사리에 통달한 사람은 도시에 있어도 세속에 물들지 않고 유유히 삶을 구가할 수 있는데 굳이 산림에 은거할 필요가 있느냐는 뜻이다. 이런 혜희의 생각은 결코 이치에 어긋나지 않는다. '크게 은거하는 자는 조정에 숨고 중간쯤 은거하는 자는 시장에 숨고 작게 은거하는 자는 들에 숨는다'는 사상과도 관련이 있다.

객관적으로 말해 혜희는 아주 저속하지는 않았으며 옳은 점이 없지도 않았다. 역사에서는 혜희가 세상 물정에 밝고 정치적 수완이 있어 나중에 서주자사, 양주자사, 태부, 종정宗正 등의 관직을 차례로 맡았다고 언급했다. 비록 혜강과 혜희는 정치적으로 입장이 달랐지만 형제간의 우애는 변함이 없었다. 친구들이 형을 조롱해도 혜강은 줄곧 형과 긴밀한 관계를 유지하고 지냈다.

이로써 우리는 죽림칠현의 영혼에 해당하는 인물인 혜강의 내적 세계를 들여다볼 수 있다.

혜강은 수려한 외모의 소유자였을 뿐만 아니라 선량하고 아름다운 감정을 지녔다. 우정과 혈육의 정을 중시해 친구와 형제에게 한없이 관용적이었다. 그는 그들이 정치적으로 자신과 다른 선택을 하더라도 그 선택을 충분히 존중해주었다. 예를 들어 죽림칠현 중 완적, 산도, 왕융은 그의 형 혜희와 비슷한 시기에 사마씨의 휘하에 들어갔지만 그들에 대한 혜강의 감정은 변하지 않았다. 사적으로는 여전히 그들과 우정을 나누었다.

감정이 섬세하고 풍부하며 친한 이들에게 관용적인 것 외에도 혜강은 특별한 소양을 갖추고 있었다. 왕융은 "혜강과 이십 년을 함께 했지만 기뻐하거나 화내는 것을 본 적이 없다"(『세설신어』「덕행」德行)고 말한 바 있다. 혜희도 『혜강별전』에서 "혜강은 도량이 넓고 애증을 마음에 두지 않았으며 기쁨과 분노를 얼굴에 드러내지 않았다. 왕융이 양성襄城에 있을 때 수백 번 혜강을 만났지만 화난 목소리와 얼굴을 접한 적이 없었다고 했다. 이는 역시 처세의 모범적 태도요, 사람이 지켜야 할 도리의 지표라고 하겠다"라고 했다.

혜강은 심신을 잘 수양해 어떠한 일에도 쉽사리 감정을 드러내지 않는 군자였던 것이다.

명문가의 패륜아

하지만 혜강에게는 전혀 반대되는 면이 있었다. 불의와는 절대로 타협하지 않고 경멸하는 자에게는 최소한의 체면도 봐주지 않았다.

공자는 "오직 인자만이 사람을 좋아할 수도, 사람을 미워할 수도 있다"(『논어』「이인」里仁)고 했다. 진정으로 인자하며 지조가 있는 사람만이 좋아할 만한 사람을 좋아하고 증오할 만한 사람을 증오한다는 뜻이다. 덕행이 높은 사람은 누구에게도 미움을 사지 않는 무골호인이 아니라 시비와 애증이 분명한 사람이다. 혈육과 친구에게는 봄처럼 따뜻하고 환한 얼굴로 대하지만 소인배에게는 엄동설한처럼 냉혹하고 무정한 얼굴로 대하는 것이다.

혜강이 그러했다. 혜강은 정말 얼음과 불처럼 서로 다른 두 가지 면모의 성격을 갖고 있었다.

특히 혜강은 누구를 극도로 미워하면 그 사람 앞에서는 오랜 기간의 수양도 소용없이 노골적으로 적의를 표현했다.

혜강이 누구를 그렇게 싫어했을까? 성격 좋은 그에게 그렇게까지 미움을 받은 사람은 누구일까?

그 사람은 앞서 소개한 바 있는 사마씨의 앞잡이 종회였다.

종회는 죽림칠현과 대단히 깊은 관계가 있고 직간접적으로 죽림칠현 가운데 세 명의 운명을 바꿔놓았다.

그 세 명 중 첫째는 완적이다. 종회는 사마씨를 대신해 완적을 감시했고 완적은 그를 만나면 마치 두꺼비를 본 듯 진저리를 치며 술에 취해 있어야 했다. 둘째는 왕융이다. 종회는 그에게 재주가 있다고 여겨 사마씨에게 천거해 관리가 되게 했다. 그리고 마지막 셋째가 혜강이다.

종회와 혜강 사이에 도대체 무슨 일이 있었을까? 그 결과는 어땠을까? 이것은 죽림칠현의 이야기에서 가장 큰일에 속한다. 먼저 종회라는 인물에 관해 알아보자.

종회 또한 명문가 출신이다. 그의 부친은 삼국 시대의 유명한 정치가이자 서예가인 종요이다. 종요는 위나라의 노신老臣으로 조비가 황제일 때 관직이 태부에 이르렀다. 당시 그의 지위는 사마의보다 높았다. 종요는 무려 칠십이 넘어 두 아들을 얻었으니, 큰아들은 종육鐘毓이고 작은아들이 종회였다. 어려서부터 총명했던 종회는 다섯 살 때 부친과 함께 장제를 만났다. 장제는 그의 눈을 보고 놀라서 "비범한 아이로구나"라고 말했다고 한다.

또 다른 이야기도 있다. 종회가 열세 살 때 문제 조비가 그들 형제의 명성을 듣고 종요에게 "그대의 두 아들을 만났으면 하오"라고 했다. 그래서 조비를 만나러 왔을 때, 형 종육은 긴장으로 얼굴에 땀을 비 오듯 흘렸다. 조비가 그에게 물었다.

"그대는 어찌하여 땀을 흘리는가?"

"놀랍고 두려워 땀이 납니다."

종육은 겨우 입을 열어 답했다. 조비가 이번엔 종회에게 물었다.

"그대는 어찌하여 땀을 흘리지 않는가?"

종회는 이렇게 답했다.

"놀랍고 두려워 감히 땀이 나지 않습니다."

이 이야기는 신빙성이 없다. 종회가 열세 살 때 조비와 종요는 이미 죽은 지 몇 년이 되었다. 하지만 그렇다고 해서 이 이야기가 아주 가치 없는 것은 아니다. 어쨌든 그 속에서 종회가 어렸을 때부터 담대하고 언변이 뛰어난 인물이었음을 확인할 수 있기 때문이다.

장성한 후에도 종회는 확실히 재능이 있었다. 우선 부친으로부터 서예가의 자질을 물려받아 유명한 서예가가 되었다. 그뿐만 아니라 다른 사람의 필체를 똑같이 모방하는 재주까지 갖고 있었다.

종회의 오촌 조카 순욱은 값이 백만금이나 되는 보검을 소장하고 있었다. 이것을 순욱은 평소에 모친인 종 부인鍾夫人, 즉 종회의 사촌 누나의 집에 두었다.

이 보검이 너무 탐이 났던 종회는 순욱의 필체를 흉내 내 편지 한 통을 쓴 다음 사람을 시켜 종 부인에게 전달해 보검을 가져오게 했다. 종 부인은 그 편지의 필체가 아들의 것이 아니라고는 조금도 의심하지 못했다. 종회는 이렇게 보검을 빼앗았고 순욱은 그것이 종회의 짓임을 알았지만 돌려받을 방법이 없었다. 이때부터 그는 원한을 품고 호시탐탐 종회에게 복수할 기회를 노렸다.

그후 종회 형제는 거액을 들여 화려한 별장을 짓고 잠깐 이사를 미루고 있었다. 순욱은 기회가 왔다고 생각했다. 순욱도 재주가 많은 자여서 음악에 뛰어났을 뿐만 아니라 그림도 잘 그렸다. 특히 인물화에 뛰어나 어떤 사람도 잠시 관찰하기만 하면 똑같이 그려냈다. 순욱은 종회의 별장에 잠입해 대청에 종요의 초상을 그렸다. 의관과 용모가 생전의 모습과 거의 흡사했다. 드디어 종씨 형제가 이사를 와서 막 집 안에 들어섰을 때였다. 그들은 대청에 그려진 부친의 초상을 보고 가슴이 찢어지는 듯했다. 그래서 그후로는 차마 그 별장을 사용하지 못하고 방치할 수밖에 없었다.

이 이야기는 종회가 비록 재주는 많았지만 그 재주를 바른 일에 쓰지 않고 남을 교묘히 속이는 짓에 사용했음을 보여준다.

화는 입에서 나온다

그러면 혜강과 종회는 어떻게 서로 알게 되었을까?

앞에서 가평 연간에 혜강이 주로 낙양에서 활동했다고 말한 바 있다. 그는 기품과 학문으로 곧 학계의 명사들 사이에서 지도자가 되었다. 당시 태학의 젊은 유생들도 그를 숭배했다.

예를 들어 조지趙至라는 소년은 열네 살 때 태학에 들러 우연히 혜강을 만난 뒤 완전히 매료되어 그를 추앙하게 되었다. 나중에 고향으로 돌아온 조지는 혜강이 보고 싶어 툭하면 집을 뛰쳐나갔다. 식구들이 계속 쫓아가 붙잡아왔지만 나중에는 불로 자기 몸을 지지며 발광을 했다. 결국 열여섯 살 때 가출에 성공해 낙양으로 혜강을 찾아갔다. 혜강이 받아들이지 않고 업성으로 가자 그곳까지 쫓아갔고, 마침내 혜강이 받아들이자 그를 따라 산양으로 갔다.

조지는 혜강의 열정적인 팬이자 추종자였다. 혜강이 당시의 우상으로서 많은 사람으로부터 추앙을 받았음을 알 수 있다. 종회도 그중 한 사람이었다. 종회는 혜강보다 겨우 두 살 아래였지만 혜강의 학문을 흠모했다.

종회는 학자의 자질에 관한 책 『사본론』四本論을 쓴 뒤 특별히 혜강을 방문했다. 첫째 가르침을 청하고 싶었고, 둘째 혜강에게 자신의 존재를 알리고 싶었다. 그래서 기쁜 마음으로 『사본론』을 가슴속에 품고 혼자 혜강의 집으로 갔다. 하지만 혜강의 집 문 앞에서 그는 한참을 배회하며 감히 들어가지 못했다. 왜 그랬을까? 첫째는 자신이 없어서였을 것이다. 혹시나 혜강이 예상 밖의 질문을 하지 않을까 두렵기도 했을 것이다. 둘째는 당시 두 사람의 정치적 입장이 달랐기 때문일 것이다. 혜강은 조씨 가문의 사위였고 종회는 사마씨의 심복이었다. 근본적으로 서로의 길이 다른데 혜강이 과연 반갑게 맞아줄지 의문이었다.

종회는 끝내 문 안에 들어서지 못하고 『사본론』을 정원으로 던져 넣고는 돌아서서 도망치고 말았다. 실로 나약하고 패기 없는 행동이었다.

물론 종회는 그것으로 포기하지는 않았다. 그해 여름, 낙양 교외에 있는 혜강의 거처를 또 방문했다.

그날 혜강은 상수와 함께 문 앞에서 쇠를 두드리고 있었다. 앞에서 우리는 혜강이 은거하던 시절, 쇠를 제련하는 취미가 있었음을 살펴본 적이 있다. 『진서』「혜강전」에는 그가 "천성적으로 기술에 능해 쇠를 두드리는 것을 좋아했다. 집 안에 버드나무가 무성한 여름이면 그 밑에서 쇠를 두드렸다"라고 적혀 있다.

혜강이 쇠를 두드릴 때는 항상 좋은 파트너가 있었다. 그는 죽림칠현 중의 한 명인 상수였다. 혜강이 산발을 하고 팔뚝을 드러낸 채 리드미컬하게 망치질을 하면 상수는 바닥에 앉아 간간히 풀무질을 했을 것이다. 그러면서 서로 즐겁게 담소를 나누었을 것이다.

이렇게 혜강과 상수가 신나게 일을 하고 있을 때, 종회가 왔다.

그는 지난번 일에서 톡톡히 교훈을 얻었다. 혼자 오면 또 문턱도 못 넘을까봐 이번에는 말을 타고 낙양의 명문가 자제들을 데리고서 위엄을 과시하며 왔다.

나는 역사서에서 이 부분을 읽을 때마다 나도 모르게 웃음이 나온다. 친구를 사귀러 온 것이지 패싸움을 하러 온 것이 아닐 텐데 이 종회라는 자는 왜 줄줄이 사람들을 끌고 왔을까? 이 사소한 이야기에서 종회라는 인물의 성격이 잘 드러난다. 그는 저속한 인물이었다. 진심으로 혜강과 친구가 되고 싶었다면 혼자 와서 가르침을 청하는 것이 가장 좋은 선택이었다. 설사 친구가 되지 못하더라도 최소한 자존심은 잃지 않았을 것이다. 그러나 종회는 그런 자신감도, 성의도 없었다. 단지 자기가 사마씨의 심복일뿐더러 많은 사람들을 데리고 왔으니 혜강이 우습게 보지는 못하리라 믿었다.

종회는 혜강을 몰라도 너무 몰랐다. 혜강이 부드러운 것은 받아들이고 강압적인 것은 거절하는 사람이라는 사실을 몰랐던 것이다. 겸허하게 가르침을 구했다면 혜강은 내심 싫더라도 박대는 하지 않았을 것이다. 그런데 고의로 자신의 위세와 권력을 뽐냈으니 이는 쓸데없이 재주를 피우려다 일을 망친 꼴이었다.

혜강과 상수는 시끌벅적한 소리를 듣고도 하던 일을 멈추지 않았다. 혜강은 여전히 쾅쾅 쇠를 계속 두드렸다. 그러면서 마치 바깥세상이 존재하지 않는 것처럼 반나절 동안 한마디 말도 하지 않았다. 일전에 종회가 던져놓고 간 책을 분명 봤을 텐데도 어떤 품평도 하지 않았으며 최소한의 인사도, 무시하거나 깔보는 표시도 하지 않았다. 그의 눈에는 종회라는 사람이 전혀 보이지 않는 것 같았다.

종회는 말을 세운 채 같이 온 무리와 함께 난처해 어쩔 줄 몰랐다. 쇠를 두드리는 소리만 마치 종회의 뺨을 때리는 것처럼 맑고 우렁차게 울렸다.

그렇게 한참 시간이 흘렀고 종회는 너무 무안한 나머지 말머리를 돌려 떠날 채비를 했다.

이때 쇠 두드리는 소리가 뚝 그치고 통쾌하기는 하지만 안타까운 장면이 연출된다.

혜강이 몸을 돌려 낭랑한 목소리로 “무슨 소문을 듣고 와서 무엇을 보고 가시오?”라고 말했다. 명백히 풍자와 비웃음이 담긴 물음이었다. 만약 다른 사람이었다면 말문이 막혔을 것이다. 그러나 종회는 재치 있는 인물이었다. 즉각 “들을 만한 소문을 듣고 왔다가 볼 만한 것을 보고 가오”라고 말했다. 어디 두고 보자는 뉘앙스의 대답이었다. 이 말을 마치자마자 종회는 화가 나서 훌쩍 가버렸다.

이 장면이 통쾌하면서도 안타깝다고 한 데에는 이유가 있다.

혜강의 말은 종회에 대한 경멸감을 표현하고 그의 위세를 꺾었으니 듣기에 통쾌하다. 하지만 안타깝게도 바로 이 말 때문에 종회는 마음에 원한을 품었다.

‘군자에게 죄를 지을지언정 소인배에게 죄를 지어서는 안 된다’라는 옛말이 있다.

군자에게는 죄를 지어도 마음 편히 지낼 수 있지만 소인배에게는 죄를 지으면 항상 조심하고 경계심을 늦춰서는 안 된다는 뜻이다.

소인배에게는 보통 세 가지 마음, 즉 질투심, 승부욕, 복수심이 있다. 권력을 가진 소인은 이 세 가지 마음이 또 다른 마음을 갖게 하는데, 곧 살심殺心이다.

소인배일수록 체면을 중시한다. 당신이 소인배의 체면을 깎았다면 그는 뒤에서 당신에게 덫을 놓거나 심지어는 칼부림을 할 것이다.

종회는 대표적인 소인배이자 혜강의 생애에서 가장 위험한 소인배였다.

아마도 이때 종회는 혜강을 죽이겠다고 마음먹었을 것이다.

이 이야기에서 우리는 혜강이 심신을 수양한 사람이긴 하지만 애증이 위나 분명해 싫어하는 사람은 원수처럼 증오했음을 알 수 있다. 그는 일찍이 '사람의 과실을 함부로 논하지 않는다'는 완적의 원칙에 감탄하고 본받고 싶긴 하지만 그러기가 쉽지 않다고 고백한 바 있다.

그의 강직한 성격 때문이었다. 그 성격 때문에 유연히 대처할 줄을 몰랐다. 자신의 존엄성과 인격이 짓밟히면 절대로 참지 못했다. 이번처럼 중요한 순간에 그가 애써 인내하고 입을 다스렸다면 나중에 종회에게 무고를 당해 비명횡사하지는 않았을 것이다.

그러나 또한 혜강이 그런 사람이었다면 그는 온전히 혜강일 수 없었을 것이다.

종회에게 미운털이 박혔으니 혜강의 처지는 더욱 불안해졌다. 그리고 몇 년 후 어떤 살인 사건이 일어나서 그를 더 세찬 격랑 속에 몰아넣는다.

무슨 살인 사건이었을까?

11
사마소의 마음

소년 황제

중국에는 '사마소의 마음은 누구나 안다'는 속담이 있다. 황위를 찬탈하려던 권신 사마소의 속마음이 너무 뻔히 들여다보였던 것을 빌려, 누구나 어떤 사실을 알고 있음을 비유하는 말이다.

이 유명한 말이 누구의 입에서 나왔는지 아는 사람은 아마 많지 않을 것이다.

그 사람은 다름 아닌 위나라 네 번째 황제 조모다.

조모는 어떤 처지에서 이 말을 했을까? 이 소년 황제의 운명은 어떻게 귀결되었을까? 또한 조모와 죽림칠현의 관계는 어떠했을까?

앞에서 언급했듯이 254년에 사마사는 하후현, 이풍 등이 일으킨 반란을 진압하고 그 반란에 관여했던 조방을 폐위한 후 조비의 손자이자 고귀향공이었던 열네 살의 조모를 황제로 앉혔다. 두말할 필요 없이 이 소년 황제는 조방과 마찬가지로 꼭두각시 황제에 불과했다. 모든 국가 대사는 사마씨에 의해 좌지우지되었다.

그러나 조모는 조방보다 훨씬 유능했다. 즉위하자 황제로서 갖춰야 할 영민함과 지혜를 드러냈다.

조방이 폐위되자마자 조정에서는 조모의 근거지인 산동의 담郯 지역으로 사신과 의장儀仗을 보내 그를 수도로 데려왔다.

길고 고된 여정을 거쳐 10월 초나흘에 마침내 조모는 낙양성 밖 현무관玄武館에 도착했다. 신하들은 그에게 전전前殿에 들라고 상주했지만, 그는 선대 황제가 묵던 곳에 감히 머물 수 없다면서 서상방西廂房에 잠시 머물렀다. 또한 황제의 전용 수레로 모시려는 것도 거절했다.

이튿날 조모가 수도 낙양에 도착하자, 문무백관이 서액문西掖門 남쪽에 꿇어앉아 그를 맞이했다. 조모가 황급히 수레에서 내려 답례하려는데 의식을 주관하던 관리가 말렸다.

"의례에 따르면 공께서는 답례를 하시면 안 됩니다"

그러나 조모는 계속 자신을 낮추었다.

"나 역시 황제의 신하인데, 어찌 답례하지 않을 수 있겠소."

그는 정중한 태도로 군신들에게 절을 했다.

이어서 조모는 황궁 밖 지거문止車門에 당도했다. 지거문은 문무백관이 수레나 말에서 내리는 곳이다. 조모가 수레에서 내리겠다고 하자 좌우의 시종들이 호들갑을 떨었다.

"과거의 예절에 따르면 황제는 이 문을 그냥 통과할 수 있습니다."

"지거문은 대신들의 수레를 세우는 곳이지 황제의 수레를 세우는 곳이 아닙니다."

그렇지만 조모는 겸손한 태도로 예를 갖추며 뜻밖의 말을 했다.

"황태후께서 나를 낙양으로 부르신 까닭을 아직까지는 알 수 없소."

아직 즉위식을 거행하지 않았으므로 자신은 여전히 신하일 뿐 황제가 아니라는 것이었다. 결국 그는 수레에서 내려 태극전太極殿 동당東堂까지 걸어가 숙모인 곽 태후를 알현했다.

이 모든 과정에서 조모의 태도는 적절하고 도리에 맞아 사람들의 찬탄을 자아냈다.

이날 조모는 태극전 전전前殿에서 황제에 즉위했다. 즉위식에 참석한 문무백관은 사리에 밝고 빼어난 조모의 모습을 보고서 사직社稷의 복이라며 저마다 칭찬을 아끼지 않았다.

이 소식을 접한 사마사만 조모가 훗날 자신의 황위 찬탈에 걸림돌이 되지 않을까 깊이 걱정했다.

조모가 황제에 등극한 지 얼마 되지 않아 회남에서 관구검과 문흠의 반란이 일어났다. 사마사는 군대를 이끌고 정벌에 나섰고 사마소는 낙양을 방어했다. 조모의 총명함은 이때에도 어김없이 드러났다.

앞에서 언급했듯 사마사는 문흠의 아들 문앙의 기습에 눈알이 빠질 만큼 혼비백산했다. 이어서 대군을 이끌고 회군하던 길에 허창에서 생을 마감했다. 그의 병이 위독할 때, 사마소는 그를 만나러 허창으로 달려가던 중이었다. 그런데 중간에 전령으로부터 사마사가 급서했다는 소식을 전해 들었다.

사마씨 형제 중 한 명이 죽고 한 명은 떠나 수도가 비어 있으니 조모가 보기에 실로 천재일우의 기회가 아닐 수 없었다. 그는 즉각 조칙을 내려 사마소에게 허창을 지키게 하고 종군 중이던 상서 부가傅嘏에게는 군대를 이끌고 낙양으로 복귀하게 했다.

시의적절한 이 조칙의 목적은 사마소에게서 병권을 빼앗고 사마씨 세력을 조정에서 축출하는 것이었다. 그러나 사마소는 심복인 부하와 종회의 계획에 따라 친히 군대를 인솔해 낙양에 돌아와 사마사의 대장군 직위를 물려받았다.

조모의 계획은 실패했지만 우리는 여기에서 그의 비범한 정치적 재능을 엿볼 수 있다.

그와 같은 인물이 어떻게 평생을 꼭두각시 황제에 머물며 만족할 수 있겠는가?

그때 조모의 나이는 반항적인 사춘기에 해당했다. 이 연령대의 아이들은 보통 부모의 가르침에 억압과 불만을 느끼곤 한다. 하물며 황제인 조모의 경우는 오죽했겠는가. 손바닥으로 하늘을 가리려 하고 군신의 관계를 거꾸로 만들려는 사마소에게 참을 수 없는 분노를 느끼는 것이 당연했다.

고대의 정치 환경에서 가장 중요한 원칙은 '명분이 바르면 말이 이치에 맞는다'는 것과 '임금은 임금답고, 신하는 신하다우며, 아버지는 아버지답고, 아들은 아들다워야 한다'는 것이었다. 나라를 회사에 비유하면 황제는 법인 대표에 해당한다. 사마소는 집권자이긴 해도 최고 경영자에 불과했다. 최고 경영자가 회사를 빼앗으려 하는데 회사 대표가 어떻게 울분만 삼키고 있겠는가?

조씨와 사마씨의 권력투쟁은 이때부터 소년 황제와 사마소의 투쟁으로 진전되었다. 그들의 투쟁은 정국을 더 악화시켰다. 알다시피 완적은 본래 조모의 총애를 받아 산기상시라는 직책을 맡았고, 그로 인해 사마소와 조모 사이에서 불안한 나날을 보내야 했다. 그래서 그는 동평의 수령으로 자청해서 떠남으로써 겨우 시비의 소용돌이에서 벗어나 목숨을 보전했다.

그러나 죽림칠현의 또 다른 핵심 인물은 완적과는 정반대로 조씨와 사마씨의 이 새로운 투쟁에 휩쓸리고 말았다.

그 인물은 혜강이었다.

관숙과 채숙을 논하다

혜강은 어쩌다가 조모와 사마소의 투쟁에 휘말리게 된 것일까? 그것은 한 편의 글 때문이었다. 그 글은 조모와 관련이 있었다.

조모는 나이는 어렸지만 일찍부터 경서를 숙독해 생각이 깊고 가슴속에 큰 뜻을 품고 있었다. 황제가 된 후에는 천하를 다시 조씨 가문의 것으로 되돌리고자 했다. 그는 늘 황제의 신분으로 나라의 제도와 풍속에 관심을 가졌으며 특히 최고의 연구 기관인 태학을 중시했다.

감로 원년(256) 4월, 열여섯 살이 된 황제 조모는 태학으로 행차해 태학의 박사 및 유생과 유교 경전에 관해 논했다. 그러다가 이 소년 황제가 갑자기 매우 민감한 화제를 꺼냈다. 그것은 주공周公과 관숙管叔, 채숙蔡叔에 관한 이야기였다.

주공과 관숙, 채숙의 이야기는 중국 역사상 가장 유명한 사건 중

하나이다.

주공은 주나라 문왕의 아들이자 무왕武王의 아우로서 역사에 길이 남을 인물이다. 관숙과 채숙도 문왕의 아들이자 무왕의 아우였다. 나이로 따지면 관숙은 주공의 형이었고 채숙은 주공의 아우였다. 무왕은 은나라를 멸망시킨 후 거대한 봉토를 대신과 형제에게 나눠주었다. 관숙은 관管(지금의 하남성 정주鄭州 일대) 땅을, 채숙은 채蔡(지금의 하남성 상채上蔡 일대) 땅을 각기 분배받았다. 무왕이 죽고 나서 그의 아들 성왕이 즉위하자 그들 형제는 황숙皇叔이 되어 각각 관숙과 채숙으로 불리게 되었다.

즉위 당시 열세 살에 불과했던 성왕이 아직 천하를 다스릴 능력이 부족해 덕망이 높은 주공이 섭정의 중임을 맡았다. 그런데 주공이 섭정을 시작하자 관숙과 채숙은 이에 불만을 품고 나라 전체에 '주공이 어린 왕을 해하려 한다'는 소문을 퍼뜨렸다. 그러고 나서 은나라 주왕의 아들인 무경武庚, 동이東夷의 부족과 연합해 반란을 일으켰다. 주공은 친히 군대를 이끌고 삼 년간 힘든 전쟁을 치러 마침내 그들의 반란을 평정한 뒤 무경과 관숙을 죽이고 채숙을 유배 보냈다.

이 사건에 대해서는 이미 역사적 평가가 내려져 있었다. 즉, 관숙과 채숙이 음흉한 마음을 품고 반란을 도모했으며 주공은 대의에 입각해 이 친형제를 처단함으로써 나라와 백성을 이롭게 했다는 것이었다.

그렇다면 소년 황제 조모는 역사적으로 결론이 난 이 사건을 왜 중시했을까?

당시의 정국과 이 사건을 대비해보면 세 가지 유사점을 찾을 수 있다.

첫째, 새로 등극한 황제의 나이가 어렸다. 명제 조예가 죽은 후 대를 이은 조방은 여덟 살에 불과했고 조방이 폐위되고 대를 이은 조모도 열네 살에 불과했다. 이들은 즉위 당시 열세 살이었던 성왕과 처지가 흡사했다.

둘째, 두 사례 모두 권신의 섭정이 있었다. 조상 집단이 축출된 후 사마씨 부자가 차례로 집권한 것은 권력 구조 면에서 주공의 섭정과 유사했다. 더욱이 사마씨는 일말의 수치심도 없이 스스로 주공을 자처하며 세상을 속이고 명예를 도둑질했다.

셋째, 모두 반란을 야기했다. 사마의 부자가 정사를 주관한 이후 회남에서 왕릉과 관구검의 반란이 차례로 일어났다. 특히 관구검의 반란은 관숙, 채숙의 반란과 마찬가지로 조모가 즉위하고 얼마 되지 않아 발생했다.

그야말로 역사의 반복이라 할 만하다.

조모가 굳이 이때 관숙과 채숙을 거론한 것은 앞선 관구검과 문흠의 반란과 그 결과가 옛날 관숙과 채숙의 그것과 매우 흡사했기 때문이다.

소년 황제 조모는 일찌감치 늑대 같은 사마소의 마음을 꿰뚫어보고 있었다. 그래서 태학에서 '이 주공은 저 주공과 다르다'라는 식으로 옛일을 빌려 오늘 일을 풍자함으로써 사마소에 대한 불만을 표출했다.

따라서 이 화제는 민감할 수밖에 없었다.

조모는 박사 유준庾峻에게 다음과 같이 물었다.

"그대는 주공과 관숙, 채숙의 이야기에 관해 어떻게 생각하시오?"

유준은 부패한 유생이었다. 주공을 자처한 사마씨에게 죄를 지을까 두려워 좌우를 두리번거리며 감히 입을 열지 못했다. 조모는 몹시 화를 냈다.

"이 이야기는 『상서』尙書에 나와 있으니 박사라면 의당 알아야 하지 않소?"

유준은 할 수 없이 이렇게 답했다.

"이 문제는 선현들이 모두 질문을 던졌던 것입니다. 이 모자란 신하의 얕은 재주로 어찌 논할 수 있겠습니까?"

태학에서 있었던 이 일은 곧 널리 소문이 퍼졌다. 그리고 이 일로 말미암아 혜강은 정치적 소용돌이에 휘말리게 된다.

당시 낙양에서 활동하던 혜강은 늘 태학에서 석경의 고문을 베껴 썼고 태학 유생들의 정신적 리더 역할을 하고 있었다. 자연히 이번 일도 그의 귀에 들어갈 수밖에 없었다. 여기서 한 가지 알아야 할 것은 일찍이 혜강이 관구검의 반란에 가담하려다가 산도의 만류로 포기했다는 사실이다. 그러나 혜강은 여전히 사마씨의 폭정에 대해 참을 수 없는 분노를 느끼고 있었다.

황제가 돌연 주공과 관숙, 채숙의 이야기를 언급한 의도를 혜강은 너무도 잘 알고 있었다. 이에 세상을 뒤흔들 만한 날카로운 글을 발표해 그 이야기에 관한 기존의 결론을 뒤집었다. 그 글이 「관채론」管

蔡論이다. 거기에서 혜강은 "관숙과 채숙은 모두 명령에 따르고 의를 위해 목숨을 버릴 충성스러운 인물이었다. 그래서 문왕이 그들을 중용하고 무왕과 주공 두 성인도 그들을 귀하게 쓴 것이다"라고 썼다.

그 글을 통해 혜강은 대략 두 가지를 언급했다.

첫째, 관숙과 채숙은 본디 충신이었을 것이다. 그렇지 않았으면 지혜로운 문왕과 무왕, 주공이 결코 그들을 중용하지 않았을 것이다. 문왕, 무왕, 주공은 모두 성인聖人이다. 어찌 성인의 안목에 문제가 있겠는가?

둘째, 그 사건은 사실 있어서는 안 될 오해의 산물이었다. 무왕의 뒤를 이은 성왕이 너무 어려 주공은 어쩔 수 없이 섭정을 해야 했다. 이런 정치적 변화에 대해 수도에서 멀리 떨어져 있었던 관숙과 채숙은 충분히 납득하지 못했다. 주공의 섭정이 불가피함을 이해하지 못하고 그를 권력을 찬탈한 인물로 간주했던 것이다. 그래서 그들은 왕실을 보호하기 위해 주공을 토벌하는 군대를 일으켰다. 마음속 깊이 충성심을 품고 있었건만 오히려 예기치 않은 재앙을 초래하고 만 것이다.

결론적으로 주공의 정벌은 대의를 위해 형제를 친 것으로 역시 성인의 처사였지만, 관숙과 채숙도 사람들이 보통 알고 있는 것처럼 난신적자亂臣賊子는 아니라는 해석이었다.

혜강은 비록 적극적으로 주공을 비판하지는 않았으나 관숙과 채숙을 높이 평가함으로써 옛일을 빌려 당시의 정국을 풍자하려 했다. 물론 그 글이 정말 혜강의 글이 맞는지에 대해서는 아직까지도 의견이 분분하지만, 나는 충분한 반증이 나오기 전까지는 주공과 관숙, 채숙의 이야기에 대한 조모의 물음과 혜강의 「관채론」 사이에 밀접한 연관성이 있음을 부인할 수 없다고 본다.

어쨌든 혜강의 글은 거대한 파급력을 지니고 있었다. 사마씨가 자신들을 주공에 비유한 것과 관련해 그의 글은 현실에 대한 예리한 통찰력을 보여주었다.

혜강의 글을 보고 사마소가 깊이 증오심을 품었으리라는 것은 불 보듯 뻔한 일이다. 그는 혜강뿐만 아니라 어린 나이에 자꾸 '국가 대사'에 관여하려드는 조모까지 미워했다.

확실히 조모는 무모했다. 꼭두각시 황제로서 감히 그럴 처지가 아닌데도 태학에서 그만 입에 담지 말아야 할 화제를 말하고 말았다. 그는 정말 총명했던 것일까, 아니면 사는 게 지겨웠던 것일까?

오래지 않아 제갈탄이 회남에서 반란을 일으켰다. 사마소는 황제 조모와 황태후의 어가를 대동하고 친히 정벌에 나서 그 반란을 평정했다. 이를 계기로 위나라 조씨 황실의 충신은 거의 제거되었고 사마씨의 황위 찬탈의 야욕은 한층 노골화되었다.

이 시기, 조씨와 사마씨의 투쟁은 황제 조모와 사마소 사이의 투쟁이긴 했지만 사마소 쪽이 워낙 우세해서 조모의 미약한 저항은 마치 개미가 나무를 흔들려는 것과 다름없었다.

잠룡시

감로 4년(259)에 발생한 사건은 사마소와 조모의 관계를 더욱 긴장시켰다.

이해 정월, 예주豫州 영릉현寧陵縣의 한 우물에서 어떤 이가 두 마리의 황룡을 발견했다. 황룡이란 사실 누런 뱀에 지나지 않지만 사람들은 이를 길조로 여겼다. 그러나 꼭두각시 황제인 조모는 그렇게 보지 않고 이렇게 말했다.

"용은 곧 임금의 덕을 말한다. 용이 하늘도 아니고 땅도 아닌 우물에서 발견되었으니 어찌 길조라 할 수 있겠는가."

그는 실의에 빠져 「잠룡시」潛龍詩라는 시 한 편을 지었다.

마음이 아프구나,
심연에 갇혀 고통 받는 용.
하늘을 날지도 못하고
땅 위에서도 찾을 수 없네.
우물 바닥에 웅크리니
눈앞에는 꿈틀대는 미꾸라지뿐.
이빨과 발톱을 숨긴 꼴이
아아, 이 몸과 같구나.

이 시의 의미는 명확하다. 조모는 우물에 갇혀 고통 받는 용의 비애를 탄식하고 있다. 드높은 하늘을 날거나 광활한 대지 위에서 노닐지 못하고 우물 바닥에 웅크려 미꾸라지나 바라보는 용에 자신을 비유했다. 존귀한 황제임에도 불구하고 그는 군신의 위치가 뒤바뀐 세상에서 우물 속 용과 마찬가지로 비참한 삶을 영위하고 있었던 것이다.

이 「잠룡시」는 조모가 몇 년간의 억압을 견디지 못하고 감정을 폭발한 시이다. 이 시는 조모가 진정 견식과 자존심을 갖춘 황제였다는 사실과 사마소의 위세가 이 열아홉 살의 황제를 더 이상 참을 수 없는 지경까지 내몰았음을 보여준다. '잠룡'이라는 시의 제목은 『주역』周易 「건괘」乾卦에 나오는 '잠룡물용'潛龍勿用, 즉 숨어 있는 용은 쓰지 말라는 효사爻辭에 대응한다. 이 말은 잠룡이 비록 용이긴 하지만 아직까지는 숨어 있는 단계이므로 나중에 힘을 기르고 기회를 잡으면 승천할 수 있다는 의미다.

결국 이 시는 일종의 암시이자 경고이며, 또한 시위이기도 했다.

사마소는 이 시를 보고 크게 노해 자신에게 순종하지 않는 이 어린 황제에게 더 큰 불만을 갖는다.

마침 이 시기의 정치 분위기는 마치 화약통과 같아서 언제든 불만 붙으면 경천동지할 폭발이 일어날 수 있었다.

「잠룡시」는 일종의 도화선이었다. 그리고 화약통을 폭발시킨 장본인은 사마소였다.

임금을 시해한 죄

감로 5년(260) 정월 초하루에 일식이 있었다. 옛사람들은 천문학적 현상과 자연 재해가 정치, 사회와 관련이 있다고 믿었다. 이를 '천인감응'天人感應이라고 했다. 아무튼 그 일식으로 인해 조정 안팎에서는 뭔가 상서롭지 않다는 불안감이 가득했다.

역시나 그해 5월, 피비린내 나는 사건이 발생했다.

5월 7일, 황제 조모는 황궁 안에서 안절부절못하고 있었다. 전날 밤, 그는 이미 몇 명의 측근 대신으로 하여금 금군禁軍을 배치해 황궁을 호위하도록 지시했다. 사마소와의 결전을 위해 승부수를 던진 것이다.

조모는 왜 그런 모험을 감행했을까?

그해 4월, 조모는 거듭된 압박을 이기지 못하고 대장군 사마소를 상국相國으로 격상시키고 진공晉公에 봉하는 한편, 여기에 구석九錫까지 하사했다. 사마소에게 봉토를 더해준 것은 이번이 두 번째였다. 사마소는 옛 예법에 따라 몇 번 사양하는 척했고 황제의 하사와 사마소의 사양이 몇 차례 반복되면서 민심이 동요했다.

사마씨 쪽으로 완전히 대세가 기울면서 사마소는 이제 자신을 따르는 무리들이 '황포'黃袍를 입혀줄 날만 기다리고 있었다. 조모는 이런 상황을 크게 우려했지만 유감스럽게도 그의 수중에는 아무 힘도 남아 있지 않았다. 그가 조방처럼 사마소에게 폐위된다면 조씨의 위나라는 완전히 종말을 맞게 될 것이 뻔했다.

그래도 조모는 혈기 넘치는 인물이었다. 그는 왕씨 성을 지닌 세 대신을 비밀리에 불러 모았다. 시중 왕침王沈과 상서 왕경王經, 산기상시 왕업王業이었다.

이들에게 조모는 역사에 길이 남을 명언을 남겼다.

"사마소의 마음은 누구나 아오. 짐은 이렇게 앉은 채로 치욕스러운 폐위를 기다리고 있을 수만은 없소. 오늘 짐은 그대들과 함께 떨쳐 일어나 저 늙은 도적을 처단할 작정이오."

상서 왕경은 충신이었다. 그는 즉시 조모에게 간언했다.

"폐하께서는 부디 가벼이 움직이지 마십시오. 나라의 권세가 사마씨의 수중에 떨어진 것이 하루 이틀 일이 아닙니다. 조정의 대신들이 모두 그에게 충성을 맹세하고 시비를 돌아보지 않게 된 것도 어제오늘 일이 아닙니다. 더욱이 지금 황궁은 방비가 허술하고 군사도 나약한데 어떻게 저들을 토벌하겠습니까? 일단 계획이 탄로 나 위험에 처하면 그 후환은 걷잡을 수 없을 겁니다."

왕경의 말은 조목조목 옳았고 충심에서 비롯된 것이었다. 그러나 분노로 제정신이 아닌 조모에게 그의 말이 통할 리 없었다. 그는 품속에서 누런 비단에 써놓은 조서를 꺼내 땅바닥에 내동댕이치며 말했다.

"통탄할 일이구려. 짐은 이미 결심을 세웠소. 죽음이 뭐가 두렵단 말이오. 더구나 활로가 전혀 없다고 할 수도 없는데 말이오."

말을 마친 후 조모는 이 일을 태후에게 알리려 후궁으로 들어갔다.

뒤에 남은 세 명의 왕씨 대신은 격론을 벌였고 결국 왕침, 왕업 두 사람은 사마소가 있는 재상부로 달아났다.

황제의 계획을 고해바치기 위해서였다. 그들은 서로 공을 다투기까지 했다.

왕침과 왕업이 모두 위나라의 중신이었다는 점에 주목할 필요가 있다. 그런데도 그들은 곤궁에 처한 황제에게 충성을 다하기는커녕 슬그머니 줄행랑을 쳤다. 줄행랑을 친 것을 넘어 사마소의 진영에 투항했던 것이다.

사마소는 두 사람의 밀고를 듣고 경비를 강화했다. 이로써 군신 간의 충돌은 피할 수 없게 되었다.

한편 조모는 태후를 알현한 후 그녀의 만류에도 불구하고 결국 보검을 뽑아들었다. 수레에 앉아 고집스럽게, 심지어 다소 광기 어린 모습으로 그는 수백 명의 장병들을 데리고 황궁을 떠나 사마소의 재상부를 향해 진격했다. 그가 임시로 조직한 이 부대는 대략 세 종류의 사람들로 이뤄졌다. 호위병, 노비, 내시.

이 부대는 볼품없는 까마귀 떼나 다름없었으니 전투력이야 언급할 가치도 없었다.

조모가 이끄는 부대는 지거문을 통과하자마자 사마소가 보낸 첫 번째 부대와 맞닥뜨렸다. 부대의 대장은 사마소의 아우이자 둔기교위屯騎校尉인 사마주司馬伷였다.

조모의 부대는 황제의 위세를 등에 업고 적을 공격하며 외쳤다.

"천자께서 재상부에 볼일이 계시다. 앞을 막는 자는 목을 베리라."

사마주는 두려움을 느껴 즉시 꽁무니를 뺐다.

조모는 황궁의 남쪽 궁궐까지 치고 나갔다가 사마소가 파견한 두 번째 부대와 만났다. 이 부대의 우두머리는 사마소의 심복이자 중호군中護軍을 맡은 가충賈充이었다.

가충은 사마소의 야심을 너무나 잘 아는 인물이었다. 사마소가 황제가 되기만 하면 자신도 출셋길을 보장받을 수 있으리라고 생각했다. 그래서 마치 사마소의 충견처럼 제 주인만 알지 황제의 위엄 같은 것은 아랑곳하지 않았다. 가충은 사마주와는 다르게 대응했고 쌍방은 격렬한 전투를 벌였다.

그러나 어쨌든 황제에게 맞서는 것은 대역무도한 짓이다. 가충의 병사들은 일찍이 이런 일을 경험해본 적이 없었다. 급기야 자신감을 잃고 공격과 후퇴를 반복하다가 무력하게 방어선을 내주게 되었다.

이때 한 사람이 불쑥 뛰쳐나와 가충 앞에 섰다. 이 사람은 이후 역사에 추악한 이름을 남기게 된다. 그는 사마씨 수하의 자객인 성제成濟였다.

성제는 주인의 한마디면 제 목숨도 돌보지 않고 돌격하는 살인기계였다. 그는 상황이 좋지 않아 흉악한 수를 쓸 수밖에 없다고 판단했다.

"어쩌면 좋겠습니까?"

가충이 명령만 내려주면 주저 없이 황제를 해치우겠다는 의미였다. 근심하고 있던 가충은 성제가 자진해서 나서주자 부쩍 힘이 났다.

"사마공이 너희를 기른 것은 오늘 같은 날을 위해서였다. 더 무엇을 기다리겠느냐?"

이 말을 듣자마자 성제는 긴 창을 꼬나들고 황제가 탄 수레로 돌진했다.

조모는 이를 보고 깜짝 놀라 외쳤다.

"황제가 여기 있는데 감히……."

이 말이 끝나기도 전에 성제는 긴 창을 조모의 가슴에 찔러 넣었다. 너무 힘을 준 나머지 그의 창끝은 곧장 조모의 등을 뚫고 나왔다.

이렇듯 위나라 황제는 수레 안에서 일개 범부의 창에 찔려 목숨을 잃었다. 역사의 기록에 따르면 조모가 죽던 순간, 맑은 하늘에서 돌연 천둥소리가 울리고 먹구름이 끼어 해를 가리면서 폭우가 쏟아졌다.

참극이 벌어진 후 온 나라가 들썩였다. 사마소도 두려운 마음에 문무백관을 불러 모아 이 일을 어떻게 처리할지 의논했다. 어떤 이는 가충을 죽여 하늘에 지은 죄를 씻어야 한다고 했다. 당연히 사마소는 반대했다. 대신 성제의 죄를 물어 삼족을 멸할 것을 결정했다. 이로써 성제는 역사상 가장 유명한 희생양이 되었다.

그러나 그것으로 일단락됐다고는 할 수 없었다. 사마소는 임금을 죽였다는 죄명을 짊어지고 싶지 않았다. 그래서 조모가 태후의 명의를 도용해 스스로 화를 초래했으니 죽어 마땅하다는 글을 짓게 하고 여론을 동원해 비방했다. 그러고서 조모를 폐해 서인으로 강등시키고 일반 백성처럼 장례를 치렀다.

상서 왕경은 결정적인 순간에 사마소의 편을 들지 않고 황제에게 충성을 바쳤다는 이유로 가족들과 함께 참형을 당했다.

이 소름 끼치는 참극의 과정에 대해서는 역사서마다 기록이 다른

데 가장 간단한 서술은 진수의 『삼국지』에 나와 있다. 『삼국지』 「삼소제기」三少帝紀에 딱 한 줄 "5월 기축일己丑日에 고귀향공이 죽었다. 향년 이십 세"라고 쓰여 있다. 진수가 이처럼 평민이 죽었을 때 사용하는 기술 방식으로 조모의 죽음을 기록한 까닭은 조모가 평민으로 강등되었고 진수 자신이 진나라 사람으로서 사마씨의 입장에 서 있었기 때문이다.

많은 사람 앞에서 창을 맞고 선혈이 낭자한 채 쓰러진 소년 황제의 비극이 저 간략하기 그지없는 한 줄의 글로만 남은 것이다.

그러나 동진의 사학자 습착치習鑿齒는 『한진춘추』漢晉春秋에 비교적 상세한 기록을 남겼으며 기록의 말미에 다음과 같이 조모의 장례 풍경을 묘사했다. "정묘일丁卯日, 고귀향공을 낙양 북서쪽 삼십 리의 전수瀍水와 간수澗水가 만나는 기슭에서 장사 지냈다. 깃발도 달지 않은 몇 대의 수레만 내려왔다. 모여 있던 백성들이 이를 보고 '어제 피살당한 천자라네'라고 하면서 슬픔을 못 이기고 얼굴을 가린 채 울었다." 얼마 안 되는 분량이지만 인간의 선과 악, 충성스러움과 간사함을 다시 돌아보게 한다.

정의는 필경 마음에서 우러나는 것이요, 역사에는 반드시 공정한 평가가 있기 마련이다.

노자는 "용기를 내세우면 목숨을 잃고, 용기를 내세우지 않으면 목숨을 보전한다"라고 말했다. 조모는 '용기를 내세우는 사람'이었기에 목숨을 보전하지 못했다. 그러나 조방은 '용기를 내세우지 않는 사람'이었기 때문에 폐위의 치욕을 당하면서도 목숨은 건질 수 있었다.

조모의 행동은 확실히 경솔하고 충동적이었다. 하지만 그의 용기는 세상 사람들의 존경을 얻을 만했고 황제로서의, 또 사나이로서의 자존심도 지킬 수 있었다. 그의 죽음은 가치가 없는 것이 아니었다.

조모가 죽고 나서 사마소는 또다시 열다섯 살짜리 꼭두각시 황제를 옹립했다. 그는 조조의 손자이자 연왕燕王 조우曹宇의 아들인 조환曹奐이다.

조환은 위나라 제5대 황제이며 결국 진나라에 황위를 넘겨준 황제이기도 하다. 본래 그는 사마소가 순리적으로 황위를 넘겨받기 위해 내세운 일종의 '위탁자' 혹은 '중개자'에 불과했다.

이제 '사마소의 마음'은 길거리의 행인들을 넘어 '모든 사람'이 알 만한 것이 되었다. 그러니 죽림칠현이 그것을 몰랐을 리는 만무했다.

그렇지만 산도도, 완적도, 왕융도 이 시기에는 모두 사마소 수하의 관리였던 탓에 자신들의 생각을 표현하기 어려웠고 감히 그럴 수도 없었다. 황제도 죽인 자가 누군들 또 못 죽이겠는가?

조모가 죽은 이후, 위나라와 진나라의 교체는 거스를 수 없는 대세가 돼버렸다. 문인들과 명사들은 목이 잘릴지도 모른다는 두려움에 감히 입을 열지 못했다.

그러나 단 한 사람의 예외가 있었다. 그는 누구도 예상치 못한 방식으로 사마소에게 도전했다.

그는 혜강이었다. 혜강 말고 누가 있었겠는가? 혜강 이외에는 어느 누구도 계란으로 바위를 치고 부나비처럼 불구덩이에 자기 몸을 던지지 못했다.

그렇다면 혜강은 과연 어떤 방식으로 사마소의 폭정에 도전장을 내밀었을까?

12
절교의 진위

산도와 절교하다

조모가 죽은 뒤인 감로 5년(260) 6월, 열다섯 살의 조환이 즉위했다. 역사에서는 그를 원제元帝라고 불렀고 연호는 감로에서 경원景元으로 바뀌었다.

이때부터 조씨의 위 왕조는 끊어질 듯 말 듯 가냘픈 숨을 몰아쉬며 길다면 길고 짧다면 짧은 마지막 오 년을 보낸다.

조모가 생을 마감한 지 얼마 되지 않아 죽림칠현의 큰형뻘인 산도가 혜강으로부터 한 통의 긴 편지를 받는다.

편지를 읽고 나서 산도는 누구에게도 토로하기 힘든 오싹하면서도 무거운 기분을 느끼며 마음속으로 거듭 탄식했다.

'숙야叔夜(혜강의 자)여, 숙야여. 왜 그렇게 스스로를 괴롭히는가? 그대가 나를 욕하고 나와 절교를 선언해도 상관없지만, 어째서 스스로를 깜깜한 벼랑 끝으로 몰아붙이는가?'

혜강은 편지에 어떤 내용을 적은 걸까? 산도는 왜 편지를 읽고 그와 같은 반응을 보인 걸까? 혜강은 왜 그 편지를 썼으며, 정말 많은 사람들이 알고 있는 것처럼 산도에게 절교를 선언했을까?

이를 이해하기 위해 먼저 산도의 관운官運에 대해 이야기해보자.

앞서 언급한 대로 산도는 사마사가 집권한 이후 사마씨에 의탁해 관운을 누렸다. 특히 사마소가 집권한 후로는 그야말로 탄탄대로를 걸어 상서이부랑까지 올랐다. 일반적으로 당시의 정치 환경은 매우 험악했던 탓에 많은 이들이 항상 불안에 떨었다. 그렇다면 사마씨 수하의 산도도 과연 그러했을까?

그렇지 않았다. 세 가지 이유에서 산도는 매우 안전했다.

첫째, 산도와 사마씨는 친척이어서 서로 잘 알고 있었으며 최소한 대립각을 세우지는 않았다.

물론 아무리 친척이어도 절대적인 안전을 보장받을 수 없었다. 하후현도 사마씨와 친척이 아니었던가? 친척일지라도 복종하지 않으면 언제든 죽임을 당할 수 있었다.

따라서 두 번째 이유가 중요하다. 산도는 정치 수완과 식견이 풍부했다. 또한 타인의 의견에 귀를 기울일 줄 알았고 권력의 변화무쌍함도 잘 이해했기에 난세에 목숨을 보전할 수 있었다. 『세설신어』「상예」賞譽에는 왕융이 산도에 대해 "소박하면서도 기개가 있고 사람들에게 지혜롭고 침착하며 예측하기 어려운 인물이라는 인상을 주었다"라고 평한 내용이 있다. 즉, 그는 타고난 정치인이었다. 게다가 산도는 완적처럼 아무 일도 하지 않고 유유자적하는 인물이 아니라 늘 일을 벌이는 인물이었다. 빼어난 일꾼이었던 것이다. 평화로운 시기든 난세든, 또는 누가 집권하든 일 잘하는 사람은 항상 필요하기 마련이다.

세 번째 이유는 산도가 여느 관리들과는 달리 청렴결백했기 때문이다. 아마도 그래서 사마씨 형제의 신뢰와 원조를 얻었을 것이다. 언젠가 사마사는 황제 조방에게 하사받은 봄옷을 다시 산도에게 선물했다. 또한 연로한 산도의 어머니에게 특별히 질려목蒺藜木으로 만든 지팡이를 선물하기도 했다. 사마소도 산도를 깊이 배려했다. 한번은 산도에게 보낸 편지에서 "그대는 일 처리가 분명하고 덕망이 높지만 집이 가난하여 생활이 넉넉지 않으니 오늘 특별히 그대에게 돈 이십만 전과 곡물 이천 말을 보내노라"라고 적기도 했다.

그러나 산도가 벼슬길에서 승승장구하던 시기는 그의 벗 혜강이 어려움을 겪던 시기이기도 했다.

사마소는 집권 후 혜강을 불러 관직을 하사하려 했다. 그러나 혜강은 결연히 거절하고 하동으로 도피해 삼 년간 숨어 살았다. 혜강의 이런 행동은 소극적인 저항이었지만 사실 매우 위험한 것이었다.

옛말에 '온 세상에 왕의 땅이 아닌 곳이 없고, 온 나라에 왕의 신하가 아닌 자가 없다'라는 말이 있다. 혜강의 그런 행위는 자신이 새로운 정권을 인정하지 않으므로 따르거나 복종할 뜻이 없음을 선포한 것이나 마찬가지였다. 백이伯夷와 숙제叔齊가 주나라의 곡식을 먹지 않았듯 혜강은 '진나라의 신하'가 되지 않으려 한 것이다.

하지만 사마씨가 어떤 이들인가? '내 말을 듣는 자는 흥할 것이요, 내 말을 거스르는 자는 망할 것이다'라는 말을 그대로 실천해온 독재자였다. 그래서 이 시기의 혜강은 지명수배범은 아니더라도 최소한 블랙리스트에 올라 무척 아슬아슬한 지경에 처해 있었다.

산도는 정과 의리를 중요하게 여긴 사람이었다. 혜강의 어려운 처지를 보고 어찌 수수방관할 수 있었겠는가?

감로 3년(258), 산도는 대장군부의 종사중랑으로 오라는 사마소의 제의를 받았다. 그가 종사중랑으로 옮기면 그의 현 직책인 상서이부랑이 공석이 될 참이었다. 그는 고민을 거듭하다가 혜강을 신임 상서이부랑으로 추천해야겠다고 마음먹었다.

이 계획은 성공을 거두었을까? 그렇지 못했다. 당시 하동으로 피신한 혜강은 종적이 오리무중이었고 사마소도 황제와 신경전을 벌이느라 주위를 돌볼 겨를이 없어 흐지부지되고 말았다. 결국 산도는 후임자를 찾지 못해 계속 상서이부랑에 유임되었다.

얼마 후 하동에서 다시 산양으로 돌아온 혜강은 절친한 친구인 여안으로부터 산도가 추진했던 계획에 관해 전해 들었다. 나중에 직접 만날 기회도 있었지만 두 사람은 그 일에 대해 아무 말도 주고받지 않았다.

다시 감로 5년 당시로 눈을 돌려보자. 이해 5월, 황제 조모가 피살되고 정치적 긴장이 고조되자 천하의 선비들은 대부분 사마소에게 머리를 조아렸다. 이때 산도는 새로 사마소의 명을 받아 종사중랑을 맡게 되었다.

새로운 관직을 맡기 전, 산도는 재차 혜강을 떠올렸다. 그래서 혜강에게 자신이 맡고 있던 상서이부랑을 이어받으라고 정식으로 요청했다.

산도가 혜강을 위해 좋은 제안을 했고 이를 위해 무척 고심했다는 것은 분명하다. 또한 이 제안을 받아들였다면 혜강은 위험으로부터 벗어날 수 있었을 것이다. 사마소는 그를 더 이상 눈엣가시로 여기지 않았을 것이며 그는 완적처럼 내키는 대로 무슨 일이든 할 수 있었을 것이다. 혜강에게 이보다 더 좋은 일은 있을 수 없었다.

이때 산도의 심리가 어땠는지 짚어볼 필요가 있다.

산도가 특별한 악의 없이, 친구로서의 호의로 자기 자리에 혜강을 추천했다는 것은 부인할 수 없는 사실이다. 하지만 한 가지 잊어서는 안 되는 점이 있다. 이 시기의 산도는 '자연인'도, 죽림을 활보하는 은사도 아니었다. 자신의 사회적 역할과 정치적 신분이 있었다. 다시 말해 그는 이미 사마씨 진영의 일원이었다.

따라서 산도가 혜강을 추천한 의도에 정치적 동기가 아주 없었다고는 할 수 없다. 그 정치적 동기는 무엇이었을까? 거북하게 들리기는 하지만, 산도는 사마소를 대신해 혜강을 투항시키려 한 것이다. 스스로 의식하지 못했을 수도 있으나 그의 제안은 본질적으로 혜강을 유혹하는 '정치적 뇌물'이었다. 알게 모르게 그는 사마씨의 대변인, 심지어 앞잡이 역할을 했다.

또 한 가지, 당시 산도가 갖고 있던 보다 은밀하고 이기적인 동기도 홀시해서는 안 된다.

산도 역시 사마씨를 위해 일하는 것이 수치스러운 일이라는 사실을 몰랐을 리 없다. 아울러 사마씨와의 결탁을 결연히 거부해온 혜강의 고결한 태도는 그의 수치심을 더 자극했을 것이다. 따라서 산도가 혜강을 불러들이고자 한 이유는, 그래야만 자신이 조금이라도 부담을 덜고 그 위대하고 고상한 친구를 대면할 수 있기 때문이었다.

물론 이는 산도 자신도 의식하지 못한 '무의식'이었다.

그러나 이 '무의식'을 혜강은 예민하게 감지했다. 당시는 조모가 살해된 후 사마소의 야욕을 세상 사람 모두가 알고 있던 시기였다. 말할 수 없는 분노가 혜강의 가슴을 온통 뒤흔들었다. 바로 이럴 때, 산도가 자신을 관리로 추천하자 혜강은 단숨에 이천 자로 이뤄진 긴 편지를 써서 그 분노를 표출했다.

역사에 길이 남을 이 편지는 혜강의 고귀한 내면세계를 보여주는 동시에 산도를 치욕의 구렁텅이에 몰아넣었다.

관직을 거절하다

산도로 하여금 식은땀을 흘리게 한 그 편지에서 혜강이 한 말은 세 가지로 정리할 수 있다.

첫째, 산도에 대한 풍자이다. 혜강은 첫머리에서부터 이렇게 말한다.

"일전에 당신은 당신의 숙부인 산금山嶔과 함께 은거에 뜻을 둔 저를 칭송하셨고, 저는 늘 그것을 지음知音의 칭송이라 여겼습니다. 그러나 다른 한편으로 제 마음은 갑갑했습니다. 그 시절 당신과 저는 그리 친숙한 사이도 아니었는데 어떻게 제가 뜻하는 바를 당신이 아는 것일까 궁금했기 때문입니다. 재작년 제가 하동에서 돌아왔을 때, 당신이 곧 승진하고 제가 당신의 직책을 대신할 것이라고 친구들이 말하는 것을 들었습니다. 그 일은 성사되지 않았지만 저는 당신이 저를 전혀 이해하지 못한다는 것을 알게 되었습니다. 당신은 원만한 성품을 지닌 분이어서 세상일을 대체로 긍정적으로 보고 애써 나무라지 않으시지요. 하지만 저는 그렇지 않습니다. 고집이 세고 속이 좁아 많은 일들을 용납할 수가 없습니다."

이 첫머리를 읽고 산도는 아마 숨을 크게 들이마시며 잘못 걸렸구나 생각했을 것이다. 이어서 혜강은 보다 날카로운 지적을 한다.

"최근에 저는 당신의 제의를 듣고 기쁘기는커녕 몹시 걱정스러웠습니다. 당신이 혼자 관직에 나아가자니 면목이 없어 저를 천거한 것은 아닐까 싶었습니다. 이는 마치 백정이 혼자 돼지와 양을 잡자니 면목이 없어 제사장을 불러 도와달라고 말하는 것과 같은 이치가 아니겠습니까? 당신의 몸뿐만 아니라 제 몸에도 짐승의 피비린내가 배도록 말입니다."

이 글을 통해 우리는 혜강과 산도의 우애가 완전히 산산조각 나버렸다는 느낌을 갖게 된다. 혜강의 저 냉담한 태도와 경멸어린 말투를 보라.

그의 이런 태도와 말투는 충분히 납득이 간다. 그는 이처럼 자신과 산도와의 거리를 멀찌감치 떨어뜨려놓지 않으면 격정에 휩싸인 자신의 속마음을 다 전할 수 없었을 것이다.

이어서 혜강은 옛 성현과 은사들의 예를 열거하면서, 관직에 나아가든 물러나 은거하든 그들은 모두 각자의 포부에 따라 행동했으므로 자신의 포부도 빼앗아서는 안 된다고 말한다. 이는 산도가 관직생활을 하는 것을 나쁘게 보지 않을 테니, 산도 역시 자신이 관직을 마다하는 것을 나쁘게 여기지 말아달라는 뜻을 내포한다. 다시 말해 사람들은 저마다의 포부가 있으니 서로 간섭하지 말자는 것이다. 여기에 더하여 혜강은 다음과 같이 말한다.

"당신 머리의 모자가 아름답다고 속세를 벗어난 사람에게 그 모자를 쓰라고 강요해서는 안 됩니다. 또한 당신이 썩은 냄새를 좋아한다고 맛있는 음식과 달콤한 물을 즐기는 원앙새에게 죽은 생쥐 따위를 먹여서도 안 됩니다."

실로 통쾌하면서도 신랄한 풍자가 아닐 수 없다. 이 글에서 혜강은 비유를 통해 산도가 너무나 속되고 비천하다는 점을 지적하고 있다.

둘째, 혜강 자신의 포부를 드러냈다.

혜강은 편지에서 자신의 성격과 습관에 대해 서술했다. 그런데 읽는 이들을 깜짝 놀라게 하는 내용이 있다.

"저는 성정이 자유분방하고 나태하며 몸이 둔하기 그지없어 한 달에 보름이나 세수를 하지 않을 정도입니다. 가렵지 않으면 머리도 잘 감지 않습니다. 게다가 몸을 일으키기 싫어서 방광이 터지기 직전까지 참았다가 소변을 보곤 합니다."

비범하고 영웅적인 풍모를 지닌 혜강이 이토록 겉치장에 소홀하고 게으른 인물이었을 줄이야. 그러나 그는 자신이 자유분방하고 일체의 구속을 거부한다는 점을 강조하기 위해 과장법을 사용한 것뿐이다.

혜강은 또 이렇게 말한다.

"이는 붙잡힌 야생 사슴에 견주어 설명할 수 있습니다. 어려서부터 사람에게 길러진 사슴이면 금방 사육이나 목줄에 적응하겠지만, 다 커서 붙잡힌 사슴은 끓는 물속이나 활활 타는 불 속에 들어가더라도 절대 굴하지 않고 미친 듯이 머리를 흔들어 목줄을 끊으려 할 것입니다. 그 사슴은 황금으로 만든 모자를 씌워주고 맛있는 음식을 먹여줘도 오매불망 숲 속의 향기로운 풀들을 그리워할 것입니다."

이 대목에서 혜강은 사슴의 비유를 통해 자유를 향한 자신의 의지와 반역 정신을 보여준다.

셋째, 일곱 가지 참기 어려운 일과 두 가지 불가한 일을 밝혔다. 나는 이 대목이 그의 글 중에서 가장 훌륭한 부분이 아닐까 한다.

혜강은 자신이 게으른 성정을 타고나, 벼슬길에 나아가기 힘든 '일곱 가지 참기 어려운 일'과 '두 가지 불가한 일'이 있다고 말한다.

일곱 가지 참기 어려운 일이란 무엇일까? 다음에 열거된 내용을 보자.

"저는 늦잠 자는 것을 좋아합니다. 관직에 오르면 매일 아침 시종이 소리를 질러 잠을 깨울 테니 이것이 첫 번째 참기 어려운 일입니다.

저는 아끼는 칠현금을 껴안고 이리저리 노닐며 연주하고 노래하는 것을 좋아합니다. 향기로운 풀로 뒤덮인 들녘에 나가 새를 잡고 물고기를 낚는 것도 좋아합니다. 관직에 오르면 매양 부하들에게 둘러싸여 자유를 잃게 될 테니 이것이 두 번째 참기 어려운 일입니다.

관직에 나아가면 엄숙하고 단정하게 앉아야 하며 사지가 저려도 꿈지럭거릴 수가 없습니다. 그러나 저는 몸에 이가 많아 한번 간지럽기 시작하면 그치지 않습니다. 만일 두툼한 옷이라도 껴입고 상관에게 예를 갖추어야 할 일이 생기면 매번 경거망동하게 될 터이니 이것이 세 번째 참기 어려운 일입니다.

저는 서신을 작성하는 데 서툴고 좋아하지도 않습니다. 관직에 오르면 각종 서신들이 책상에 수북하게 쌓일 것인데, 회신을 하지 않으면 도의에 위배될 것이요, 회신을 하더라도 오래 하기가 어려울 터이니 이것이 네 번째 참기 어려운 일입니다.

저는 조문하는 것도 싫어합니다. 하지만 세상의 법도는 이를 중시하기 때문에 저는 이미 사람들의 원성과 미움을 사고 있습니다. 이 때문에 저는 항상 두려운 마음으로 자책하긴 하나 본성은 변하기 어려운 법입니다. 자유분방한 본성을 거스른다면 이는 진실한 성정에 맞지 않으니 이것이 다섯 번째 참기 어려운 일입니다.

저는 세속의 사람들을 좋아하지 않습니다. 그런데 관직에 나아가면 그런 사람들과 함께 일을 해야 합니다. 때로는 자리를 가득 메운 손님들이 귀가 따갑도록 떠들어대고 개인의 이익을 위해 온갖 잔꾀를 부리며 수만 가지 추태를 드러낼 테니 이것이 여섯 번째 참기 어려운 일입니다.

그리고 저는 본디 인내심이 없습니다. 관직에 오르면 공무에 얽매여 세상사에 관한 고민으로 몸과 머리가 아파 견디기 힘들 테니 이것이 일곱 번째 참기 어려운 일입니다."

이것이 일곱 가지 참기 어려운 일이다. '참기 어렵다'는 것은 원치 않는 것, 또는 싫어한다는 것을 의미한다.

그러면 '두 가지 불가한 일'이란 무엇일까?

"저는 늘 고대의 성군인 은나라 탕왕湯王과 주나라 무왕을 비난했고 성인으로 이름난 주공과 공자를 멸시했습니다"라고 말하고서 혜강은 화제를 돌려 "인간 세상에서는 이보다 더한 일도 있습니다"라고 했다. 이것은 자신의 그런 태도보다 더 도의에 어긋나는 일이 있다는 뜻이다. 어떤 학자는 사마소가 조모를 시해한 사건을 가리킨다고 주장하는데, 일리가 없지 않다. 혜강은 "저의 이 부적절한 언사가 폭로되면 세속의 예법이 용납하지 않을 겁니다. 이것이 제가 속세에 나와 관직에 오르는 것이 불가한 첫 번째 이유입니다"라고 말했다.

이어서 혜강은 이렇게 말한다.

"저는 성격이 곧고 에둘러 말하지 못하며 나쁜 것을 원수처럼 미워하고 대담하게 직언하니, 못 볼 것을 보면 버럭 화부터 낼 것입니다. 이것이 제가 관직에 오르는 것이 불가한 두 번째 이유입니다."

글 전체에 걸쳐 혜강은 자신을 폄하하는 듯하지만 사실은 자긍심이 가득하다. 그의 자기 폄하는 곧 다른 사람을 폄하하기 위한 것이다.

이 일곱 가지 참기 어려운 일과 두 가지 불가한 일은 오늘날의 말로 '공직자가 못 되는 아홉 가지 이유' 정도로 개괄될 것이다.

아울러 혜강은 사뭇 풍자적인 어조로 말한다.

"제가 공직을 멀리하려는 것은 제게 흠이 많아서 세상일과 거리를 두어 스스로를 보전하고 여생을 편하게 보내기 위해서입니다. 이는 전혀 칭찬할 만한 것이 못 됩니다. 정조를 지킨다 하여 환관을 칭찬할 수는 없지 않습니까? 당신은 기어이 저를 공직에 끌어들여야 만족하시겠습니까? 만일 당신이 끝까지 저를 핍박하신다면 저는 제정신을 잃고 미쳐버릴 것입니다. 당신이 저와 불구대천의 원수도 아닌데 굳이 그러실 필요는 없지 않습니까?"

마지막으로 혜강은 옛날이야기 하나를 인용한다.

"예전에 한 농부가 있었습니다. 그는 일광욕이나 미나리의 풋풋한 맛을 좋아해서 늘 그 즐거움을 왕에게 바치고 싶어 했습니다. 그 정성은 물론 갸륵했지만 사실 세상물정을 너무 몰랐던 것이지요. 저는 당신이 그런 사람이 되지 않았으면 합니다. 제가 붓을 든 것은 제 생각을 표현해 당신이 저를 이해해주시기를 바라는 한편, 이 편지를 마지막으로 당신에게 고별하기 위해서입니다."

혜강의 문장들은 하나같이 기백이 넘치고 풍자와 비난이 가득하며 유쾌하고 거침이 없다. 혜강의 글을 읽노라면 눈앞에 그의 모습이 보이고 귓전에 그의 목소리가 들리는 듯하다.

그렇다면 혜강은 정말 산도와 절교하기 위해 이 편지를 쓴 것일까?

이 물음에 대해서는 학자들 사이에 의견이 분분하다.

어떤 이는 혜강이 산도와 절교하려 한 것이 분명하다고 주장한다. 이미 사마소에게 의탁한 산도가 혜강을 자신처럼 의롭지 못한 선택을 하게 한 것만 보더라도 혜강의 친구가 될 자격이 없다고 보는 까닭이다.

그러나 어떤 이는 혜강이 진심으로 산도와 절교하려고 한 것은 아니라고 본다. 단지 산도에게 보낸 편지를 사마씨에 대한 도전장으로 삼고 사마소 정권의 관리가 되는 것을 결연히 거부함으로써 평생 자신의 자유와 독립성을 지키려고 했다는 것이다.

후자의 주장을 지지하는 학자들에게는 자못 믿을 만한 근거가 있다. 그것은 피살되기 전, 혜강이 산도에게 열 살 난 자신의 아들 혜소를 맡기면서 "산도 아저씨가 있으니 너는 고아가 되지는 않을 것이다"라고 말했기 때문이다.

이 말은 절교 편지를 쓴 지 이 년 만에 한 말이다. 혜강이 임종 전에도 여전히 산도를 가장 신뢰할 만한 벗으로 여겼음을 입증한다.

나 역시 후자의 주장에 동의하는 편이다. 혜강이 편지를 쓴 것은 사실 산도를 통해, 협력하지 않겠다는 자신의 입장을 사마소에게 전하기 위해서라고 본다. 또한 이 편지로 자신과 산도 사이에 명확히 선을 그음으로써 산도가 자기 때문에 화를 입지 않게 배려한 것이다.

하지만 서신을 쓸 시점의 혜강은 틀림없이 산도에게 실망해 절교할 각오를 하지 않았을까. 이후에 자기 아들을 맡긴 것은 화가 가라앉은 뒤 서로의 우정이 차츰 회복되었기 때문일 것이다.

이 일에 대해 혜희는 『혜강별전』에서 다음과 같이 분명하게 적고 있다.

"이부랑이었던 산도는 산기상시로 관직을 옮기면서 혜강을 후임자로 천거했으나 혜강은 이를 거절하고 산도와 절교했다. 그러나 그가 어찌 산도의 우정을 몰랐겠는가? 단지 자신의 굽히지 않는 절개를 피력하고자 그랬을 뿐이다. 산도의 요청에 답하여 혜강은 세속으로 나갈 수 없다고 하면서 탕왕과 무왕까지 비판했다. 이를 전해들은 대장군 사마소는 그를 미워하게 되었다.”

혜강의 형인 혜희는 이 사건을 가장 자세히 알고 있었을 것이다. 결코 거짓말을 했을 리 없다.

확실히 혜강의 편지는 반은 진심이고 반은 진심이 아닌 절교 편지였던 것이다.

그러나 이 편지는 혜강이 사마소의 미움을 사서 불행한 결말을 맞게 되리라는 사실을 암시한다.

그런데 이 편지를 보낸 지 얼마 되지 않아 뜻밖에 혜강은 또 한 통의 절교 편지를 쓰게 된다.

여안 사건

‘지붕이 새면 꼭 야밤에 비가 내리고, 배가 부서지면 꼭 큰 바람이 분다’는 말이 있다. 혜강이 산도에게 절교 편지를 보낸 지 얼마 되지 않아, 누구도 예상 못했던 사건이 벌어졌다.

이 일로 혜강은 치명적인 함정에 빠지고, 또 이 일 때문에 혜강은 생애 두 번째 절교 편지를 쓰게 된다. 산도에게 보낸 절교 편지가 반은 진심이고 반은 진심이 아니었다면, 이 두 번째 절교 편지는 의심할 여지없는 진짜 절교 편지였다.

혜강에게 절교를 당한 이는 여안의 배다른 형인 여손呂巽이었다. 혜강과 여손은 오랜 친구 사이였다. 여손을 통해 혜강은 여안도 알게 되었다.

그런데 왜 혜강은 여손에게 절교를 선언했을까?

이 물음에 답하려면 우선 여안 사건에 대해 이야기해야 한다. 이 사건은 혜강이 피살되는 도화선이 되었다.

여안 사건은 크게 세 단계로 진행되었다.

첫 번째 단계에서는 단지 가족 간의 불화에 불과했다. 본래 여손은 명사들과 좋은 관계를 유지했지만 마음 씀씀이가 바르지 못했다. 늘 동생 여안의 재주를 질투했고 사사건건 그를 곤란에 빠뜨렸다. 그러나 여안은 형을 존중하고 항상 양보하며 우애를 유지했다.

그런데 여안의 처 서씨徐氏가 어리고 용모가 빼어난 것을 탐해 여손은 호시탐탐 그녀를 넘보았다. 한번은 여안이 출타한 틈을 타 그녀에게 술을 먹여 농락하기도 했다. 여손은 금수만도 못한 인간 쓰레기였던 셈이다.

이 사실을 알고 여안은 극도로 화가 났다. 절친한 벗 혜강을 찾아가 여손을 관아에 고발하겠다고 말했다. 혜강도 무척 분개하긴 했지만, 친구 일가의 명예를 생각해 잠시 화를 누르고 자신이 중재할 때까지 기다리라고 여안에게 당부했다.

혜강은 여손을 찾아가 그의 추악한 행실을 꾸짖었다. 도둑이 제 발 저린 듯 여손은 매우 고통스러워하며 앞으로 동생과 화목하게 지내겠다고 다짐했다. 혜강은 이 말을 믿고 여안을 위로하며 화를 삭이게 했다. 여안은 혜강을 존경했을 뿐만 아니라 집안의 추한 일이 외부에 알려지는 것도 원하지 않았다. 그래서 혜강에게 자기가 참겠다고 약속하고서 더 이상 그 일을 문제 삼지 않았다. 그래도 혜강은 마음이 놓이지 않았다. 다시 한 번 여손을 찾아가서 뉘우칠 것을 종용했고 여손도 다시는 그런 일을 벌이지 않겠다고 맹세했다.

이 사건은 이렇게 당사자 사이에서 마무리되는 것으로 보였다.

그런데 난데없이 여안이 잡혀갔다는 소식이 전해질 줄 누가 알았겠는가.

여안 사건은 이로써 두 번째 단계에 돌입한다. 즉, 가정 내 분란이 형사 사건으로 돌변한 것이다.

범인은 명백히 여손이었는데 왜 여안이 잡혀간 것일까?

본래 여손이 혜강의 말에 고분고분 따랐던 것은 시간을 벌기 위해서였다. 이때 그는 이미 사마소에 투항한 상태였고 당시 사례교위였던 종회와 친밀했다. 그렇다면 종회가 여손을 위해 몰래 계략을 꾸며 여안을 사지로 몰아넣은 것일까? 문헌상의 근거는 없지만 그랬을 가능성도 배제할 수 없다. 사례교위는 낙양 소재 관리들의 감찰 및 탄핵을 담당하는 사법관이었고 종회는 혜강에게 무시를 당해 원한을 품고 있었다. 여안은 혜강의 가장 친한 벗이었다. 따라서 여안에게 누명을 씌워 혜강을 끌어들일 수 있다면 화살 하나로 두 마리 새를 잡을 수 있었다.

그러므로 종회가 자신의 직책을 이용해 차도살인借刀殺人을 꾀한 것일 수도 있다.

어쨌든 여손은 종회를 믿고 죄지은 자가 죄 없는 이를 고발하는 악행을 저지른다.

여손은 무슨 죄목으로 여안을 무고했을까? '불효'였다. 여안이 모친을 때리고 형을 비방했다고 무고했다. 한 가지 알아두어야 할 것은 사마소가 '효로 천하를 다스린다'는 말을 공언한 이후 불효의 죄를 무겁게 다뤘다는 사실이다. 죄가 가벼운 자는 유배를 보내고 죄가 무거운 자는 목을 베었다. 더구나 여손이 종회와 짜고 일찌감치 간계를 부린 탓에 여손의 고발장은 기대 이상의 효력을 발휘했다.

결국 여안은 억울한 누명을 뒤집어쓰고 변방으로 유배를 떠나야 했다.

이 소식에 혜강은 정신적으로 큰 타격을 입고 극심한 가책을 느꼈다. 애초에 그가 중재를 하지 않았다면, 여안은 여손이 음모를 펼칠 기회를 주지 않았을 것이며 누명을 쓰고 화를 입지도 않았을 것이었다. 선량한 혜강은 인간의 마음이 이토록 음험할 줄은 상상도 하지 못했다.

이제 어떻게 할 것인가? 서생인 혜강은 먼저 붓을 들 수밖에 없었다. 그리하여 여손에게 자신의 두 번째 절교 편지를 쓴다. 채 삼백 자도 되지 않는 이 짧은 편지에서 혜강은 냉랭하면서도 결연한 어조로 그간 여손과 교류했던 과정을 비롯해 그 사건이 일어나기 전후에 그가 했던 말과 행동을 회고함으로써 그의 가면을 찢어발긴다. 그리고 마지막으로 이렇게 말한다.

"여안이 치욕을 참고 당신을 고발하지 않은 것은 나의 권고와 위로 때문이었소. 그런데 이제 여안이 죄를 얻는 바람에 내가 그의 기대를 저버린 꼴이 되었소. 내가 그의 기대를 저버리게 된 것은 당신이 신의를 내팽개쳤기 때문이오. 나는 너무도 낙심하여 어찌할 바를 모르겠소. 또 당신에게 무슨 말을 해야 할지도 모르겠소. 일이 이렇게 되었으니 나는 더 이상 당신과 교류하고 싶지 않구려. 옛 군자들은 절교를 선언할 때 저속한 말은 하지 않았다고 하니, 여기서 당신과 나 사이의 의리를 단칼에 끊는 것이 좋겠소."

분기탱천한 혜강은 곧장 여안을 변호하기 위해 위험을 무릅쓰고 낙양으로 향한다.

앞의 파도가 가라앉기 전에 또 다른 파도가 몰려왔다. 이어서 여안 사건은 세 번째 단계로 돌입했고 보통의 형사 사건이 반역 사건으로 변해 유배범이 정치범이 되고 말았다.

유배지로 가던 길에 여안은 격렬한 어조의 편지 한 통을 혜강에게 보냈다. 어지럽고 혼탁한 세상을 바꾸지 못하는 것이 한스럽다는 내용의 편지였다. 이 편지에서 표현된 현실에 대한 강한 불만은 사실 그 속에 사마소에 대한 반감을 품고 있었다.

유배범의 개인적인 편지가 온전히 상대에게 전달될 리 없었다. 이 편지는 혜강이 보기도 전에 종회의 무리에게 빼앗겨 나중에 결정적인 증거로 이용당했다. 붉은 혓바닥을 날름거리며 먹이를 기다리던 독사처럼 종회는 드디어 혜강을 사지로 몰아넣을 기회를 포착했다.

그후 종회는 어떻게 혜강을 모함했을까? 또한 혜강은 죽음에 직면해 어떤 태도를 보였을까?

13
광릉산의 절창

우물에 빠진 사람에게 돌을 던지다

앞서 말했듯이 여안 사건은 가정 내 분규에서 형사 사건으로 번졌다. 여안은 못된 형 여손에게 고발당해 변방으로 유배를 가는 신세가 되었다.

실로 마른하늘에 날벼락이었다. 여안은 친형이 자신에게 이런 독수를 쓸 줄은 상상도 못했다. 따라서 그의 심적 고통이 어땠을지 능히 짐작할 수 있다. 여안은 현실에 대한 불만과 사람에 대한 극도의 실망을 표현한 편지를 혜강에게 써 보낸다.

여안은 이 편지가 종회 일파의 손에 들어가 자신을 옭아맬 새로운 증거가 될 줄은 꿈에도 몰랐다. 그리고 더욱 큰 불행은 이 편지로 인해 혜강까지 사건에 휘말리게 된 점이다. 원래 '불효죄'로 유배형을 받았던 여안은 이제 이 편지로 인해 훨씬 무겁고 두려운 죄, 즉 대역무도의 죄를 지게 되었다. 이 죄는 그를 죽음으로 몰아넣을 수도 있었다.

이 갑작스런 사건에 대해 혜강은 어떤 태도를 취했을까?

원래 혜강은 지나치게 관여할 필요가 없었다. 여손과 절교하고 그냥 은거 생활을 계속했더라면 이렇게 일찍 액운을 당하지는 않았을 것이다.

그러나 혜강은 역시 혜강이었다. 정으로 보나 의리로 보나 친구 여안이 소인배에게 모함을 당하는 것을 수수방관하고 있을 수만은 없었다. 그는 자신이 할 수 있는 최선의 방법을 궁리해냈다. 그것은 직접 낙양으로 가서 귀양 간 여안을 변호하고, 증인으로 서고, 그의 억울함을 호소하는 것이었다.

하지만 이로 인해 그는 종회와 여손의 간계에 걸려들고 말았다.

만약 혜강이 얌전히 집에 있었다면 종회가 아무리 보복을 하고 싶어도 없는 사실을 날조해 죄를 물을 수는 없었을 것이다. 그런데 혜강이 제 발로 찾아와 화를 자초한 것이다. 게다가 마침 여안의 비분어린 편지가 입수되어 그 편지의 수신자인 혜강도 사건의 공모자가 되었다. 이제 이 사건은 흔히 볼 수 있는 평범한 사건을 넘어, 최고 통치자 사마소가 직접 관여하는 중대 사건으로 비화되었다.

당시 법정에서 얼마나 격렬하고 날카로운 변론이 진행되었을지 상상해보자. 사건의 증인이자 변호인으로서 혜강은 바르고 엄숙한 어조로 도리를 따지며 사건의 진실을 말했을 것이다. 그의 풍채와 언변은 당시 따라올 사람이 없었으므로 여론은 거의 일방적으로 그에게 쏠렸을 것이며 민간에서도 그와 여안을 성원하는 소리가 높았을 것이다.

한편 종회도 보통 사람은 아니었다. 그는 음모와 계략의 전문가였다. 혜강이 여안을 변호한다고 해서 그를 사지로 몰아넣을 수 없다는 것은 그도 잘 알았다. 사마소가 눈 하나 깜짝 않고 사람을 죽이는 위인이기는 해도 사람을 죽이려면 반드시 이유가 있어야 했다. 또한 혜강처럼 촉망받는 명사의 경우에는 죽이는 것이 과연 유리할지 신중하게 따지지 않을 수 없었다.

그래도 그때 종회에게 유리한 점은 사마소가 혜강을 꺼리고 그에게 불같은 분노를 품고 있다는 사실이었다. 그렇다면 어떻게 사마소를 부추겨 혜강을 더 증오하게 만들 것인가? 종회의 책략은 여안 사건이라는 구체적인 사건에 사마소의 분노의 불씨를 옮겨 활활 불타오르게 함으로써 혜강을 어떻게 처리할지 정치적으로 재검토하게 만드는 것이었다. 가장 좋은 것은 사마씨가 천하의 주인이 되려 할 때 혜강이 최대의 장애물이자 걸림돌이 될 것이라고 사마소에게 인식시켜 상황을 극단으로 몰아가는 것이었다.

그런 방법으로만 사마소를 설득하고 혜강을 통쾌하게 죽일 수 있다는 것을 종회는 잘 알고 있었다.

그래서 여안 사건에 관해 조정에서 처음 토론을 할 때, 종회는 공개적으로 혜강의 죄명을 지적했다.

"오늘날 군주의 도가 사방에 밝게 펼쳐져, 변방에는 법에 저촉되는 짓을 하는 교활한 백성이 없고 거리에는 조정에 불만을 품은 말이 돌지 않습니다. 그런데 혜강은 위로는 황제께 신하의 도리를 다하지 않고, 아래로는 제후를 섬기지 않으면서 세상을 우습게 보고 조정의 부름도 거절했습니다. 지금도 세상에 도움이 되기는커녕 풍속을 해칠 따름입니다. 옛날에 강태공이 화사華士(강태공에게 신하가 되기를 거부해 죽임을 당한 제나라의 현자)를 죽이고, 공자가 소정묘少正卯(공자가 섭정할 때 주살한 노나라의 간신)를 죽인 것은 그들이 자기 재주만 믿고 군중을 미혹시켰기 때문입니다. 지금 혜강을 죽이지 않는다면 왕도王道를 바로잡을 방법이 없습니다."

종회의 이 말은 우물에 빠진 사람에게 돌을 던지는 것이나 다름없었다. 다른 말은 차치하고라도 '위로는 황제께 신하의 도리를 다하지 않고, 아래로는 제후를 섬기지 않았다'는 한마디만으로도 혜강을 파멸시킬 수 있었다.

『진서』「혜강전」에 따르면 종회는 또 은밀히 사마소에게 "혜강은 와룡臥龍이므로 기용해서는 안 됩니다. 공께서는 천하의 일은 걱정하실 필요 없으나 혜강만은 염두에 두셔야 합니다"라고 말했다.

종회는 사람의 심리를 너무나 잘 알았다. 혜강이 '와룡'이라고 하여 사마소의 아픈 곳을 정확히 건드렸다. 「잠룡시」를 쓴 소년 황제 조모를 막 죽인 마당에 이번에는 '와룡'이 나타났다니 어찌 큰일이 아니겠는가? 당연히 사마소는 와룡까지 죽여야 한다 싶었을 것이다.

이때 종회가 또 한 장의 비장의 카드를 내밀었다.

"그해에 관구검이 회남에서 모반했을 때 혜강은 군사를 일으켜 관구검을 도와주려다가 산도의 만류로 뜻을 이루지 못했습니다. 이런 반골을 그냥 놔두실 작정입니까?"

이는 혜강이 관구검의 반란에 호응했다는 두 번째 역사적 기록이다. 종회의 확신에 찬 말투로 봐서는 혜강이 군사를 일으켜 관구검을 도와주려 한 것은 확실한 듯하며, 사마소는 그 전까지는 그 일을 몰랐던 것 같다. 물론 전혀 없었던 일인데 종회가 날조를 했고 그것을 진실이라 여겨 사관들이 역사서에 기록했을 수도 있다.

어찌 되었든 사마소는 이 폭탄 발언에 당연히 노발대발했다. 알다시피 혜강은 조씨 가문의 사위였다. 구실만 있으면 어떤 죄든 뒤집어씌울 수 있었다.

종회는 사마소가 자신의 꾀에 걸려든 것을 보고 마지막으로 말했다.

"혜강과 여안은 내키는 대로 지껄이고 성현의 말씀을 비방하는 자들이니 절대로 관용을 베풀어서는 안 됩니다. 마땅히 제거하여 풍속을 순화시켜야 합니다."

종회는 세 치 혀를 놀려 사실을 왜곡함으로써 혜강과 여안을 천인공노할 죄인으로 만들어버렸다. 그들을 죽이지 않으면 백성들을 통제할 수 없을 것처럼 사마소를 세뇌시켰다.

결국 무고한 혜강은 체포되어 감옥에 갇혔다. 유배되었던 여안도 낙양으로 다시 압송되어 참수될 날만을 기다리는 신세가 되었다.

인간적인 영웅

혜강과 여안의 억울한 사건은 조정과 재야를 뒤흔들어놓았다.

이어서 사마소와 종회가 예상치 못한 일이 일어났다. 왕은王隱의 『진서』晉書에 적힌 기록을 보자.

혜강이 하옥되자 수천 명의 태학생이 그를 만나기를 청했으며 당시의 호걸과 세력가도 혜강을 따라 감옥에 들어갔다가 우여곡절을 듣고 나서야 흩어졌다.

감옥에 갇힌 혜강을 위해 수천 명의 태학생이 공개적으로 청원을 하고 나섰다. 격앙된 일부 호걸들은 혜강과 함께 옥살이를 하려 했다. 전례가 없는 일이었다. 조정에서는 당연히 그대로 놔둘 수 없었다. 다수의 물질적, 인적 자원을 동원해 그 호걸들을 이해시키고 위로하고서야 간신히 그들을 해산시켰다.

이것은 혜강을 구하기 위해 민간에서 자발적으로 일어난 첫 번째 항의였다. 이를 통해 당시 사회에서의 혜강의 영향력을 확인할 수 있다. 혜강은 태학생의 정신적 우상이었을 뿐만 아니라 모든 사람이 숭배하는 고독한 영웅이자 정의의 화신과도 같았다.

한편 혜강은 투옥 후 어떤 심경의 변화가 있었을까?

여안을 변호하려고 뒤도 돌아보지 않고 용감히 나선 그였지만 그 역시 자신이 이런 뜻밖의 재난에 빠질 줄은 꿈에도 생각지 못했다.

가슴 가득 분노를 품은 채 혜강은 「유분시」幽憤詩를 써서 자신의 일생을 반성했다. 그는 자신의 단점이 못된 사람과도 잘 지내는 것이라고 털어놓는다. 즉, 다른 사람을 좋은 쪽으로만 생각해주다가 그 사람이 소인배인지도 모르고 사귄다는 것이다. 이는 구체적으로 그와 여손의 관계를 가리킨다. 여손을 사귄 것은 그의 인생 최대의 실수였고 이 실수 때문에 그는 아무 죄 없이 감옥에 갇혔다.

혜강은 「유분시」에서 후회와 부끄러움을 금치 못한다.

잘못을 적게 저지르려다
다른 이들의 비난만 들끓게 했고
만물을 다치게 않게 하려다
남의 원망만 쌓았구나.

이어서 혜강은 두 사람을 언급한다. 한 사람은 춘추 시대 노나라의 현인 유하혜柳下惠였다. 유하혜는 법관에 해당하는 사사士師를 세 차례나 지냈지만 공정하게 법을 집행한 탓에 오히려 파면을 당했다. 그후에는 은거하며 안빈낙도安貧樂道의 삶을 즐겨 널리 이름이 알려졌다. 혜강은 유하혜를 가장 숭배했다. 벼슬을 하든 은거를 하든 침착하게 대처하며 한결같이 평온한 마음을 유지했기 때문이다.

다른 한 사람은 당시의 유명한 은둔자 손등孫登이었다. 그는 산속에 숨어 살면서 인간 세상의 익힌 음식은 손도 대지 않았다. 일찍이 완적이 그와 고금의 일을 논하려고 찾아간 적이 있었다. 그런데 손등은 완적보다 더 입이 무거워 시종일관 말 한마디 하지 않았다. 혜강도 삼 년이나 그를 따라다니며 가르침을 청했지만 손등은 끝내 묵묵부답이었다. 헤어질 때 혜강이 마지막으로 물었다.

"선생께서는 작별인사도 않으십니까?"

그제야 손등은 짧은 충고를 해주었다.

"그대는 재주는 많지만 식견이 부족해. 세상의 구속에서 벗어나기 어려울 게야."

식견이 부족하므로 난세에 일신의 안전을 도모하기 힘들 것이라는 뜻이었다.

당시 혜강은 그 말을 믿지 않았지만 지금 와서 보니 과연 틀리지 않았다. 혜강은 고금의 그 두 현인과 관련해 다음과 같이 읊었다.

> 옛사람으로는 유하혜에게 부끄럽고
> 지금 사람으로는 손등에게 부끄럽도다.
> 안으로는 내 오랜 바람을 저버렸고
> 밖으로는 친구들을 볼 면목이 없구나.

지난날을 돌아보면 은거의 뜻을 관철시키지 못하고 속세의 시비도 잊지 못했으니 유하혜, 손등 같은 현인들에게 부끄럽고 친구들도 대할 면목이 없다는 뜻이다.

그는 자신이 이런 재난을 당하게 된 것은 외골수에 구속받기 싫어하는 성격과 관계가 있다고 보았다. 그리고 자신은 본래 산속에서 단약을 먹고 양생술을 익혀 천수를 누릴 계획이었는데 어찌 지금 같은 처지가 될 것이라고 상상이나 했겠는가?

이 시에서 혜강은 자책하기도 하고 부끄러워하기도 하고 후회하기도 한다. 이런저런 복잡한 생각이 머릿속에 가득했다. 혜강이 왜 이렇게 되었을까? 공명정대하고 늠름했던 그가 왜 이렇게 자신을 원망하고 삶을 후회하게 되었을까?

이뿐 아니라 혜강은 자식들을 위해 「가계」家誡를 써서 말을 조심하고 신중하게 처신하라고 가르쳤다. 큰일 작은 일 할 것 없이 꼭 명심할 것을 거듭 당부했다. 혜강을 가장 좋아했던 노신조차 이 부분을 보고 글 속의 혜강과 현실 속의 혜강이 완전히 다르다고 지적했다.

하지만 나는 모순이 있으므로 더 진실하다고 생각한다. 원래 진실은 모순을 포함하지 않는가.

폭정에 반항하는 투사로서 혜강은 정의를 위해 당당하게 죽음을 맞이했다. 그러나 아버지의 입장이 되어서는 강한 의지가 한순간에 나약한 감정으로 바뀌었다. 그는 자식들이 무모하게 위험에 뛰어들기를 원치 않았다. 자식들이 자기처럼 살지 않기를 바랐다. 여기에 뭐가 잘못된 것이 있는가? 당연히 잘못되지 않았다. 이는 피눈물 어린 깊은 부성애로서 자식을 사랑하는 마음이 가득하다.

노신도 "무정하다고 해서 진정한 호걸이 아니라고는 할 수 없으며 자식을 사랑한다고 해서 대장부가 아닌 것은 아니다"라고 말한 적이 있다.

내가 보기에 혜강은 진정한 호걸이자 대장부였다.

어떤 학자들은 혜강 같은 지조 있는 선비가 형을 받기 전에 이처럼 모순과 후회를 드러낸 것이 그의 빛나는 이미지와 맞지 않는다고 지적한다. 정말 그럴까?

나는 정반대로 본다. 오히려 혜강이 그랬기에 그의 이미지가 더 존경스럽고 친근하게 느껴진다.

혜강은 어째서 모순과 후회를 드러냈을까?

혜강은 생명에 대한 애착이 강했고 아름다운 삶을 동경했다. 그는 아직 마흔 살도 되지 않았고 자신이 내키는 대로 자유롭게 살 수 있을 것이라고 믿었다. 적어도 목이 잘려 비명횡사하리라고는 절대 생각하지 않았다. 이런 각도로 보면 혜강은 모순과 후회를 표출한 것을 넘어 두려움조차 느꼈을 것이다.

그는 신이 아니라 인간이기 때문이다.

혜강은 완벽한 인간은 아니었지만 '진선미'眞善美를 갖추고 있었다.

혜강의 죽음을 생각할 때마다 나는 할리우드의 영화《브레이브 하트》를 떠올린다. 잊을 수 없는 그 영화의 마지막 장면을 보면, 멜 깁슨이 연기한 스코틀랜드의 영웅 윌리엄 월리스가 사형 전날 밤 어두운 감방에서 죽음의 공포에 떨며 묵묵히 기도한다.

삶에 대해 애착이 강한 사람은 훌륭한 죽음을 맞기 어렵다. 영웅도 예외는 아니다. 월리스는 한 민족의 영웅이었지만 보통 사람처럼 죽음에 대한 공포가 있었다. 용감한 영웅도 신이 아니라 사람인 까닭이다.

영웅이 용감한 것은 마음속에 강한 신념이 있기 때문이다. 이 신념은 그를 더욱 단단하게 만들어, 권력 앞에서 구차하게 삶을 유지하는 것보다 의롭게 죽음으로 나아가는 것이 더 의미 있으며 생명의 가치와 존엄성을 더 빛나게 한다고 믿게 한다. 구차하게 생명을 구걸하기보다는 죽어서 자유를 얻는 편이 낫다는 것이다.

그래서 이튿날 월리스는 사형장으로 걸어가 혹형을 당하고 죽으면서도 마지막 힘을 모아 "자유!"라고 외친다.

혜강이 옥중에서 후회하고 자책했더라도 그것이 그의 위대함과 용감함을 훼손하지는 못한다고 믿는다. 만약 『수호전』水滸傳의 송강宋江처럼 조정에 투항했더라면 그는 온전한 삶을 누릴 수도 있었을 것이다. 하지만 그는 마지막까지 절개를 지켰다. 죽을지언정 구차하게 삶을 도모하지는 않았다.

혜강은 월리스와 마찬가지로 용감한 마음, 즉 '브레이브 하트'의 소유자였다. 그런 아름다운 마음을 가졌기에 그는 사형장에서 영원히 후인들의 존경을 받는 〈빈사의 백조〉(Dying Swan, 한 마리 백조의 죽음을 묘사한, 안나 파블로바의 공연으로 유명해진 솔로 발레 작품)를 완성할 수 있었다.

빈사의 백조

드디어 혜강의 죽음에 대해 이야기할 때가 되었다. 그의 죽음은 죽림칠현의 이야기 중에서 가장 비장하고 감동적인 막幕이다.

형이 집행되던 날, 낙양 사람들은 거리로 쏟아져 나와 동쪽 저잣거리의 형장을 가득 메웠다. 귀족과 사대부로부터 일반 백성에 이르기까지, 혜강의 친지와 지인에서부터 생면부지의 사람들까지 족히 만 명이 넘었다. 전에 이곳에 온 사람들은 죄수들의 처형을 불구경하듯 했지만 이번에는 분위기가 사뭇 달랐다. 오늘은 당대 최고의 명사 두 사람을 보내야 했기 때문이다. 구경꾼 가운데 누구는 남몰래 수군

거렸고, 누구는 묵묵히 눈물을 흘렸으며, 누구는 의분에 차서 주먹을 꽉 쥐었다.

형을 집행하기 전에 또 경천동지할 만한 사건이 일어났다.

삼천 명의 태학생이 다시 소동을 일으킨 것이다. 태학생들은 자신들의 정신적 우상이 망나니의 칼 아래 귀신이 되는 것을 차마 볼 수 없었다. 자발적으로 집단 상소를 올려 사마소에게 혜강을 석방시켜 줄 것을 청원했다. 그뿐 아니었다. 그들은 혜강을 태학의 스승으로 모실 것을 요구했다. 사형수를 국가 최고 교육기관의 스승으로 초빙해달라고 하는 것이 어찌 청원이겠는가. 이는 항의였다. 사마소가 이를 들어주었을 리가 없다. 들어주기는커녕 혜강을 진짜 '와룡'으로 간주하고 죽여버렸다.

『진서』「혜강전」에는 이렇게 기록되어 있다.

> 혜강이 사형장인 동시東市로 갈 때 태학생 삼천 명이 그를 스승으로 모실 것을 요구했으나 허락되지 않았다.

사형은 그대로 집행되었다. 그런데 집행 전에 불가사의한 일이 일어났다.

당시 모든 사람의 눈은 혜강과 여안에게 집중되어 있었다. 두 사람은 너무나 태연자약했다. 사형수가 아니라 잔칫집의 손님 같았고 속세에 내려온 신선처럼 풍채가 당당했다.

떠들썩했던 사람들이 조용해지자 혜강은 천천히 사형장 가장자리로 가서 사람들 틈에 끼어 있던 형 혜희에게 말했다.

"칠현금은 갖고 오셨습니까?"

암암리에 마음이 통했는지 혜희는 동생이 몇 년간 지니고 다니며 연주하던 칠현금을 갖고 왔다. 혜희는 급히 칠현금을 동생에게 건네주었다.

혜강은 하늘의 태양을 한 번 쳐다보고는 앉아서 현을 조율하고 호흡을 가다듬은 뒤 연주를 시작했다. 칠현금 소리는 마치 흰 매가 푸드덕 날아가 상공을 빙빙 돌다 떨어져 내리는 듯했다. 그 소리는 날카롭게 사람들의 마음을 파고들었다.

혜강이 연주한 곡은 유명한 〈광릉산〉廣陵散이었다. 〈광릉산〉은 전국 시대의 협객 섭정聶政이 한나라 재상 협루俠累를 찔러 죽인 이야기를 담고 있었다. 아마도 이 곡은 웅장하고 기세가 드높았을 것이며 곡 안에 표현된, 폭정에 대한 반항 정신은 혜강의 심정과 딱 맞아떨어졌을 것이다. 혜강의 빼어난 두 손이 사람들의 심금을 두드리는 듯했다. 사람들은 때로는 은은하게, 때로는 격정적으로 우는 듯도 하고 원망하는 듯도 한 칠현금 소리에 흠뻑 취했다.

이 순간, 사람들은 시간이 정지되어 음악이 끝나지 않기를 소망했을 것이다.

하지만 얼마 후 칠현금 소리가 뚝 그쳤다.

혜강이 칠현금을 내려놓고 탄식하며 말했다. 이 말은 세상에서 가장 감동적이고 아름다운 유언이 되었다.

"당시에 원효니袁孝尼(진나라의 학자 원준)가 내게 〈광릉산〉을 배우고자 했지만 거절했다. 뜻밖에도 이제 〈광릉산〉은 전해지지 않겠구나."

이렇게 말하고서 혜강은 목을 내밀어 죽음을 맞이했다.

한 시대의 영웅이었던 혜강은 이렇게 세상을 떠났다.

이때는 경원 3년(262) 가을이었고 혜강은 마흔도 안 된 한창 나이였다.

혜강의 죽음은 인류 역사상 가장 아름답고 감동적인 사건이라고 할 수 있다. 후세 사람들은 그의 죽음을 떠올리며 슬픔과 비통함을 느꼈을 뿐 아니라 더 나아가 그것을 승화시키기도 했다. 이는 마치 망자의 고귀한 삶이 산 자들의 영혼 속에서 영생하는 것과도 같다.

왜 혜강의 죽음이 후세 사람들에게 흥미진진함과 함께 깊은 연민을 불러일으키는 것일까?

혜강의 죽음을 둘러싼 이야기에는 사람들의 예상에서 빗나가는 점이 세 가지 있기 때문이다.

첫째, 사형수인 혜강은 다른 어떠한 요구도 하지 않고 금곡琴曲을 연주하려 했다. 이는 대단히 불가사의한 일이다. 더구나 그의 요구가 받아들여진 것은 더욱 예상 밖이다.

천 년 뒤의 우리는 이 예상 밖의 일에 경악하고, 기쁨과 위안을 느끼고 심지어 다행이라고 여긴다.

생각해보라. 만약 이 요구가 받아들여지지 않았다면 천지를 뒤흔들고 귀신까지 울게 한 그 마지막 장면을 우리가 어떻게 음미할 수 있었겠는가? 이 요구가 받아들여지지 않았다면 혜강의 죽음은 우리에게 그저 유감과 비통함만 가져다주었을 것이다. 이처럼 큰 감동과 아름다움은 주지 못했을 것이다.

둘째, 혜강은 사형 직전의 두렵고 긴장된 분위기에서도 의연히 고난도의 금곡을 연주해 사람들을 감동시켰다.

사람들은 죽음을 앞두고 있을 때, 특히 비정상적인 죽음일 경우에는 공포로 정신이 반쯤 나가기 마련이다. 그런데 혜강은 하후현과 마찬가지로 침착하고 태연하게 죽음을 맞았을뿐더러 섬세한 금곡까지 능숙하게 연주했다.

셋째는 혜강이 사형을 앞두고 남긴 말이다. 이 말은 오랜 여운을 남긴다.

전해지는 말에 따르면 당시 〈광릉산〉은 오직 혜강만 연주할 수 있었다. 그래서 임종 전 그의 마지막 연주는 더욱 상징적인 의미가 있었다. 사람과 곡이 한 몸이어서 사람이 죽어 곡도 함께 사라진 것이다.

어쩌면 혜강은 이 곡만이 자신의 마지막 가는 길을 동행해줄 수 있다고 생각했는지 모른다. 내가 연주하고 나면 이 곡은 세상에 전해지지 않으리라. 내가 죽고 나면 나 같은 사람은 이 세상에 없으리라.

이때부터 〈광릉산〉이라는 이름은 혜강의 이름에 꼭 붙어 다녔다. 이미 실전失傳되어 영원히 들을 수도 없는데 말이다.

혜강은 무슨 죄를 지었을까? 여론을 조성한 죄? 생각을 표현한 죄? 너무 뻣뻣해서 굴복하지 않은 죄? 이런 죄명들은 전제정치 시대에는 다른 어떤 죄보다 죽어 마땅한 이유가 된다.

노자는 "백성들이 죽음을 두려워하지 않는다면 어떻게 죽음 따위로 그들을 두렵게 만들 수 있겠는가?"라고 했다.

공자는 "그대는 정치를 하겠다면서 어째서 살인을 하려고 하시오? 그대가 선을 원하면 백성도 선하게 될 것입니다"라고 했다.

사마씨처럼 포악한 독재자는 결코 이런 말을 이해하지 못한다. 그들은 감히 칼을 내려놓지 못한다. 일단 칼을 내려놓으면 도리어 자신이 칼의 희생물이 될까 두려운 탓이다.

사실 독재자들이 살인을 즐기는 것은 마음이 공허하고 두렵기 때문이다.

공포를 조장하는 사람은 남들에 비해 공포에 민감하다. 바로 이 공포로 사람을 죽인다.

혜강의 죽음에 대해서는 『세설신어』 「아량」에 실린 내용이 가장 자세하고 음미할 만하다.

> 혜강은 동시에서 처형당할 때 낯빛 하나 변하지 않았다. 그는 칠현금을 달라고 하더니 〈광릉산〉을 연주했다. 곡이 끝난 뒤에는 "원효니가 일찍이 이 곡을 배우겠다고 청했으나 못내 아까워 전수해주지 않았는데, 이로써 〈광릉산〉이 끊어지게 되었구나"라고 했다. 태학생 삼천 명이 상소하여 그를 스승으로 모시겠다고 청원했지만 허락되지 않았다. 문왕도 얼마 지나지 않아 혜강을 죽인 것을 후회했다.

문왕은 사마소를 가리킨다. 사마소는 왜 후회를 했을까?

예전에 나는 이 말이 역사가들의 입에 발린 소리라고 여겼다. 그런데 나중에 그게 아니라는 생각이 들었다.

사마소는 정말 후회했을 가능성이 크다. 그에게 조금이라도 이성이 남아 있었다면 틀림없이 그랬을 것이다.

혜강의 죽음이 자신에게 득보다는 실이 더 많다는 것을 사마소는 나중에야 정확히 깨달았을 것이다. 의롭지 못한 학살은 역사의 심판에서 영원히 자유로울 수 없음을 인식했기 때문이다. 실제로 역사는 이날을, 그리고 사마소의 잔인무도함을 잊지 않고 기록으로 남겼다.

중국 고대 문인 가운데 혜강처럼 살아서는 온갖 고난을 겪고, 죽어서는 천고에 휘황찬란하게 빛난 인물은 드물다. 어쩌면 혜강은 줄곧 죽음을 향해 살아갔는지도 모른다. 살아생전에 운명은 그의 길에 수많은 함정을 파두었다. 그가 한 걸음 한 걸음 내디딜 때마다 위험천만한 사건들이 꼬리를 물고 일어났다. 결국 그는 차츰차츰 죽음으로 다가가는 삶을 살았다.

혜강의 일생은 우리에게 다음과 같은 철학적 물음을 제시한다. 인간은 어떻게 죽음을 대해야 하는가?

혜강은 영예롭게 죽을지언정 비굴하게 목숨을 보존하려 하지 않았다. 그는 단지 위나라 조씨 정권의 충신이 아니라, 독재자의 잔혹한 통치에 항거한 지사였다. 또한 그가 선양한 것은 모든 시대의 지식인이 독립적인 정신과 자유로운 사상을 계승해야 한다는 것이었다.

후대 사람들은 왜 죽림칠현을 좋아하는가? 가장 중요한 원인은 바로 혜강이다. 혜강은 죽림칠현을 중국 지식인의 정신사에 올려놓았다. 권력을 두려워하지 않고 정의를 수호하며 지식인의 존엄성을 지킨 혜강은 하나의 거울처럼 후대 문인들과 사대부들로 하여금 그를 동경하고 스스로 부끄러움을 느끼게 만들었다.

성격이 운명을 결정한다고들 말한다. 표면적으로 보면 혜강의 비극적 운명은 확실히 그의 강직한 성격과 관계가 있지만 비극의 근원은 결코 그것이 아니다. 그것은 어두운 시대와 사람의 음험한 마음이다.

만약 역사에서 익히 보아온, 무고하게 피살된 뛰어난 인물들의 죽음을 다 그들의 성격 탓으로 돌린다면 우리는 갈수록 역사를 외면하고 무관심해질 것이다. 평등과 인도주의의 시각으로 인간을 대하는 법을 배우지도 못하고, 그래서 도덕과 양심의 법정에서 원혼들의 누명을 벗겨주지도 못할 것이기 때문이다.

'승자는 왕이 되고 패자는 도적이 된다'는 이치만으로 사람들의 마음과 세상의 도리와 역사를 본다면, 역사는 우리에게 하등의 가치도 없다.

혜강이 죽자 세상의 선비들 가운데 가슴 아파하지 않은 이가 없었다. 그후로는 혜강처럼 사마소에게 항거하는 자도 나타나지 않았다. 선비들은 모두 침묵했다.

그때 죽림칠현의 나머지 인물들은 어디로 가고 무엇을 따랐을까? 이제 그들의 결말을 살펴보자.

14
곡은 끝났는데 사람은 흩어지지 않았네

혜강이 죽은 뒤 조씨와 사마씨의 투쟁은 쉽게 마무리되었다. 사마씨가 절대적인 우세로 승리했고 감히 대항하는 세력이나 인물은 더 이상 없었다.

삼 년 뒤인 265년에 사마소가 병사한 뒤, 그의 아들 사마염이 선양이라는 명분 아래 위나라 조씨의 황위를 찬탈했다. 성에는 새로운 제왕의 깃발이 내걸렸고 천하는 더 이상 조씨의 것이 아니었다.

이와 더불어 혜강의 죽음으로 인해 죽림지유도 해산을 고했다. 죽림칠현의 이야기 역시 정점에서 결말로 접어든다.

신필은 칼과 같다

혜강이 사형되고 그 이듬해에 완적도 마음의 병을 앓다가 죽었다.

무엇 때문에 마음의 병을 앓았을까? 평생 후회할 만한 일을 한 까닭이다. 그는 사마소의 공덕을 찬양하는 「권진문」勸進文을 써야만 했다.

혜강이 죽은 뒤 황위 찬탈을 향한 사마소의 행보는 더 이상 거스를 수 없는 대세였다. 경원 4년(263)에 조정에서는 압력에 못 이겨 재차 사마소를 진공에 봉하고 구석의 예까지 더해주었다. 꼭두각시 황제 조환은 친히 조서를 내려 사마소에게 웃으며 받아주기를 권했다. 그러나 사마소는 전에도 그랬듯이 겸허한 척하며 한사코 사양했다.

연극의 규칙에 따라 문무백관이 여러 차례 사마소를 찾아가 받아들여줄 것을 청원하고서야 이 연극은 마무리되었다. 그런데 이 청원은 입에 발린 말로는 부족했다. 사마소의 문치文治와 무공武功을 치켜세워주는 글이 필요했다. 당시의 사공은 정충鄭冲이었다. 예법과 의례에 관한 일은 사공이 주관하기 때문에 이 글을 쓸 사람도 그가 지정해야 했다.

아무나 그 글을 쓸 수는 없었다. 가장 좋기로는 최고의 문사이자 명사여야 하며 품위가 있고 소탈하면 더 바랄 것이 없었다. 사마소의 의견이었는지, 정충 본인의 생각이었는지는 모르지만 결국 그 일은 완적에게 떨어졌다.

완적은 당연히 달갑지 않았다. 그래서 늘 그랬듯이 술을 마시고 숨어버렸다.

그날 완적은 원준의 집에 있었다. 원준은 일찍이 혜강에게 〈광릉산〉을 배우기를 청했다가 거절당한 그 사람이다. 정충의 사자가 찾아갔을 때 완적은 전날 밤 늦게까지 마신 술 때문에 코를 골며 자고 있었다. 아마도 미리 소문을 듣고 다시 옛날 수법을 쓴 것이리라.

하지만 이번만은 옛날 수법이 통하지 않았다. 정충은 연달아 서너 차례나 사자를 보내 재촉했다. 분위기를 보니 응하지 않는다면 후환이 클 듯했다. 완적은 어쩔 수 없이 명을 따르기로 했다. 다른 사람의 손에 붙잡혀 억지로 일어나서는 붓을 들자마자 술술 글을 써내려갔다. 그 문장의 기세가 아주 시원스럽고 유창해서 '신필'神筆이라는 찬사가 쏟아졌다.

훗날 양梁나라 소통蕭統은 명문선집인 『문선』文選을 펴내면서 이 글을 수록하고 「위정충권진왕전」爲鄭冲勸晉王箋이라는 제목을 달았다. 완적을 감싸기 위해 지은 듯 이 제목은 사뭇 수준이 있다. 사실 이 글은 완적이 대필자로서 정충을 위해 써준 것에 불과했다. 비서가 상관을 위해 공문서를 작성해주는 것처럼 말이다. 그래서 제목에 완적의 이름을 넣을 수는 없었다.

그러나 어쨌든 완적이 이 글을 쓴 것은 기정사실이며 명백한 증거도 있다. 그래서 완적이 죽은 뒤, 그의 명성에 커다란 영향을 끼쳤다. 많은 사람들이 이 일을 완적 일생의 최대 오점이라고 비판했다. '신필'의 글이 칼이 되어 돌아와 완적을 찌른 것이다. 예를 들어 송나라의 문인 섭몽득葉夢得은 이렇게 말했다.

> 완적은 동평상東平相을 하지 않으려다 도리어 진晉 문제文帝의 종사중랑이 되었고, 나중에는 결국 공경대신을 위해 「권진표」勸進表까지 지었다. 만약 이 일을 혜강에게 말했다면 혜강은 직접 곤장을 쳐서 죽였으리라.
>
> 『피서록화』避暑錄話 권1

냉정하게 봐서 이 평가를 공정하다고 할 수 있는가? 나는 그렇지 않다고 본다.

도덕과 의분이 없어서는 안 되지만 그렇다고 도덕으로 남을 협박하는 일이 있어서는 안 된다. 또한 합리적인 비난이 나쁠 것은 없지만 그렇다고 인신공격을 해서는 안 된다. 섭몽득의 이런 평가의 이면에는 두 가지 전제가 있다.

첫째, 혜강을 기준으로 완적을 보았다. 그러나 혜강은 오직 한 명뿐이다. 가장 도덕적인 인물을 기준으로 다른 사람을 평가해 그 사람의 구체적인 상황과 개성을 무시하는 것은 합리적이지 않다.

바꿔 말해 혜강을 존경한다고 해서 완적에게 완적이 아니기를 요구하면 안 된다. 설사 혜강 본인이라 하더라도 그럴 권리는 없다.

두 번째 전제는 더 중요하다. 조씨 정권은 정의롭고 사마씨는 정의롭지 않다고 가정해, 사마씨에게 의탁한 것만으로 치욕의 누명을 씌웠다.

이런 식으로 갖다 붙이는 역사관도 공정하지 않다.

알다시피 완적은 한나라 말기에 태어나 조씨 일족이 한나라 정권을 찬탈하는 과정을 낱낱이 지켜보며 충격을 받았다. 그는 '내가 이해를 못하는 것이 아니라 이 세상의 변화가 빠른 것이다'라고 여겼다. 그런데 이제는 사마씨가 정해진 수순처럼 위나라 조씨 정권을 찬탈하려 했다. 비록 그 방법이 잔인해 인심을 얻지 못하긴 했지만 어쨌든 그 본질은 옛날 조씨에게서 배운 것이었다. 외형상 정권이 조씨에서 사마씨로 바뀌는 것만 빼고는 다를 것이 전혀 없는데, 도대체 누가 옳고 누가 틀렸단 말인가? 이것은 딱 잘라 말하기 어려운 문제이다.

완적은 쇠락한 조씨 정권을 동정하기는 했어도 뼛속까지 위나라의 충신이라고는 할 수 없었다.

더구나 완적은 노장 사상의 영향을 깊이 받았다. "이것에도 하나의 시비가 있고 저것에도 하나의 시비가 있다"는 장자의 주장을 그가 몰랐을 리 없다. 그래서 생각을 바꾸어 세상 모든 일을 한 단계 위에서 바라보기로 했다. 그가 여러 차례 관직을 사양하고 전원에 머문 것은 속세의 시비와 명리를 멀리하고 자연에서 도를 즐기기 위해서였다.

완적은 우리가 상상하는 것보다 훨씬 더 복잡하고 심각하며 초월적인 사람이었다. 결코 그는 어느 한 가문의 충신이 아니었으므로 어느 가문, 어느 임금을 위해 위험을 무릅쓸 이유도 없었다.

완적이 고통스러웠던 원인 중 하나는 그가 세상의 시비에서 벗어나 자연으로 돌아가 삶을 보내고 싶어 했다는 데에 있다. 또 하나는 성격상의 원인인데, 그는 어쩔 수 없이 외부의 압력에 굴복했고 시비의 소용돌이에 휘말려 헤어 나오지 못했다.

완적은 비명횡사하지는 않았지만 강한 모멸감으로 인해 고통 속에서 살았다. '부끄러움을 아는 것은 용기에 가깝다'는 옛말이 있다. 예법에 저항했던 완적의 갖가지 기행은 또 다른 의미의 용기가 아니었을까?

결론적으로 말하자면, 완적은 인격적으로나 도덕적으로 완벽하지는 않았지만 적어도 솔직하고 진실한 성정의 소유자였다.

산도의 공과

산도가 절교 편지를 받은 지 이 년 만에 혜강은 여안 사건에 연루되어 죽임을 당했다.

그 이 년 동안 산도는 무엇을 했을까? 역사에는 아무 기록도 남아 있지 않다. 단지 『진서』「산도전」의 서두에 이런 말이 있다.

> 산도는 혜강, 여안과 친했고 나중에 완적을 알게 되어 죽림에서 우정을 나누며 말을 하지 않아도 통하는 친구가 되었다. 훗날 혜강은 여안 사건에 연루되어 처형되기 전, 형장에서 아들 혜소에게 말했다. "거원(산도)이 있으니 너는 외롭지 않을 것이다."

혜강의 이 한마디는 산도의 일생에서 아주 중요한 말이다. 이 말이 없었다면 산도의 명예는 완적보다 훨씬 더 엉망이 되었을 것이다.

산도는 일생 동안 두 가지 사건 때문에 사람들에게 욕을 먹었다. 첫째는 본인이 직접 사마씨를 찾아가 의탁한 것이고, 둘째는 혜강이 분노해 그와 절교한 것이다. 이 두 사건은 산도에게 모멸감을 안겨주었다. 그런데 한 가지 의문이 없을 수 없다. 혜강과 여안이 억울하게 사형 판결을 받았을 때, 산도는 그들의 친구로서 사마소를 찾아가 사정을 해보았을까?

역사에서는 이 의문에 대한 답을 찾을 수 없다.

어쨌든 우리는 『진서』 「산도전」의 서두에서 혜강이 처형 직전에 자기 아들을 맡길 만큼 산도를 가장 신뢰할 친구로 믿었다는 것을 확인했다.

혜강은 죽기 전에 자기 자식을 부탁함으로써 세상 사람들에게 두 가지를 알리고자 했을 것이다.

첫째, 나는 확실히 산도에게 절교의 편지를 보냈지만 그것은 과거의 일이고 우리는 여전히 좋은 친구이다.

둘째, 나는 내 죽음으로 인해 아들에게 도덕적인 부담을 지워 앞날에 영향을 끼치고 싶지 않다. 이 아이는 자기 자신의 인생을 살아야 하며 그 인생은 나의 인생과는 완전히 다를 수도 있을 것이다. 그때가 되면 산도가 돌봐줄 것이다.

그런데 혜강은 왜 자기 자식을 형인 혜희나 완적 같은 친구에게 부탁하지 않고 굳이 이미 절교한 산도에게 부탁했을까? 이것은 천고의 미스터리다.

그 해답은 다음 세 가지 중 하나일 것이다. 첫째, 혜강은 산도에게 자식을 부탁함으로써 과거의 오해를 풀고 산도의 도덕적 죄책감을 덜어주려 했다. 둘째, 산도는 아주 진중하고 너그러우며 선견지명이 있어 다른 누구보다 삶에 대한 통제력이 강했다. 셋째, 산도는 사람됨이 진실하고 온후하며 군자의 풍격을 갖고 있어 신뢰할 만했다.

그래서 산도에게 자기 아들을 맡긴 행위는 혜강의 활달한 성격과 초탈함, 그리고 너그러움과 선량함을 그대로 보여준다. 죽음의 시간이 다가오자 그는 세상의 시비와 은원에서 벗어나 가장 중요한 것, 즉 인간 세상의 정을 이해했다.

실제로 산도는 진심을 다해 혜소를 돌봐주었다. 혜강이 죽은 지 이십 년이 지나 서른 살이 되었을 때, 혜소는 산도의 추천을 받아 정식으로 벼슬길에 들어섰고 시중의 자리까지 이르렀다. 그리고 팔왕八王의 난 때 혜제惠帝 사마충司馬衷을 보호하려고 자기 몸을 던졌다가 반란군에게 살해당해 황제의 옷에 피를 뿌리며 죽었다. 나중에 하인이 그 옷을 빨려고 하자 역사상 백치로 유명했던 그 황제는 인정미 넘치는 어조로 말했다.

"혜 시중의 피를 없애지 말라."

이때부터 '혜 시중의 피'는 충신의 피를 가리키는 대명사가 되었다.

하지만 혜소를 추천한 일도 산도에게는 큰 오점이 되었다. 후대의 일부 유학자들은 산도가 혜소를 시켜 부친의 원수를 위해 일하게 한 것은 분명히 치욕스러운 일이며 혜강은 지하에서도 눈을 감지 못했을 것이라고 주장했다. 이로 인해 후대 사람들이 죽림칠현을 논할 때 산도는 가장 의견이 엇갈리는 인물이다.

그러면 산도를 어떻게 평가해야 할까?

역사의 인물을 대할 때는 반드시 그 사람이 속했던 시대 배경을 참작해 그 공과를 평가해야 하며, 아울러 정치적이거나 도덕적인 편견을 떠나 그 사람의 입장에서 이해하고 포용할 줄 알아야 한다. 다시 말해 이해를 바탕으로 공감해야 한다.

따라서 혜강을 숭배한다고 해서 사마씨를 위해 일한 모든 사람을 패륜아로 몰면 안 된다. 이는 상당히 위험한 역사관이다. 이미 앞에서 완적이 결코 위나라 조씨 정권의 충신으로 자처하지 않았고 사마씨 정권을 위법이라고 여기지도 않았다고 서술한 바 있다. 산도도 그랬을 것이다. 정치적 포부와 재능을 타고난 산도는 누가 정권을 차지했더라도 관리가 되었을 것이다. 더구나 그와 사마씨는 먼 친척이었으므로 공적으로든 사적으로든 그가 벼슬길에 나아간 것은 이해할 만하다.

따라서 산도가 벼슬길을 택한 것은 당연한 그의 권리이다. 문제는 단지 그가 훌륭한 관리였느냐는 것이다.

역사를 살펴보면 산도는 위진 시대의 우수한 정치가였다고 할 만하다. 많은 사건에 대한 그의 판단은 역사 발전의 추세와 사실에 비춰볼 때 아주 적절했다. 예를 들어 사마소는 일찍이 산도에게 사마염을 가르치게 했는데, 나중에 태자 선발을 놓고 고민하면서 둘째 아들 제왕齊王 사마유를 태자로 삼으면 어떨지 산도에게 의견을 구했다. 이때 산도는 딱 잘라 이렇게 말했다.

"장자를 폐하고 어린 사람을 후사로 정하는 것은 예법에도 어긋나고 상서롭지 못한 일입니다."

훗날 사실로 증명되었듯이 산도의 관점은 합리적이었다. 사마염에게는 황제의 능력이 있었고 그 덕분에 천하는 통일되어 삼국정립三國鼎立의 형세가 일단락되었다.

한편 산도는 여러 해 이부상서로 있으면서 열성을 다해 인재를 선발했다. 관리 후보자들에 대해 그가 쓴 인사 평가서는 역사적으로 아주 유명하다. 관리 후보자의 장점과 재주에 대해 두세 마디로 정리해 썼는데, 사람들은 이를 '산공 계사'山公啓事라 부르며 칭찬했다. 이처럼 관직에 있던 삼십 년간 산도의 명성과 정치 업적은 아주 뛰어났다.

산도는 청백리여서 뇌물을 받은 적도 없었다.

진군陳郡에 원의袁毅라는 관리가 있었다. 그는 부패하고 뇌물 바치기를 좋아해 조정의 고관들 치고 그에게 뇌물을 받지 않은 사람이 거의 없었다. 한번은 그가 산도에게 좋은 비단 백 근을 주었다. 산도는 받고 싶지 않았지만 다른 관리들의 눈총을 받을까봐 할 수 없이 받아서 창고에 넣어두었다. 뒷날 원의는 뇌물죄가 드러나 사법부에 압송되어 벌을 받게 되었다. 이때 그에게 뇌물을 받은 사람들도 모두 연루되었다. 역시 조사를 받게 된 산도는 창고에서 비단 백 근을 꺼내 고스란히 사법부에 넘겼다. 비단은 처음 봉인된 그대로 몇 년 묵은 먼지가 쌓여 있었다. 이때부터 산도는 '비단에 손도 대지 않은 상서'라는 별명을 얻게 되었다.

서진西晉 건립 후 산도는 삼공의 반열에 올라 아내 한씨와의 약속을 실현했지만, 사치를 부리거나 부정을 저지르지 않았다. 그의 집에는 노비가 있어본 적이 없었다. 그가 일흔아홉의 나이로 죽은 뒤에 사람들은 이 조정의 중신이 수중에 돈 한 푼 갖지 않은 청렴한 인물이었음을 알게 되었다. 그는 열 칸짜리 낡은 집에 자손도 없이 혼자 살았다. 아들 다섯이 있긴 했지만 결혼시킬 때 모두 두 칸짜리 작은 집을 주어 내보냈다.

이처럼 산도는 결코 권세나 이익에 눈먼 관리가 아니었다. 자기 통제에 뛰어나고 스스로 도를 지킬 줄 아는 청렴한 관리였다.

사실에 근거해 볼 때 산도는 괜찮은 사람이었다. 그는 자신을 보호하는 데 기민했지만 남에게 해를 끼치지는 않았다. 더구나 관리로서 청렴결백하고 사람을 적재적소에 쓸 줄 아는 인물이었다.

이런 사람을 천 년 뒤인 지금에 와서 근거 없이 혹평하지는 말았으면 한다.

피리 소리에 옛날을 떠올리다

이제 상수에 대해 말해보자.

죽림칠현 가운데 상수와 혜강은 가장 가까운 사이로서 몸과 그림자처럼 붙어 다녔다. 특히 그들은 늘 쇠를 제련하는 일을 함께하곤 했다. 그래서 혜강의 죽음이 상수에게 가져다준 충격은 매우 컸다. 혜강이 종회에게 결정적으로 미움을 사던 날, 상수도 그 현장에 있지 않았는가? 또한 혜강과 함께 살해된 여안도 상수와 좋은 친구였다. 두 사람은 함께 밭을 갈고 씨를 뿌리고 물을 주는 일을 즐겨 했다.

다시 말해, 종회가 보복의 범위를 조금만 더 확대했다면 다음 목표는 상수였을 것이다. 상수는 틀림없이 두려웠을 것이다.

혜강이 죽자 상수는 압력에 못 이겨 하내군의 추천으로 낙양에 가서 관리 임명장을 받았다. 이때 사마소가 상수를 보고 엉큼하게 물었다.

"그대는 기산箕山의 뜻을 품고 있다고 하던데 어찌하여 이곳에 왔소?"

기산은 옛날의 유명한 은둔자 허유許由와 소보巢父의 은신처였다. 따라서 기산의 뜻이란 은둔 생활의 뜻을 말한다. 사마소가 어떤 의도로 질문했는지는 더 말할 필요도 없다.

상수는 이렇게 대답했다.

"소보와 허유는 강직한 선비였지만 본받을 것이 많지 않습니다."

즉 소보와 허유는 오만하고 고집 센 사람들이어서 존경하고 본받을 만한 가치가 없다는 뜻이다. 이 말에 사마소는 아주 흡족해했다.

상수는 이렇게 사마소의 '면접'을 통과해 벼슬길에 나아갔고 황문시랑黃門侍郎, 산기상시까지 지냈다.

그러나 상수는 속으로 몹시 고통스러워했다. 한번은 산양에 있는 혜강의 옛 거처를 지나다가 이웃에서 전해지는 처량한 피리 소리를 들었다. 그는 옛일이 떠올라 마음이 아팠고 곧 「사구부」思舊賦를 써서 억울하게 죽은 혜강과 여안을 애도했다. 그런데 노신은 이 「사구부」를 두고 "막 시작되는가 싶더니 바로 끝났다"라고 평했다.

왜 그랬을까? 아마도 두려움 때문이었던 것 같다.

상수는 개성이 아주 뚜렷한 사람은 아니었다. 그저 나약한 서생에 불과했다. 혜강이 살아 있을 때는 혜강에게서 정신적 자양분을 섭취하고 살았지만, 혜강이 죽자 어떻게 해야 할지 몰랐다. 그래서 어쩔 수 없이 본심과는 다른 선택을 하고 살아갔다.

그래도 혜강은 지하에서 그를 이해해주지 않았을까?

변신의 귀재 왕융 ↘

죽림칠현 중에서 인생 전반기와 후반기가 아주 판이한 인물이 있다. 나이가 가장 어린 왕융이다.

어릴 적에 신동으로 이름을 날린 왕융은 관리가 되어서는 청렴하다는 평판을 얻었다. 뇌물은 당연히 받지 않았고 심지어 부친이 죽은 뒤 친구들이 보내온 예물과 부의금까지 거절했다.

그런데 이 청렴한 관리가 고대 중국에서 가장 유명한 수전노가 될 줄 누가 상상이나 했겠는가.

왕융은 만년에 아주 탐욕스러워졌고 인색해졌다. 예를 들어 조카가 혼례를 올릴 때 겨우 홑옷 한 벌을 예물로 보냈다. 이것은 그래도 괜찮은 편이었다. 그나마 성의는 표시한 셈이니까. 그런데 왕융은 이 작은 것도 아까워서 얼마 후 조카를 찾아가 돌려달라고 했다.

왕융은 친딸에게까지 지독한 노랑이였다. 딸이 시집을 가면서 그에게 돈을 빌렸는데, 얼마 후 딸이 돈을 갚지 않은 채 친정에 왔다가 그가 무서운 표정을 짓고 있는 것을 보았다. 무슨 뜻인지 알아차린 딸은 얼른 돈을 갚았고 그제야 왕융은 얼굴을 펴고서 웃음을 지었다.

가족과 친지에게도 이런데 다른 사람에게는 더 말할 필요도 없었다. 언젠가 왕융이 집에 자두를 많이 심었는데 맛있는 열매가 주렁주렁 열려서 내다 팔기로 했다. 그런데 그냥 내다 팔면 그만인 것을, 왕융은 남이 자기 집의 '상등 품종'을 가져가 심을까 걱정이 되어 팔기 전에 송곳으로 씨앗을 모두 파냈다. 그러려고 얼마나 힘이 들었을까.

훗날 안풍후安豊侯에 봉해진 왕융은 허리에 돈 만 관을 찬 갑부가 되었다. 그런데도 만족하려면 멀었는지 밤마다 등불 밑에서 부인과 함께 상아 주판으로 자기 집 재산을 세곤 했다. 요즘 말로 하면 월급통장, 신용카드, 부동산 증서, 차용증 등을 다 펼쳐놓고 지치지도 않고 계산한 것이다.

이렇게 왕융은 세속에 구애받지 않는 죽림의 정신과는 완전히 반대되는 사람이 돼버렸다.

하지만 속물이 된 뒤에도 왕융은 정을 매우 중시했다. 이것만은 죽림의 명사들과 일치했다.

왕융은 이름난 효자였다. 모친이 죽은 뒤, 그는 몹시 슬퍼서 닭 뼈처럼 몸이 말랐다. 일어날 때마다 침대 난간을 붙잡았고 지팡이가 없으면 걷지도 못했기 때문에 '몸이 축날 정도로 효도한다'는 명성을 얻었다.

또 언젠가는 아들 왕수王綏가 비만증에 걸리자 왕융은 어떻게 할 방법이 없어 아들에게 줄곧 쌀겨만 먹였다. 뜻밖에도 왕수는 살은 빠지지 않고 오히려 더 뚱뚱해졌다. 결국 왕수는 열아홉 살에 죽었고

동자가 왕융 앞에서 책을 들고 있다. 왕융은 죽림칠현 중에서 나이가 가장 어렸다. 일찍이 신동이라 불렸고 성격이 변덕스러웠으며 정을 중시하고 효성이 깊었다. 만년에는 탐욕스럽고 인색하다는 평을 얻으면서 점차 세속화했다. 당나라 화가 손위의 〈고일도〉 일부 왕융은 너무 많이 울어서 죽다가 살아났다. 누군가 너무 상심하지 말라고 하자 그는 이런 유명한 말을 했다.

> 성인聖人은 정이 없고 밑바닥 사람은 정을 생각할 겨를이 없으니, 정은 우리 같은 사람에게 쏠리는 거요.
>
> 『세설신어』「상서」傷逝

최고의 경지까지 수련한 성인은 세속의 정에 담담하고 밑바닥 사람들은 정을 이해하지 못하므로 자기 같은 부류가 정에 가장 빠지기 쉽다는 뜻이다.

왕융은 우정도 중시했다. 상서령尙書令으로 있을 때 그는 관복을 입고 작은 마차를 타고서 황공黃公의 주막을 지나가게 되었다. 그곳은 옛날에 그가 혜강, 완적과 함께 술을 마신 곳이었다. 감상에 빠진 왕융은 같은 마차에 탄 사람들에게 말했다.

"나는 지난날 혜숙야嵇叔夜(혜강), 완사종阮嗣宗(완적)과 함께 이 주막에서 즐겁게 술을 마셨소. 죽림에서 노닐 때도 외람되게 끼어 있었지. 그러나 그 두 사람이 죽고 난 뒤에 나는 세상일에 묶여버렸소. 지금 주막은 지척에 있건만 사람은 옛날과 다르니, 마치 숱한 산과 강이 가로막고 있는 것 같구려."

왕융의 이 탄식은 만년까지도 그가 죽림에서 노닐던 때를 잊지 못하고 있었음을 말해준다.

한편 왕융 부부는 서로 마음이 잘 맞았다. 왕융의 부인은 늘 '그대'(卿)라고 그를 불렀는데, 이는 남존여비가 확고했던 고대의 예법에 맞지 않았다. 이에 왕융이 완곡하게 부인을 타일렀다.

"당신이 나를 그대라고 부르는 것은 예법에 어긋나니 앞으로는 그러지 마시오."

그러자 부인은 의외의 답변을 했다.

"제가 그대를 사랑하고 그대를 아껴서 그대를 그대라고 부르는 것입니다. 제가 그대를 그대라고 부르지 않으면 누가 그대를 그대라고 부르겠습니까?"

그녀는 왕융보다 한수 위였던 것 같다.

왕융은 다양한 스펙트럼을 가진 인물로서 인간의 복잡한 성격과 모순을 잘 보여준다. 그는 죽림칠현 가운데서 변신에 가장 능한 '트랜스포머'형 인물이었다.

훗날 높은 관직에 오른 왕융은 팔왕의 난 때도 자신의 재능을 감추고 용케 몸을 보전했다. 그는 일흔두 살까지 천수를 누렸다.

쓸모없는 유영

이번에는 주선酒仙 유영을 살펴보자.

유영은 가장 좋은 술친구인 완적을 잃고 다소 처량하게 만년을 보냈다. 그런데 서진 초에 무제武帝 사마염이 천하의 명사들을 입조시켜 대책對策을 치르게 했다. 대책이란 황제가 질문하는 치국의 방책에 대한 대답이다. 유영도 이 '공무원 시험'에 참가했는데, 황제가 그에게 어떤 대책이 있느냐고 묻자 '무위無爲로 만물을 감화시키는 방법'을 강조했다. 노자의 '무위지치'無爲之治의 도리였다. 그 결과, 많은 명사가 시험을 통과해 고관이 됐는데도 유영만 '무용'無用, 즉 쓸모없다는 이유로 낙방했다.

나중에 왕융이 건위장군建威將軍으로 있을 때 유영을 휘하로 불러 건위참군建威參軍을 맡겼다. 부귀해지면 서로 잊지 말자던 약속을 왕융이 친구로서 이행한 것이다.

이 벼슬을 유영이 얼마나 오래 했는지는 알 수 없지만, 어쨌든 유영은 쓸모가 없어서 천수를 누리고 죽을 수 있었다.

『장자』「인간세」人間世를 보면 아주 오래되고 백에 하나도 쓸모가 없는 '산목'散木이 등장한다. 이 나무는 재목감이 못 되어 오히려 오래 살 수 있었다. 그래서 장자는 "쓸모없는 것의 쓸모 있음이 정말 크게 쓰인다"라고 말하고 "사람들이 모두 쓸모 있는 것만 쓸모 있는 줄 알지 쓸모없는 것이 쓸모 있는 줄을 모른다"며 안타까워했다.

유영은 '쓸모없는 나무' 같은 존재로서 당시에 쓸모가 없었기 때문에 도리어 사람들의 마음에 '크게 쓰이게'(大用) 되었다.

유영은 중국 술 문화에서 독특한 공헌을 했을 뿐만 아니라 중국인의 마음에도 큰 감화를 주었다.

완함의 스캔들

그러면 완함의 마지막은 또 어땠을까?

세속에 구속받지 않고 살던 완함은 말년에 다소 일탈을 했다. 그는 혜소와 마찬가지로 산도의 추천을 받아 관리가 되려 했다. 산도는 "완함은 진실하고 욕심이 적어 어떤 것으로도 그의 마음을 움직일 수 없습니다"라고 추천서에 적어주었다.

하지만 진 무제 사마염은 좀처럼 그를 등용하지 않았다.

완함이 상식을 벗어난 일, 즉 기절초풍할 스캔들을 일으켰기 때문이다.

완함은 모친의 초상 기간에 고모의 선비족 출신 몸종과 눈이 맞았다. 이는 당시의 상례에 크게 위배되었다. 유가의 상례에 따르면 초상 기간에는 술을 마시거나 육식을 해서는 안 되며 부부 생활도 금지되었다. 그런데 완함은 한 발 더 나아가 고모에게 그 몸종을 자기 아내로 달라고 요구했다. 고모는 처음에는 허락했지만 막상 떠나려고 할 때 마음이 바뀌어 몸종을 데리고 길을 떠났다.

그 사실을 알고 완함은 문상객의 나귀를 빌려 급히 그 뒤를 쫓아갔다. 그리고 온갖 말로 고모를 회유해 끝내 사랑하는 여자를 빼앗아 돌아왔다. 돌아오는 길에 두 사람은 사람들의 눈길도 아랑곳 않고 함께 나귀를 타고 왔다. 그때 완함은 흰색 상복을 입고 있었는데도 말이다. 이 사건은 예전에 완적이 친정에 가는 형수를 멀리까지 배웅하고 작별인사를 나눈 것보다 훨씬 더 예법에 어긋났다. 그래서 완함은 오랫동안 관직에 기용되지 못했다.

사실 완함의 스캔들에서 두드러지는 것은 정情이다.

지금까지 보았듯이 '정'과 '예법' 사이에 문제가 발생할 때, 죽림칠현이나 다른 위진 시대의 명사들은 대부분 자기 내키는 대로 행동했다.

혹시나 완함을 비판하려고 한다면 반드시 잊지 말아야 할 것은 당시에는 누구든 위험을 각오해야 초월할 수 있던 예법이 지금은 진작 사라졌다는 사실이다. 삼년상을 치른다든가 상중에 술과 고기를 피한다든가 하는 예법은 거의 찾아보기 어렵다. 심지어 어떤 곳에서는 장례식장에서 문상객에게 좋은 술과 고기를 대접하기까지 한다.

이는 요즘 사람들이 죽음과 삶에 대해 이성적 판단을 하면서, 진심으로 애도를 표하면 그뿐이지 불필요한 예법은 생략해도 된다고 생각하게 되었기 때문이다.

그래도 완함은 능력이 있던 덕분에 훗날 산기상시가 되었고, 다시 순욱의 심기를 건드려 시평始平(지금의 섬서성 흥평興平)으로 쫓겨나 태수를 지냈다. 그래서 완함은 완 시평阮始平이라고도 불린다.

완함에게는 완첨阮瞻과 완부阮孚라는 두 아들이 있었다. 이 두 사람도 서진 시대의 손꼽히는 명사가 되었다.

맺는말

만고에 향기를 전하다

혜강이 세상을 떠난 지 사십삼 년째 해인 305년에 죽림칠현 중 최후의 한 사람인 왕융이 삶을 마쳤다.

이로써 죽림칠현의 이야기는 마지막에 이른다.

재미있는 것은 왕융이 죽고 나서 죽림칠현이 더 유명해졌다는 사실이다. 죽림칠현에 관한 온갖 풍문이 퍼져나가도 이제 바로잡을 사람이 없었기 때문이다.

심지어 죽림칠현 중 마지막 생존자인 왕융조차 생전에 신빙성 없는 이야기를 내놓았고 고의로 사실을 왜곡하기도 했다.

죽은 사람은 말이 없는 법이니, 사람들은 왕융의 말을 믿지 않을 수 없었다.

더구나 왕융이 죽은 뒤, 산동성 낭야의 왕씨 일가는 날로 번창해 진나라 최고의 가문이 되었다. 정치적으로나 문화적으로나 왕씨 가문의 후손들은 조상을 미화할 필요가 있었다. 그래서 그들은 풍류를 즐겼던 조상의 삶에 살을 붙였다.

이런 사례는 죽림칠현의 사후에 새롭게 죽림칠현의 이야기의 막이 올라가고 사람들에게 상연되기 시작했음을 뜻한다.

동진의 화가인 대규 같은 사람은 왕융이 황공의 주막을 지나갈 때 있었던 감동적인 에피소드에 관해 "조정에서는 들어본 적이 없는, 장강 하류 지역에서 갑자기 생겨난 이야기다. 아마 어떤 호사가가 퍼뜨린 이야기일 것이다"라고 했다.

여기서 '호사가'란 일종의 문화 전파자라고 할 수 있다. 어쩌면 우리는 그런 호사가들에게 감사해야 할 것이다. 그들이 없었다면 죽림칠현의 이야기는 흐릿한 자취로만 남았을 테니까.

이야기의 전파 과정에서는 흠모나 숭배, 모방 등이 뒤따르지 않을 수 없다.

물론 품평이나 비판도 없을 수 없다.

죽림칠현 중 누가 옳고 그른지에 대한 논쟁은 진작부터 있었다.

예를 들어 동진의 풍류 재상이었던 사안謝安의 가문에서도 그런 토론이 있었다. 당시 사안의 조카 사현謝玄과 그의 형제들은 죽림칠현의 우열에 관해 논쟁을 벌였지만 결론이 나지 않았다. 이때 사안은 "우리 선조들은 애초부터 죽림칠현에 대해 철저히 논의하거나 임의로 평가하지 않았다"라고 했다.

이 말은 깊은 뜻을 담고 있다. 사안은 죽림칠현에 대해 존경을 표현하는 한편, 죽림칠현에 각각 우열이 있다고 하더라도 단순히 이 문제를 논하는 것은 의미가 없다고 주장한 것이다. 누가 옳고 그른지 구체적으로 논하다 보면 '나무만 보고 숲은 보지 못하는' 우를 범할 수 있고, 그 결과 죽림칠현이 생전에 표방한 자유, 대범함, 탈속, 우정, 탐미주의 같은 '죽림의 정신'을 훼손할 수 있기 때문이다.

사안의 안목은 독특하면서도 매우 소중하다. 그는 죽림의 정신을 계승하고 전파하는 일이 죽림칠현 각각의 우열을 논하는 것보다 더 중요하다는 것을 깊이 이해했다.

그러나 죽림칠현의 우열은 여전히 사람들의 마음속에 의문으로 남아 있다. 사안의 동생인 사만謝萬은 형의 말을 따르지 않고 「팔현론」八賢論이라는 문장을 지었다. 여기에서 그는 여덟 명의 현인을 열거했는데, 그중에는 굴원屈原, 가의賈誼, 손등과 함께 혜강이 속해 있다.

사만의 눈에는 죽림칠현 중 혜강만이 진정한 현인이었고 나머지는 그에게 미치지 못했던 것이다.

사만에 비해 남조南朝의 문학가 안연지顏延之는 다소 관용적이었지만 그래도 죽림칠현을 둘로 구분했다. 죽림칠현을 찬미한 시 「오군영」五君咏에서 그는 산도와 왕융을 제외했다. 산도와 왕융을 죽림의 정신에서 벗어나 명예와 이익을 좇은 인물로 간주했던 것 같다.

남조의 또 다른 문학가 심약沈約도 「칠현론」七賢論을 지어 죽림칠현을 평가했다. 그는 혜강과 완적을 칭송하고 나머지 다섯 명은 그들에게 크게 못 미친다고 보았으며 혜강과 완적 중에서도 혜강을 더 높이 평가했다. 훗날 죽림칠현에 대한 평가는 단순히 혜강과 완적의 우열에 관한 문제로 집약되었다.

이러한 우열의 평가는 그 자체로 사대부의 가치 지향을 보여준다.

명나라의 정치가 장거정張居正도 「칠현영서」七賢咏叙를 지었다. 그는 죽림칠현을 어두운 골짜기의 난초 그리고 검은 바위와 옥돌에 비유해 존경심을 표현했다.

건륭乾隆 15년(1750)에는 마흔 살의 건륭제가 서쪽 지방을 순찰하다 죽림칠현이 은거하던 곳을 지나게 되었다. 그는 「칠현영」七賢咏이라는 시를 지어 그들에 대한 흠모의 마음을 남겼다.

그러나 나는 건륭제가 그저 고상한 척하는 인물이었다고 생각한다. 그가 진정으로 죽림칠현을 좋아했다면 나라와 백성에 재앙을 부른 '문자옥'文字獄(청나라의 지배를 공고히 하기 위해 반청反淸의 경향을 띤 글과 문인들을 탄압한 일련의 필화 사건)을 일으켰겠는가.

하지만 결론적으로 죽림칠현의 이야기는 사람들의 마음속에 오랫동안 자리하며 계속 새롭게 태어났고 오늘날까지 커다란 흡인력을 갖고 있다.

그렇다면 죽림칠현의 이야기는 왜 후대인에게 지속적으로 흥미를 유발했을까?

죽림칠현의 이야기가 인류의 몇 가지 중요한 문제와 맞닿아 있기 때문이다.

첫째는 삶의 선택의 문제이다.

삶의 선택은 인류가 시시각각 직면하는 심각한 문제다. 겉으로 볼 때 죽림칠현은 단지 출세와 은거의 선택에 직면했던 것처럼 보인다. 그러나 실제는 그렇게 단순하지 않았다. 출세와 은거의 선택은 자연과 예법, 유교와 도교, 자유와 예속 등의 선택과 연결되었다.

나아가 그러한 선택의 문제는 인간의 자유, 독립, 권력, 그리고 존엄성의 문제와도 직접 연관되었다.

죽림칠현의 운명은 다음과 같은 교훈을 알려준다. 즉 건강하고 합리적이며 문명화된 사회는 무엇보다도 인간의 자유와 선택권을 충분히 존중해줘야 한다는 것이다.

둘째는 선택의 문제와 밀접한, 죽음의 문제다.

철학자들은 죽음이야말로 가장 중요한 철학적 문제라고 말한다. 모든 인간은 죽음에 대해 자신만의 답안을 마련해야 하기 때문이다. 공자는 "삶도 모르는데 어찌 죽음을 알겠는가?"라고 말했다. 인간은 삶을 중시해야 한다는 뜻이다. 그러나 눈앞의 일조차 예측할 수 없는 난세에 이 말은 "죽음도 모르는데 어찌 삶을 알겠는가?"라고 뒤집어 질 수밖에 없다.

혜강의 〈광릉산〉의 절창은 어째서 그토록 사람의 심금을 울리는가? 그 절창이 우리 앞에 절박하게 죽음의 문제를 제시하는 까닭이다. 그것은 우리에게 '바람직한 삶과 죽음은 무엇인가?'라고 묻는다.

사느냐 죽느냐, 그것이 문제이다.

삶의 길이와 양을 좇을 것인가, 아니면 삶의 깊이와 질을 좇을 것인가? 이것 역시 문제이다.

따라서 우리는 혜강의 죽음이 삶의 가치와 존엄성을 높였다고 말할 수 있다.

하지만 우리는 기도해야 한다. 앞으로는 혜강 같은 인물이 나오지 않기를, 그리고 혜강을 죽음으로 몰고 간 그 암울한 시대가 결코 반복되지 않기를.

셋째는 감정의 문제이다.

죽림칠현의 가장 큰 공헌은 다양한 감정을 불러일으키는 수많은 이야기를 우리에게 남겨주었다는 데 있다. 그것들은 하나같이 정감과 시적 정취가 충만한 이야기들이다.

그 이야기들은 세상의 명예와 이익이 바람처럼 덧없는 것임을 알려준다. 인생에서 가장 진실하고 본질적인 것은 외적인 것이 아니라 사람들 사이의 정과 사랑일 것이다.

정과 사랑이 없다면 아무리 오래 산들 무슨 의미가 있겠는가.

영국의 철학자 러셀은 "들쭉날쭉한 삶이야말로 행복의 근원이다"라고 말했다.

죽림칠현의 매력은 어디에 있을까? 아마도 그들의 다채로운 개성일 것이다.

그들은 중국 고대 지식인의 다양한 존재 방식과 가치관을 반영한다.

그들은 완벽하지는 않지만 분명 독특한 사람들이었다.

그들은 특이하면서도 보통 사람들과는 다른 자아를 보여주었다.

사람이 살면서 자아의 표현보다 더 중요한 것이 또 있을까?

이 일곱 사람은 마치 일곱 개의 음표처럼 음색도 다르고 장단도 일치하지 않는다. 그러나 그들은 하나로 뭉쳐 아름다운 음악을 연주해냈다. 그리고 이 음악의 깊은 여운은 오늘날까지 그치지 않고 사람들에게 감동을 준다.

문득 도연명의 시가 떠오른다. "그들은 이미 세상에 없지만, 천 년이 지나도 그 마음은 남아 있구나." ●

역자 후기

통상 위진남북조 사백 년의 정치, 사회, 문화, 예술 등을 논함에 있어서 죽림칠현은 위진 시대의 상황과 정치 현실을 파악하는 하나의 문화 아이콘인 동시에 격동의 시기를 이해하는 중요한 연결 고리 역할을 한다.

전한과 후한 사백여 년간 중국을 지배해왔던 유교 이데올로기는 인간을 속박했으나 후한이 붕괴하면서 유교 이데올로기도 자연스럽게 약화되었다. 사람들은 유교에서 벗어나 좀 더 다양하고 자유로운 사유를 탐색했다. 이 시기에 도교가 부활하고 불교가 수입되었던 배경이다.

이 시대는 북방 민족이 남쪽으로 내려오면서 한족漢族과 북방 민족의 지리적, 혈연적 경계선이 무너지고 동아시아의 다양한 문화가 크게 섞이기도 하여, 그야말로 용광로와 같았다.

위진남북조 시기는 소설 『삼국지연의』로도 유명한 삼국 시대를 이어간다. 220년에 조조의 아들 조비가 건국한 위나라는 사십오 년 동안 다섯 명의 황제가 왕위를 이었으나 아쉽게도 265년에 진나라를 세운 사마염에게 멸망해 역사에서 사라진다.

조조가 예순여섯 살, 조비가 마흔 살, 조예가 서른다섯 살에 세상을 떠나자 위나라는 풍전등화에 놓인다. 여덟 살밖에 안 된 조방이 즉위하고 사마의와 그의 장남 사마사, 차남 사마소 부자가 정권을 탐내면서 피비린내 나는 정치투쟁이 펼쳐지는 것이다. 그들은 지지 세력을 얻기 위해 노골적으로 '내게 복종하면 살고 반항하면 죽는다'라는 원칙을 세워 지식인에게 삶과 죽음의 선택을 강요했다. 그 결과 지식인들은 정치적 제물로 전락하였다. 다른 어느 때보다도 지식인의 애환과 고충이 심한 시기였다. 예컨대 249년에 위나라 정시 10년에 조조의 양아들이자 사위였던 하안이 사마의 부자에게 살해되고, 254년인 가평 6년에 이풍, 하후현, 허윤 등이 사마사에게 목숨을 빼앗겼으며, 262년인 위나라 조환 경원 3년에는 죽림칠현의 대표 인물인 혜강이 사마소에게 처형되었다.

이런 격동기에 등장한 죽림칠현은 삶과 권력에 대한 지식인의 자세를 상징적으로 보여준다. 그러므로 죽림칠현은 중국 고대 문인의 거울이며 우리가 그들에게 다가가는 것은 곧 중국 고대 문인의 영혼에 다가가는 것으로, 그들을 이해하는 것은 곧 봉건제도하의 고대 중국인을 이해하는 것이라 할 수 있다.

죽림칠현은 형식으로만 기능하는 유교에 대한 속박, 폭력과 권력으로 개인을 짓누르는 시대의 압박에 맞서 자기 자신만의 삶을 살았다. 그것이 기행으로 점철된 생활이든 관직에서의 성실한 삶이든 자기 자신을 속이지 않고자 하는 노력으로 어두운 시기를 정직하게 살아나갔던 것이다. 죽림칠현이 방탕과 만행으로 얼룩진 기인들의 모임이며 현실도피를 했다는 세간의 오해는 다시 한 번 생각해볼 필요가 있다.

이 책의 저자는 죽림칠현의 기초적인 개념을 고증을 통하여 사실 여부를 증명하고 신빙성이 없는 부분은 그 이유를 들어 일목요연하게 설명했으며 죽림칠현의 시와 문장 등을 치밀하게 재구성해 적재적소에 배치함으로써 그들의 행동과 사상을 입체적으로 이해하는 데 큰 도움을 준다.

대체로 사람들은 죽림칠현 구성원의 생각과 사상이 한결 같고 유사한 행동을 보였다고 생각한다. 그러나 저자는 죽림칠현이 초창기 모습으로 계속 유지된 것은 아니었다는 사실과 죽림칠현 구성원의 수, 영향력, 활동 무대 등과 얽힌 미스터리에 관해서 명쾌하고 설득력 있게 이야기해준다.

사실 죽림칠현은 조선 시대의 해동 칠자海東七子나 오늘날 우리가 일상생활에서 사용하는 '백안시하다', '군계일학이다' 같은 표현에서도 볼 수 있는 것처럼 한국인에게 매우 친근하고 익숙함에도 아직까지 많은 사람에게 쉽고 정확하게 소개되지 못했다. 고증과 심도 있는 접근에도 불구하고 쉽게 읽을 수 있게 쓰인 이 책은 독자들이 죽림칠현과 위진남북조라는 시대를 이해하는 입문서로 손색이 없다.

죽림칠현의 정신이 오늘날까지 회자되는 까닭은 정치권에서 끊임없는 회유책을 쓰더라도 조금도 타협하지 않고 자신의 태도를 견지하며 시대의 대변인으로 자처하는 지식인이 존재하기 때문이다. 지식인들은 정권에 대한 일정한 견제 작용도 하지만 자기 나름의 풍류를 음미함으로서 지식인의 특징을 온전하게 유지하기도 한다.

이러한 특징을 잘 보여주는 죽림칠현은 현재 우리가 살고 있는 세계의 상황, 즉 인적, 물적 교류의 엄청난 증가로 국가, 종족, 문화 간의 경계선이 무너지고, 전통적인 의식을 속박으로 보고 자유를 추구하는 움직임과 그 부작용으로 나타난 지극히 개인주의적인 성향의 실상을 볼 수 있는 거울이 된다. 이런 점에서 본다면 오늘날을 사는 우리가 부딪치는 어려운 질문들에 대해서도 이 책은 참고할 만한 답을 제시할 수 있을 것이다.

공역자 약력

유영림

1967년 부산 출생. 동아대학교 중어중문과를 졸업하고 한국외국어대학교 대학원에서 중국 고전소설 전공으로 박사 학위 취득.

이민숙

1967년 울산 출생. 한국외국어대학교 대학원에서 중국 문언 필기소설 전공으로 박사 학위 취득.

안영은

1970년 영월 출생. 한국외국어대학교 중국어과를 졸업하고 베이징대학교 대학원에서 중국 현당대문학 전공으로 박사 학위 취득.

정중석

서울 출생. 한국외국어대학교 중국어과를 졸업하고 동 대학원에서 중국현당대문학 전공으로 박사 과정 수료.

김택규

1971년 인천 출생. 한국외국어대학교 중국어과를 졸업하고 동 대학원에서 중국현당대문학 전공으로 박사 과정 수료.

박민호

1980년 전주 출생. 한국외국어대학교 중국어과를 졸업하고 동 대학원에서 중국현당대문학 전공으로 박사 과정 수료.

야만의 시대, 지식인의 길 :
중국사 지성의 상징 죽림칠현, 절대 난세에 답하다

2012년 10월 8일 초판 1쇄 발행

지은이
류창

옮긴이
이영구 외

펴낸이
조성웅

펴낸곳
도서출판 유유

등록
제141-90-32459호(2010년 5월 18일)

주소
경기도 파주시 문발동 560 숲속길마을
동문굿모닝힐 302동 102호 (우편번호 413-782)

전화
070-8701-4800

팩스
0303-3444-4645

홈페이지
uupress.co.kr

전자우편
uupress@gmail.com

편집
이경민

디자인
이기준

독자교정
임동혁

제작
(주)재원프린팅

ISBN 978-89-967766-4-2 03910

이 도서의 국립중앙도서관 출판시도서목록(CIP)은 e-CIP 홈페이지 (www.nl.go.kr/ecip)와 국가자료공동목록시스템(www.nl.go.kr/kolisnet)에서 이용하실 수 있습니다.(CIP제어번호: CIP2012004374)